普通高等教育经济管理类“十四五”规划教材

企业创新管理

QIYE CHUANGXIN GUANLI

主　编　董梦杭　张尚毅

华中科技大学出版社
http://www.hustp.com
中国·武汉

图书在版编目(CIP)数据

企业创新管理/董梦杭，张尚毅主编. —武汉:华中科技大学出版社，2021.8
ISBN 978-7-5680-7263-2

Ⅰ. ①企…　Ⅱ. ①董…　②张…　Ⅲ. ①企业创新-创新管理-研究　Ⅳ. ①F273.1

中国版本图书馆 CIP 数据核字(2021)第 119054 号

企业创新管理
Qiye Chuangxin Guanli

董梦杭　张尚毅　主编

策划编辑：聂亚文
责任编辑：张　娜
封面设计：孢　子
责任监印：朱　玢
出版发行：华中科技大学出版社(中国·武汉)　　电话：(027)81321913
武汉市东湖新技术开发区华工科技园　　邮编：430223
录　　排：华中科技大学惠友文印中心
印　　刷：武汉科源印刷设计有限公司
开　　本：787 mm×1092 mm　1/16
印　　张：13
字　　数：330 千字
版　　次：2021 年 8 月第 1 版第 1 次印刷
定　　价：42.00 元

前言

创新是一个民族的灵魂，是一个国家兴旺发达的不竭动力。为贯彻国家创新战略，回应国内外发展的新要求和新挑战，亟须对创新管理理论体系做进一步的优化和完善，亟须培育一批理解和掌握创新管理理论与方法的人才。本书在参考、借鉴国内外创新管理一流教材和研究专著、论文的基础上编写，历时一年半。总体来讲，本书具有以下特色：

第一，在结构方面，每章开始前设置了“学习目标”，从知识层次、能力层次、情感层次三方面对章节的学习目标予以明确；第 6 章至第 12 章开篇，设置了“案例导入”，使读者对章节内容先有一个生动的感性认识；每章最后，设置了“本章总结”和“关键术语”，方便学生回顾与反思。

第二，在内容方面，广泛借鉴国内外一流创新管理教材、专著和论文，广泛听取学生意见和建议，将全书分为四大篇——相关概念篇、创新思维篇、创新模式篇、管理创新篇。此外，本书增加了创新管理领域的最新进展，比如绿色创新、朴素式创新等，尽量完善创新管理的知识体系。

第三，在阅读体验方面，努力顺应移动互联网时代的阅读趋势。在内容上，努力做到深入浅出、简洁实用；在编排上，嵌入自制视频二维码，丰富教学资源；在章节安排上，注重环环相扣的同时，每章均可独立成册，方便不同需求的读者自由阅读；在配套资源上，每章均有配套 PPT 以及短视频等教辅资料供教师取用。此外，为了增强实用性和前沿性，本书相当一部分案例来自作者近年来的第一手调研资料以及作者指导学生所展开的研究。

本书由董梦杭副教授与张尚毅教授担任主编，是重庆市社科规划博士项目(2019BS077)、重庆市教委科技项目(KJQN201900720)、重庆市教委人文社科项目(20JD058)的成果。本书的具体编写分工如下：全书教学大纲由董梦杭和张尚毅共同制定，第 1～6 章由张尚毅编写，第 7～14 章及附录(配套案例)由董梦杭负责编写。全书由董梦杭统稿、定稿，由胡斌、王静负责统筹核对，唐小翠、陈珊珊、陆游、赖应渝、王宇、栗绍玲、杨阳、梁红霞、齐文菁负责文字资料的搜集整理，赵文葵、王伦千、钟丽娟、贺茂桥、冉羽琪、王玲、王佳男、程秋力、苏治良、刘自强、吴洁、徐杰、胡斌负责配套短视频与PPT的制作。

在编写过程中，本书参阅了诸多专家学者的教材、专著和论文，在此对这些专家学者表示由衷的感谢！由于编者水平有限，本书难免存在不足之处，恳请各位专家和读者指正。

扫描二维码获取相关教学资源

董梦杭

2021年5月20日于明德楼

目录

第一篇　相关概念

第二篇　创新思维

第三篇 创新模式

第四篇 管理创新

附　　录

第一篇

相关概念

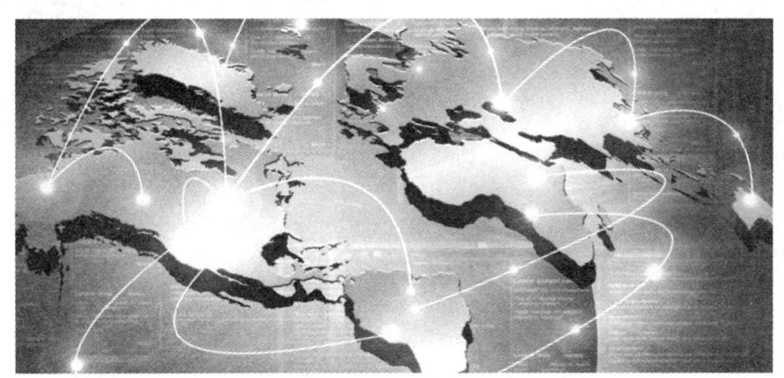

QIYE CHUANGXIN

GUANLI

第1章 创新的价值

学习目标 ……

☆ **知识层次**：了解创新的发展历程；了解创新对于世界发展、国家和地区竞争力以及企业竞争力三个层次的价值和作用。

☆ **能力层次**：培养学生多角度、多层次看问题的能力。

☆ **情感层次**：激发学生对创新管理课程的期待与兴趣。

一、创新之于世界

创新的价值

创新是人类社会生存和发展的需要，人类历史的发展伴随着创新的发展。近两百多年来，人类经济取得了巨大的飞跃。14 世纪的文艺复兴解放了新思想；15 世纪的大航海拓展了人类文明的疆域；16 世纪的科学革命奠定了技术革命的基础；17 世纪初资本市场的出现延伸了全球金融活动空间；18 世纪开始的工业革命推动了经济的飞速增长……在这历史发展的轨迹中凸显了一个共同的元素——创新(innovation)。

亚力克·福奇在《工匠精神：缔造伟大传奇的重要力量》一书中，将创新者——喜欢捣鼓小器具、小发明的业余爱好者，DIY 一族和发明家称为“tinkerers”(中文译为“工匠”)，认为正是他们造就了美国的奇迹。“美国的工匠们是一群不拘一格、依靠纯粹的意志和拼搏的劲头，做出了改变世界的发明创新的人。”比如，本杰明·富兰克林、伊莱·惠特尼、塞勒斯·麦考密克、托马斯·爱迪生和怀特兄弟等都是人类历史上杰出的创新者。

随着新一轮科技革命和产业变革蓄势待发，全球产业结构和竞争格局的深度调整正在孕育，取得突破的颠覆性创新对人类发展“技术—经济—社会”范式的变革具有重大意义。

2013 年 5 月，麦肯锡全球研究院发布了《2025 年前可能改变生活、企业与全球经济的 12 项颠覆性技术》，据估算，到 2025 年这些技术对全球经济的直接影响将达 14 万亿～33 万亿美元，详见表 1-1。

表 1-1　麦肯锡全球研究院发布的 12 项颠覆性技术领域

序号	领　域	描　述	2025 年潜在的经济影响
1	移动互联网	移动计算设备更小、更强、更直观、可穿戴，并装有许多传感器，可使消费者获得医疗、教育等服务的改善，提升员工生产力	3.7 万亿～10.8 万亿美元
2	知识工作自动化	主要应用领域包括销售、客服、行政支持等普通业务工作，教育、医疗保健等社会服务业，科学、工程、信息技术等技术性行业，以及法律、金融等专业服务业	5.2 万亿～6.7 万亿美元，相当于增加 1.1 亿～1.4 亿个全职劳动力
3	物联网	医疗保健业和制造业是其经济影响最大的应用领域，其他应用领域包括智能电网、城市基础设施、公共安全、资源开采、农业和汽车等	2.7 万亿～6.2 万亿美元
4	云技术	使数字世界更简单、更快速、更强大、更高效，不仅为消费者和企业创造巨大价值，还使企业能更有效、更灵活地管理信息	1.7 万亿～6.2 万亿美元
5	先进机器人	主要应用包括工业机器人、手术机器人、外骨髓机器人、假肢机器人、服务机器人和家用机器人	1.7 万亿～4.5 万亿美元
6	自动驾驶	可增加安全性，减少拥堵，节省时间，或降低燃料消耗和污染排放量	0.2 万亿～1.9 万亿美元，可挽救 3 万～15 万人的生命
7	下一代基因组学	将推动生物学领域的快速进步，主要应用于疾病诊断和治疗、农业以及生物燃料生产等	0.7 万亿～1.6 万亿美元
8	储能技术	主要应用于电动和混合动力汽车、分布式能源、公用事业级储能	900 亿～6350 亿美元
9	3D 打印	主要应用包括消费者使用、直接产品制造、工具和模具制造、组织器官的生物打印	2300 亿～5500 亿美元
10	先进材料	先进纳米材料在医疗健康、电子、复合材料、太阳能电池、海水淡化、催化剂等领域具有广泛应用，但生产成本提高；纳米医用材料有很大潜力，可为癌症患者提供癌症靶向药物	1500 亿～5000 亿美元
11	先进油气勘探开采	页岩气和轻质致密油勘探开采，主要应用于北美	950 亿～4600 亿美元
12	可再生能源	到 2025 年，风能和太阳能光伏占全球电力产量的比例可能由目前的 2% 增至 16%	1650 亿～2750 亿美元，每年可减少碳排放 10 亿～12 亿吨

（资料来源：刘春平. 美国对颠覆性技术创新方向的预判[R]. 创新研究报告，2016，11.）

创新视角

《麻省理工科技评论》2021 年“全球十大突破性技术”

1. mRNA 疫苗

mRNA 疫苗与传统疫苗生效机制完全不同，传统疫苗使用活病毒、死病毒，或者病毒外壳部分物质，以训练人体免疫系统。而 mRNA 疫苗含有基因物质，由脂质体包裹，注射入体内后，肌肉细胞吸收 mRNA 并产生某种病毒蛋白，免疫系统会及时产生抗体和 T 细胞来抵御病毒的入侵。

mRNA 疫苗具备高有效性以及容易重新构建的特点，更有利于研究人员攻关艾滋病、婴儿呼吸道疾病、疱疹和疟疾这些目前都尚无成功疫苗的疾病。研究人员还认为，在未来，mRNA 技术不仅限于疫苗，还将针对癌症、镰状细胞病、艾滋病等带来低成本的基因修复。

2. GPT-3

GPT-3 是一种“大型语言模型”，由旧金山的研究实验室 Open AI 创建。这是一种利用深度学习的算法，通过数千本书和互联网的大量文本进行训练，将单词和短语串在一起。GPT-3 的创建，为朝着构建可理解人类，并与人类世界互动的 AI 迈出了一大步，堪称通往真正的机器智能道路上的里程碑。

3. 数据信托

数据时代，在人们生活更加方便的同时，隐私和安全问题日益突显。数据信托能够帮助人们更好地维护个人的数据；根据个人的数据管理帮助人们做出明智的决策。同时，数据信托也可以更好地运用到智能城市、公共卫生计划等更多公共事务中去。

4. 锂金属电池

制约电动汽车产业发展的一大难题就是电池技术。锂金属电池相对于传统的锂离子电池能量密度更高、充电速度更快，而且安全可靠。一旦普及，将彻底改写当今电动汽车产业格局，让电动汽车的成本降低、续航能力增加，届时充电将会变得像在加油站加油一样快捷方便。

5. 数字接触追踪

这一技术对应到实际应用被称为“曝光通知”(exposure notification)。“曝光通知”不会追踪用户的位置，而是使用蓝牙来匿名连接附近运行同一应用程序的手机设备，从而保证健康数据的匿名性和隐私性。

2020 年全球都在经历的新冠疫情让“数字接触追踪”引起人们的关注。新冠肺炎疫情之下，使用该技术使得卫生调查人员不再需要依靠病人的记忆对其行踪进行追踪，这减轻了疾病监控的压力。

6. 超高精度定位

全球卫星定位系统的精度正在从“米”提高到“厘米”级别，这将为自动驾驶汽车、送货机器人等在街道上安全行驶提供更大支撑，同时也将开创全新的产业。

7. 远程技术

2020 年疫情期间，医疗保健和教育这两项重要服务中远程技术的应用，对人们的整体福祉和生活质量产生了巨大影响。

8. 多技能 AI

如今，虽然人工智能在完成特定任务方面已经变得非常像人类，甚至超越人类，但它仍然没有人类大脑的“灵活性”，即人脑可以在一种情境中学习技能，并将其应用到另一种情境中。“多模态”系统受儿童成长过程的启发，将感官和语言结合起来，并让人工智能拥有更接近于人类的方式来收集和处理信息，那么应该会生成一种更强大的人工智能，也更容易适应新情况、解决新问题。

9. TikTok 推荐算法

TikTok 不仅能够精准地为用户推荐感兴趣的视频，还能通过推荐算法帮助他们拓展与其有交集的新领域。

10. 绿色氢能

绿色氢气是绿色的碳中性能源，是可再生风能和太阳能的扩充。随着风能和太阳能成本的不断下降，以及绿色氢气生产的规模经济效应的出现，氢气的生产成本也有望迎来大幅降低。随着碳捕集技术的发展，在不排放大量二氧化碳的条件下，可从天然气中提取更多的氢气，绿色氢气也将有可能成为未来低碳化的核心燃料。

（资料来源：MIT Technology Review. http://www.mittrchina.com/news/detail/5626）

二、创新之于国家

创新是引领发展的第一动力。全球新一轮技术革命、产业变革和军事变革加速演进，科学探索从微观到宏观各个尺度上向纵深拓展，以智能、绿色、泛在为特征的群体性技术革命正引发国际产业分工的重大调整，颠覆性技术不断涌现，正在重塑世界竞争格局、改变国家力量对比，创新驱动成为许多国家谋求竞争优势的核心战略。

2015 年 10 月底，美国国家经济委员会和白宫科技政策办公室联合发布了新版《美国国家创新战略》，重点支持九大战略领域的发展，详见表 1-2。

表 1-2 《美国国家创新战略》重点支持的九大战略领域

序号	领　域	描　述
1	先进制造	推出国家制造业创新网络来恢复美国在高精尖制造业创新中的领先地位
2	精密医疗	在保护个人隐私的前提下，推动基因组学、大型数据集分析、健康信息技术的发展；协助临床医生更好地理解病人的健康水平、疾病细节和身体状况，更好地预测最有效的治疗方法
3	大脑计划	通过基因对大脑进行全方位认知，协助科学家和医生更好地诊断和治疗神经类疾病
4	先进汽车	突破在传感器、计算机和数据科学方面的发展，把车对车通讯和尖端自主技术投入商用，提升全自动汽车的性能和安全标准
5	智慧城市	运用信息和通信技术手段感测、分析、整合城市运行核心系统的各项关键信息，从而对城市生产生活中的各种需求做出智能响应

续表

序号	领　域	描　述
6	清洁能源和节能技术	部署和开发清洁能源技术，鼓励投资气候变化解决方案，进一步提高能源利用率，在保证提升美国能源安全的前提下，继续保持新能源生产量的增加
7	教育技术	总统提议为99%的学生在2018年之前接通高速宽带网络，2016年将投资5000万美元建立教育高级研究计划局
8	太空探索	在2017年之前重点投资发展商业载人太空运输技术、辐射的研究、先进推进系统的研究，研发让人类在外太空生存的相关技术
9	计算机新领域	2015年7月制定的国家战略性计算机计划，将鼓励创建和部署前沿计算技术，提升政府经济竞争力、促进科学发现和助力国家安全

技术创新推动科技革命，从而引领产业革命，对各国经济实力和军事实力的增长起到决定性作用，从而推动世界格局的转换与变革。从世界近代史来看，世界格局中处于中心地位的国家之所以发生变化，实际上是以科学技术作为直接的前提条件。那些重视创新研究和创新成果转化的国家，其综合实力得到迅速的提高，从而打破原有的国际力量平衡，进而形成新的国际关系格局。

目前，全球正出现以信息网络、智能制造、新能源和新材料为代表的新一轮产业革命。它不仅推动整个人类社会生产力的迅速提高，影响人类的生活方式和思维方式，更重要的是影响了各国综合实力的对比以及国际经济和政治格局的变化。而美国通过不断更新完善的“国家创新战略”，不仅拥有了创新的基础和优势，同时也使得美国始终保持着“领先地位”和“领导力”。

改革开放以来，我国经济社会发展取得了巨大成就。但是，国民经济发展中一些深层次矛盾和问题仍然没有得到根本解决，主要表现在：经济结构不合理、经济增长方式粗放以及产业技术水平低。具体体现在以下三个方面：

第一，粗放型的增长方式导致资源和环境瓶颈约束日益加剧，能源产出不足，资源利用效率不高，产生严重的环境污染和生态问题。

第二，长期自主创新能力薄弱导致的技术瓶颈约束日益突显，当今综合国力的竞争，说到底是科技实力的竞争。发达国家及其跨国企业凭借科技优势和建立在科技优势基础上的国际规则，形成了对世界市场特别是高技术市场的高度垄断，牢牢把持着国际产业分工的高附加值端口，以获取超额利润。我国的经济体量虽然不断扩大，但由于核心技术缺乏，失去了许多应得的利益。同时，随着中国综合国力的不断增强，中国在一些领域，尤其是国家战略相关技术领域受到部分国家的遏制和束缚。

第三，国际竞争压力日益严峻，全球化不是“免费的午餐”，缺乏核心竞争力很难分享到全球化的成果。在由发达国家主导的国际贸易规则下，后发国家企业的生存和发展将面临更多的排挤和更大的挑战。

创新视角

《国家创新驱动发展战略纲要》（节选）

党的十八大提出实施创新驱动发展战略，强调科技创新是提高社会生产力和综合国力的战略支撑，必须摆在国家发展全局的核心位置。这是中央在新的发展阶段确立的立足全局、面向全球、聚焦关键、带动整体的国家重大发展战略。为加快实施这一战略，2016 年 5 月中共中央、国务院特制定并印发本纲要。

战略目标分“三步走”：

第一步，到 2020 年进入创新型国家行列，基本建成中国特色国家创新体系，有力支撑全面建成小康社会目标的实现。

——创新型经济格局初步形成。若干重点产业进入全球价值链中高端，成长起一批具有国际竞争力的创新型企业和产业集群。科技进步贡献率提高到 60%以上，知识密集型服务业增加值占国内生产总值的 20%。

——自主创新能力大幅提升。形成面向未来发展、迎接科技革命、促进产业变革的创新布局，突破制约经济社会发展和国家安全的一系列重大瓶颈问题，初步扭转关键核心技术长期受制于人的被动局面，在若干战略必争领域形成独特优势，为国家繁荣发展提供战略储备、拓展战略空间。研究与试验发展(R&D)经费支出占国内生产总值比重达到 2.5%。

——创新体系协同高效。科技与经济融合更加顺畅，创新主体充满活力，创新链条有机衔接，创新治理更加科学，创新效率大幅提高。

——创新环境更加优化。激励创新的政策法规更加健全，知识产权保护更加严格，形成崇尚创新创业、勇于创新创业、激励创新创业的价值导向和文化氛围。

第二步，到 2030 年跻身创新型国家前列，发展驱动力实现根本转换，经济社会发展水平和国际竞争力大幅提升，为建成经济强国和共同富裕社会奠定坚实基础。

——主要产业进入全球价值链中高端。不断创造新技术和新产品、新模式和新业态、新需求和新市场，实现更可持续的发展、更高质量的就业、更高水平的收入、更高品质的生活。

——总体上扭转科技创新以跟踪为主的局面。在若干战略领域由并行走向领跑，形成引领全球学术发展的中国学派，产出对世界科技发展和人类文明进步有重要影响的原创成果。攻克制约国防科技的主要瓶颈问题。研究与试验发展(R&D)经费支出占国内生产总值比重达到 2.8%。

——国家创新体系更加完备。实现科技与经济深度融合、相互促进。

——创新文化氛围浓厚，法治保障有力，全社会形成创新活力竞相迸发、创新源泉不断涌流的生动局面。

第三步，到 2050 年建成世界科技创新强国，成为世界主要科学中心和创新高地，为我国建成富强民主文明和谐的社会主义现代化国家、实现中华民族伟大复兴的中国梦提供强大支撑。

——科技和人才成为国力强盛最重要的战略资源，创新成为政策制定和制度安排的核心因素。

——劳动生产率、社会生产力提高主要依靠科技进步和全面创新，经济发展质量高、能源资源消耗低、产业核心竞争力强。国防科技达到世界领先水平。

——拥有一批世界一流的科研机构、研究型大学和创新型企业，涌现出一批重大原创性科学成果和国际顶尖水平的科学大师，成为全球高端人才创新创业的重要聚集地。

——创新的制度环境、市场环境和文化环境更加优化，尊重知识、崇尚创新、保护知识产权、包容多元成为全社会的共同理念和价值导向。

三、创新之于企业

创新之于企业

1. 创新是企业发展的源泉

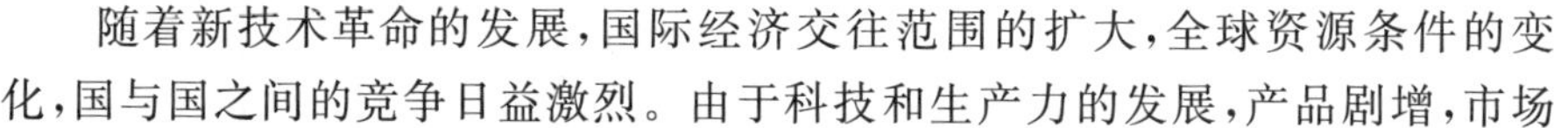

随着新技术革命的发展，国际经济交往范围的扩大，全球资源条件的变化，国与国之间的竞争日益激烈。由于科技和生产力的发展，产品剧增，市场紧张，竞争加剧，企业所处环境的不稳定性、不确定性和多变性也大大增加，企业对未来的把控能力显得非常重要。企业要想保持自身的竞争优势，必须培育并提升核心竞争力，而核心竞争力来源于企业内部的创新活动。因此，企业创新是企业建设发展的关键，是不断提高企业核心竞争力的源泉。

2. 创新是企业持续发展的动力

随着创新环境和创新条件的不断改善，物质基础、科技人才、科技设施以及研发投入的不断增长，产、学、研、用一体化发展，技术创新的周期明显缩短。

在 20 世纪上半叶，一项技术从发明到成功商业化往往需要几十年的时间。20 世纪上半叶，电话走进 50%的美国家庭用了长达 60 年的时间，而互联网进入美国家庭只用了 5 年时间。英特尔创始人之一戈登・摩尔曾提出一个定律："当价格不变时，集成电路上可容纳的晶体管数目，约每隔 18 个月便会增加一倍，性能也将提升一倍"，这就是著名的摩尔定律，该定律也表明技术创新周期不断加快的趋势（见表 1-3）。

表 1-3　历史上重大技术的创新周期

技术（产品）	发明年份	创新年份	创新周期/年
日光灯	1859	1938	79
罗盘指南针	1852	1908	56
拉链	1891	1918	27
电视	1919	1941	22
喷气发动机	1929	1943	14
复印机	1937	1950	13
蒸汽机	1764	1775	11
涡轮发动机	1934	1944	10
无线电报	1889	1897	8
三极真空管	1907	1914	7
DDT	1939	1942	3
氟氯烷冷却剂	1930	1931	1

（资料来源：许庆瑞. 研究、发展与技术创新管理[M]. 北京：高等教育出版社，2000.）

软件行业产品的生命周期（一个产品从引入到从市场上退出或被其他产品替代的时间）已经变为 4～12 个月，计算机硬件产品和电子消费产品的生命周期为 12～24 个月，大型家电产品的生命周期为 18～36 个月。所有这些都促使企业将创新作为一个强制性战略，如果一个企业不能快速创新，就会发现随着自身产品过时，其市场份额便开始下降。

在这个创新技术快速演变的时代，企业想要获取和保持技术与产品优势，提升市场竞争力，就必须提升企业的持续创新能力。

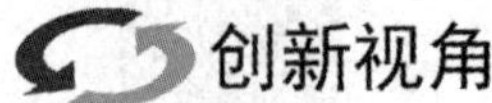

创新视角

新产品开发需要多长时间?

艾比·格里芬在对116个进行B2B产品(新产品销售的客户是商业单位,而不是个体消费者)创新研究的企业的研究中发现,新产品从最初的概念到产品上市的时间随创新项目不同而变化。平均来说,现有产品的提升研究要用8.6个月;换代产品(与现有的产品差别比较大)的开发需要的时间长些,平均为22个月;一个全新产品的开发需要36个月;对于一个在世界上还没有出现过的产品,需要的研发周期最长,平均为53个月。艾比·格里芬也发现,在过去的5年中,企业将产品开发周期平均缩短了近33%。

如今,企业处在快速变革的环境中,面临着越来越多的不确定性,企业的寿命也在进一步缩短。10年前的《财富》500强企业中,将近40%的企业已经销声匿迹;而30年前的《财富》500强企业中,60%的企业已被收购或破产。1900年入围道琼斯指数的12家企业,只有通用电气(GE)一家持续发展。不过,仔细解读常青树型企业的长寿经不难发现,但凡百年企业的价值观和企业精神的核心都有两个字——创新。因为只有创新,才能使企业拥有源源不断的生命活力,适应或者影响变革着的环境,永葆企业青春。

如果没有自主创新的核心技术和知识产权,企业发展将难以突破发达国家及其跨国公司的技术垄断,难以获得有利的贸易地位。中国企业必须深刻地认识到没有自主知识产权的技术基础,就不可能具有真正意义上持久的国际竞争力。创新是企业获利的关键驱动力,自主创新是企业发展的灵魂,没有了灵魂,企业难以生存。

3. 创新是企业获得竞争优势的关键

"企业长期拥有某种竞争优势的可能性已不复存在!"唐·泰普斯科特的预言告诫人们,任何企业都不能沉醉于过去的辉煌,必须以创新的姿态不断迎接需求变化和市场竞争的挑战。

以产品创新为例,"新产品收入平均占公司收入的33%。也就是说,三分之一的公司收入来自5年前他们没有销售过的产品。在一些富有活力的行业中,这个数字是100%(新产品定义为进入市场5年或不满5年的产品)。而这只是一个平均值,调查显示,有些公司做得远比平均值要好,他们成了标杆企业。这些22%的优秀公司与余下78%的一般企业对比如下:优秀企业49.2%的销售业绩来自新产品(一般企业只有25.2%);优秀企业49.2%的利润来自新产品(一般企业为22.0%);优秀企业每3.5个创意就有一个获得成功(一般企业每8.4个创意有1个成功)"(罗伯特·G.库伯,2003)。

国际著名企业都把创新视为关键的竞争优势源,大多数都设有负责技术创新管理的副总裁或者直接由总裁负责。世界著名的英特尔公司是企业创新的典范,它的芯片制造厂是世界半导体行业中最先进的工厂。英特尔每年在创新制造能力方面的投资数额高达20亿美元,使它的产品占据了世界微处理器市场的75%。究其根本原因就是它能保持芯片设计技术的领先地位,不断创新,从而形成了独特的技术、独特的产品和独特的营销手段。其战略就是不断否定自己,而不仅仅是创新领先。比如,英特尔退出自己一手创造的集成电路市场,全力在微处理器市场上发展;当386微处理器在市场上还如日中天时,英特尔就决定以486处理器将其取代;甚至在对手刚开始转向奔腾芯片时，又准备生产下一代奔腾芯片。

因此，一个企业要获得持续的竞争优势必须要把自己打造成创新型企业。创新在竞争中的作用在于它影响企业在现有资源、技能、知识和战略等方面的能力（见表 1-4）。以进入障碍为例，一旦创新导致实质性的新技术，进而创造全新的经验曲线时，会使原来的进入障碍消失，即创新可以获得“先行者优势”，包括资源先取优势（有形资产、无形资产和组织能力）、成本优势（基于规模经济、范围经济及学习效应）和创造转换成本的优势（通过可感知的高品质产品和服务，建立良好的声誉或品牌形象等差异化战略，把消费者牢牢捆绑在企业所提供的产品和服务上，使消费者不易再转向其他企业）。

表 1-4　通过创新获得竞争优势

创新类型	竞争优势
新颖型创新	提供独一无二的产品或服务
能力转移型创新	重塑竞争游戏规则
复杂型创新	增高技术壁垒，提高技术学习难度
稳健设计型创新	延长现有产品及工艺生命周期，减少总成本
持续渐进型创新	持续地降低成本及改进性能

（资料来源：Joe Tidd，John Bessant，Keith Pavitt. 创新管理——技术、市场与组织变革的集成[M]. 陈劲，龚焱，金珺，译. 北京：清华大学出版社，2002.）

本章总结

• 人类社会发展的历史，就是一部创新的历史。人类对于创新的探索从古至今从未停息。创新遍布于人类世界的各个层次和各个方面。

• 创新是人类社会发展的需要，科学技术的进步与创新是经济社会发展的决定性力量，随着颠覆性技术的不断突破，“技术—经济—社会”范式的变革对于人类社会发展具有重要意义。

• 创新是引领发展的第一动力，是一个民族进步的灵魂，是国家兴旺发达的不竭动力。随着全球新一轮科技革命、产业变革和军事变革的加速演进，经济全球化、国际产业分工和颠覆性技术的不断涌现，我们国家面临着机遇与挑战。唯有勇立世界科技创新潮头，掌握核心技术和自主知识产权，才能赢得发展主动权，为人类文明进步做出更大贡献。

• 随着知识经济时代的来临，越来越多的企业认识到，仅有良好的生产效率、足够高的产品质量、较好的发展灵活性已不足以保持市场竞争优势。创新日益成为企业生存与发展的不竭源泉和动力。

关键术语

创新价值　创新世界　创新国家　创新企业

思维导图

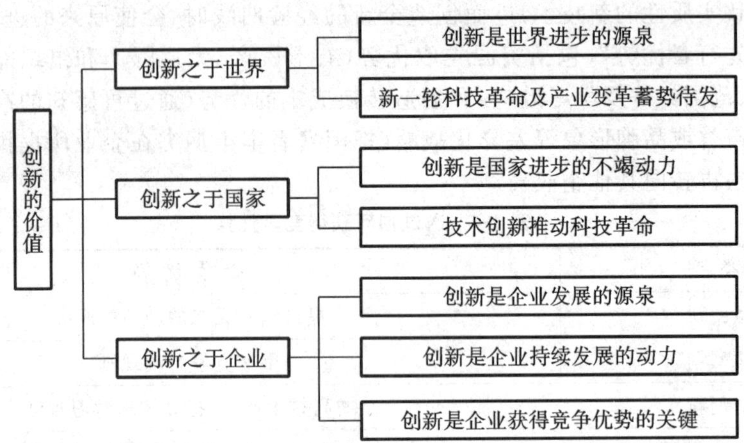
创新的价值
创新之于世界
创新是世界进步的源泉
新一轮科技革命及产业变革蓄势待发
创新之于国家
创新是国家进步的不竭动力
技术创新推动科技革命
创新之于企业
创新是企业发展的源泉
创新是企业持续发展的动力
创新是企业获得竞争优势的关键

第2章 创新的相关概念

学习目标 ……

☆ **知识层次**：理解创新的内涵、掌握创新的层次与分类。

☆ **能力层次**：培养学生结构化思维的能力。

一、创新的内涵

创新的内涵

创新是一个非常古老的词。英语里“创新”这个词起源于拉丁语的“innovare”，意思是更新、制造新事物或者改变。

对于创新概念的认识可追溯到美籍经济学家熊彼特1912年出版的《经济发展理论》。熊彼特在其著作中提出：创新是指把一种新的生产要素和生产条件的“新结合”引入生产体系。它包括五种情况：引入一种新产品，引入一种新的生产方法，开辟一个新的市场，获得或控制原材料或半成品的一种新的供应来源，实现任何一种新的产业组织方式或企业重组。熊彼特强调创新具有六大特征，如图2-1所示。

1. 创新是生产过程中内生的

熊彼特认为，创新是从内部自行发生变化，而不是从外部强加于它的。一方面，企业资本和劳动力数量的变化，能够导致经济生活的变化；另一方面，还有一个因素会引起经济的变化，那就是通过企业内部的创新来创造价值。

2. 创新是一种“革命性”的变化

熊彼特曾提出一个形象的比喻：不管把多少辆马车或邮车连续相加，都不能得到一条铁路。“革命性”的变化正是我们所研究的经济与管理上的发展问题，具有突发性和间断性的特点，这要求我们要对经济发展进行动态性的分析研究。

3. 创新同时意味着毁灭

在竞争性的经济生活中，生产要素和生产条件的新的组合意味着通过竞争对旧组织加以消灭，用新的工具取代旧的工具，用新的方法取代旧的方法，用新的产品取代旧的产品，用新的市场取代旧的市场。

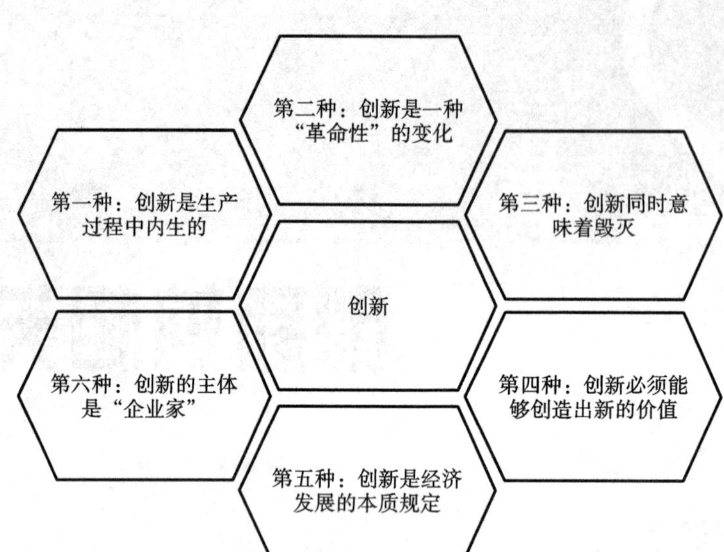

图 2-1 创新的六大特征

（资料来源：约瑟夫·熊彼特.经济发展理论[M].何畏，等，译.北京：商务印书馆，1990.）

4. 创新必须能够创造出新的价值

企业通过新工具、新方法和新手段在实际生产和社会实践中的运用，获取经济效益，创造出新的价值，这个过程才叫作创新。

5. 创新是经济发展的本质规定

熊彼特力图引入创新概念以便从机制上解释经济发展。他认为，可以把经济区分为"增长"与"发展"两种情况。所谓经济增长，如果只是由人口和资本的增长所导致的，并不能称为发展。"因为它没有产生本质上的新现象。而只是同一种适应过程，像是自然数据的变化一样。"发展是经济循环流转过程的中断，也就是实现了创新，创新是经济发展的本质规定。

6. 创新的主体是"企业家"

熊彼特把"新组合"的实现称之为"企业"，而以实现这种"新组合"为职业的人们便是"企业家"。企业家的核心职能不仅在于经营和管理，还在于发现和执行这种"新组合"。这样定义企业家，是为了突出创新的特殊性，说明创新活动的特殊价值。

熊彼特的创新概念包含的范围很广，不仅涉及技术性变化的创新，还包括非技术性变化的组织创新，在创新领域上具有开拓性，在整个西方经济学说史上占有重要地位。但在当时，熊彼特的创新理论被同时期的"凯恩斯革命"理论所淹没，并未得到足够的重视。

直到20世纪50年代，科学技术在经济发展中日益显现其独立和突出的价值，技术创新的理论研究才开始成为一个十分活跃的领域。从20世纪80年代开始，技术创新的理论研究开始走向深入，被用于解释经济发展中的许多现实问题，其重要地位逐渐得到确认。

创新最初的含义主要是指技术创新，是指创造新的技术并把它引入产品、工艺或商业系统之中，或者创造全新的产品和工艺以及对现有产品和工艺的重大技术改进，并且产品被引入市场（产品创新）或生产工艺得到应用（工艺创新）。

经济合作与发展组织（Organization for Economic Cooperation and Development，OECD）在《技术创新调查手册》中，将技术创新定义为：技术创新包括新产品和新工艺，以及产品和工艺的显著的技术变化。如果在市场上实现了创新(产品创新),或者在生产工艺中应用了创新(工艺创新),那么就可以认为实现了创新。因此创新包括了科学、技术、组织、金融和商业的一系列活动。

此外,不同学者也给出了创新的不同定义:

(1) 美国学者曼斯菲尔德认为,一项发明当它被首次应用时,可以称之为技术创新。

(2) 希金斯认为,创新是某种新事物的发展,这一发展对个人、团队、企业机构、行业或社会都有着重要意义。霍尔特也有类似的说法,他认为创新是一个过程,需要利用知识与信息,去创造或引入对个体和组织来说全新且有用的东西。

(3) 英国科技政策研究专家克里斯托夫·弗里曼教授认为,创新是指在第一次引进某项新的产品、工艺的过程中,所包含的技术、设计、生产、财政、管理和市场活动的诸多步骤。

(4) 美国学者切萨布鲁夫认为,创新意味着进行发明创造,然后将其市场化。

(5) 美国学者德鲁克认为,创新是企业家的特殊工具,通过应用创新某企业家把变化作为不同业务与服务的机遇。创新可以作为一门学科、一种学术或一项实践。

(6) 扎尔特曼、邓肯和霍尔贝克认为,创新可以被定义为一种被相关接受方认为是全新的理念、实践或者人工制品。

(7) 1999 年颁发的《中共中央国务院关于加强技术创新,发展高科技,实现产业化的决定》(中发〔1999〕14 号)中关于技术创新的定义较为系统:企业应用创新的知识和新技术、新工艺,采用新的生产方式和经营管理模式,提高产品质量,开发生产新的产品,提供新服务,占据市场并实现市场价值。

从本质上讲,创新是从基础研发向应用研发转化的全过程,这中间有一个“死亡之谷”(见图 2-2)。一个有效的创新需要建立从基础研发到应用研发的桥梁,否则创新的最终商业化将付之东流,创新的价值便难以实现。成功搭建基础研发到应用研发的桥梁成了创新成败的关键。

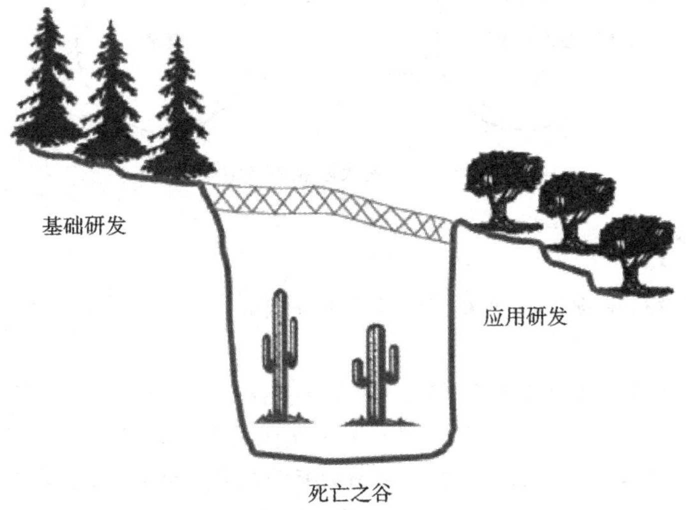

图 2-2　创新的“死亡之谷”

创新还可以通过知识与资本的互动来描述。研究依赖资本的投入,实现知识的产出,知识作为创新的基本要素为创新的涌现提供基础,创新的实现会形成新的资本,最终产生新的更大的资本溢出(见图 2-3)。

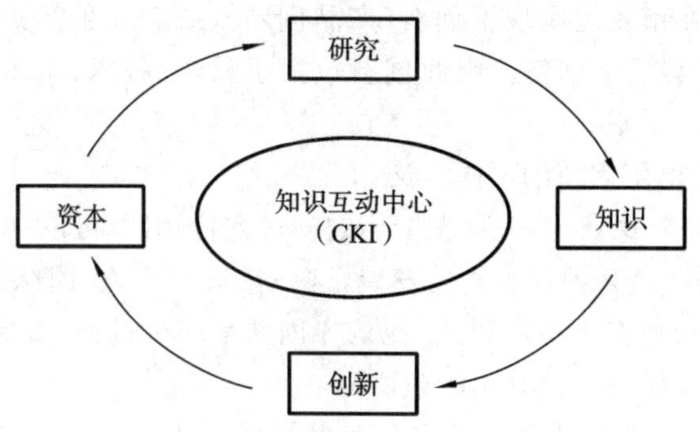

图 2-3　知识与资本的互动

从组织管理角度来看，创新强调战略与创意、研究与发展、生产制造以及营销的有效整合。企业一般需要实现战略与创意、研究与发展、生产与制造以及营销四大职能的有效协同，并着重加强这四大职能的联结（见图 2-4）。通常，绝大部分的创新失败不是因为技术上的失败，而是在战略部署、市场调查、销售和组织管理方面存在缺陷。

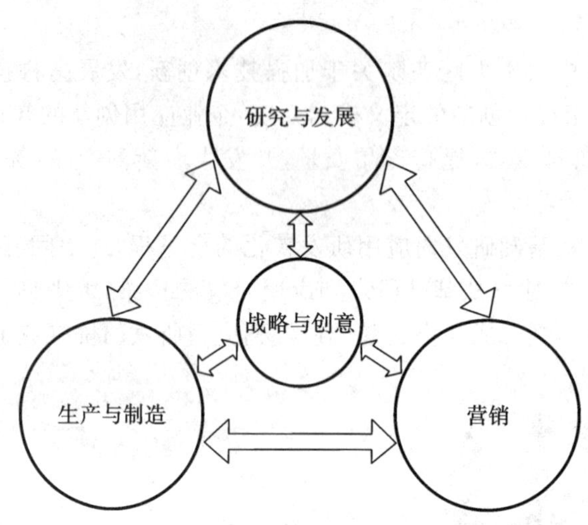

图 2-4　四大职能的联结

创新视角

为了更好地了解创新的内涵，我们还需要了解和区分与创新相关的概念。

1. 发明 VS 创新

熊彼特最早对发明和创新进行了区别。他认为，先有发明，后有创新；发明是新工具或新方法的发现，而创新是新工具或新方法的应用。如果发明没有得到实际的应用，那么它在经济上就不起作用，而实行改善并使发明产生经济效益的行为就是创新，是发明的商业化应用。

一些经济学家认为，发明是以满足一定欲望为目的的已有知识的新结合。而认为创新是：当一个企业生产一种产品，提供一种服务或采用一种生产方法，这些对市场来说如果是新的，那么它就进行了技术上的变化。第一个实现技术变化的企业是创新者，它的行为便是创新。其他进行同样技术变化的企业只能算模仿者，其行为称为模仿。

因此,创新可以看成是变化的单元,而发明是创新过程的一部分。发明是以技术解决问题,技术创新则强调从经济上实施。创新不一定非是重大技术进展的商业化,它也可能仅是对渐进变化的技术诀窍的利用,有时甚至根本不涉及技术变化。

2. 技术 VS 创新

创新不一定是技术上的变化,也不一定是一件实实在在的物品,它可以是一种无形的东西。引起互联网广泛应用的主要因素,并不是技术,而是雅虎、谷歌、阿里巴巴等公司的网络商业模式。2002 年,中国政府将"网厂分离,竞价上网"这一制度创新引入电力产业,从而引发了中国电力企业战略、组织、控制和管理模式及运营机制的持续创新。可见,创新不仅广泛存在,而且形式多样。

技术上的领先也不等于创新的成功,企业的创新成功还跟诸多因素相关,只有技术与市场、营销、制造能力及企业的组织、文化等非技术因素协调发展,保持企业持续创新能力和创新成果的商业转化能力,才能保障企业的持续向上发展。

3. 研发 VS 创新

19 世纪,爱迪生把发明创新转化成了一门学科,即研发(Research and Development, R&D)。研发成了国家和企业技术创新能力的重要指标。研发是一个从创意产生到研究、开发、试制完成的过程。研发强调的是"过程"与"产出"。

目前,越来越多的企业重视自身的研发能力,一些国内外大企业都有专门的研发机构,像 IBM、微软、西门子、华为、中兴和海尔等。技术、知识是企业核心能力的重要组成部分,企业只有通过研发,形成自己与众不同的技术、知识积累,尤其是形成自己的研发人才积累,才能使其他企业难以模仿和超越,保持长久不衰的竞争优势。

创新离不开研发,包括在基础研究上的突破。以 MP3 技术的发展演进为例,在 1965 年,开发一个能存放 1500 首歌曲、拥有录音重播功能的手持播放设备还是一个科学幻想。在当时,即使是一个最简单的便携计算器都很稀有。但是后来,随着磁存储设备、锂电池、液晶显示屏(LCD)等 MP3 技术所需的配套技术陆续实现突破,使得 MP3 播放器的出现成为可能。

4. 创造 VS 创新

创造是指将两个或两个以上概念或事物按一定的方式联系起来,主观地制造出客观上能被人普遍接受的事物,以达到某种目的的行为。创造可以分为两类:一类是自然的创造,如星云的收缩创造了星球,地壳的运动创造了山脉湖泊,物种的进化创造了人类等;另一类是人类的创造,如古人类在劳动中创造了工具,人类在探索自然的过程中创造了科学,人类在自身的发展过程中创造了灿烂的文明等。自然的创造不是我们所研究的对象,在此我们主要区别人类的创造和创新的关系。

创造和创新二者的主要区别在于,创造仅仅意味着"提出创意",创新还意味着"把创意转变为现实,实现商业化"。

二、创新的基本类型

创新的类型

按照创新的内容,可以将创新分为产品创新、工艺创新、服务创新、商业模式创新四大基本类型。

1. 产品创新

产品创新是指生产一种能够满足顾客需要或解决顾客问题的新产品。

在企业产品生命周期的初期，市场未形成产品的主导设计，企业产品的变动情况较大，成功的产品创新必须在功能、外观、质量、安全等各方面不断改进以满足顾客的需求，从而争取更多的顾客基础，获取和保持市场竞争优势。

2. 工艺创新

工艺创新是指生产和传输某种新产品或服务的新方式，即企业通过研究和运用新的生产技术、操作程序、方式方法和规则体系等，提高企业的生产技术水平、产品质量和生产效率的活动。对于制造企业而言，工艺创新包括采用新工艺、新方式，整合新的制造方法和技术以获得成本、质量、周期、开发时间、物流速度等方面的优势，或提高大规模定制产品和服务的能力。对于服务型企业则是通过流程创新为顾客提供完善的服务，并增加新型服务，也就是顾客能够看见或体验的新“产品”。

3. 服务创新

服务创新是指企业为了提高服务质量和创造新的市场价值而发生的服务要素的变化，对服务系统进行有目的、有组织的改变的动态过程。服务创新本质上也是一种产品创新。现代经济发展的一个显著特征是服务业的迅速发展，服务业在国民经济中的地位越来越重要，成为世界经济发展的核心，是经济一体化的推动力。越来越多的企业和服务行业开展服务创新，以提高服务生产和服务质量，降低企业的成本，发展新的服务理念。

4. 商业模式创新

管理学大师彼得·德鲁克曾经说过，当今企业之间的竞争，不是产品之间的竞争，而是商业模式之间的竞争。商业模式创新指的是对目前行业内通用的为顾客创造价值的方式提出挑战，力求满足顾客不断变化的要求，为顾客提供更多的价值，为企业开拓新的市场，吸引新的顾客群。商业模式是一种包含了一系列要素及其关系的概念性工具，用以阐明某个特定实体的商业逻辑。它描述了公司能为顾客提供的价值以及公司内部结构、合作伙伴网络和关系资本等用以实现（创造、营销和交付）这一价值并产生可持续、可盈利性收入的要素。

三、创新的层次类型

创新的层次

1. 根据创新的连续性，可将创新分为连续性创新和非连续性创新

（1）连续性创新是一种渐进的创新，也称维持性创新。它建立在现有的技术轨迹、市场根基、知识基础上，不断地改进、推出新产品。这种创新的适用范围是：消费者未来需求是可以在现有的产业结构范围内得到满足的。它的主要任务就是不断改善产品和不断专业化。

（2）非连续性创新是指脱离原有的连续性的技术轨迹，引进和使用新技术、新原理的创新。它建立在全新的知识或各种知识融合的基础之上，产生的产品是市场上不曾存在过的，能够给产品赋予全新的功能。非连续性创新不仅影响产品和服务，而且影响基础设施和供应链。

连续性创新和非连续性创新的关系如图 2-5 所示。

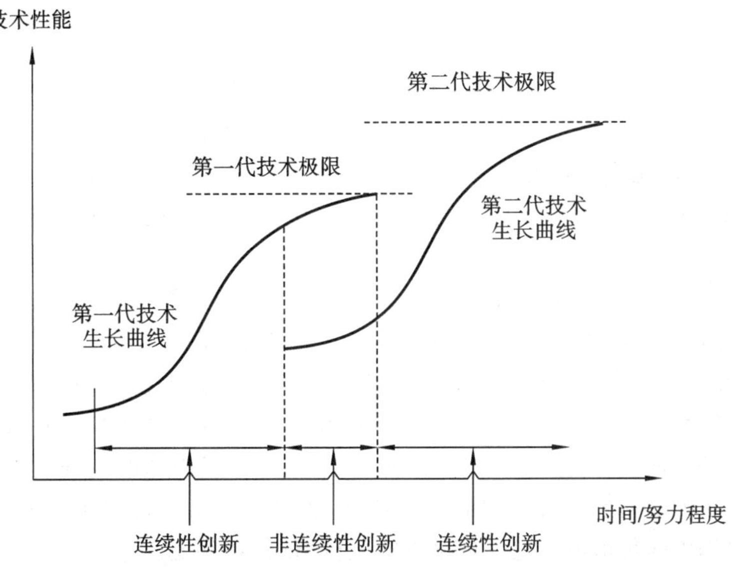

图 2-5　连续性创新和非连续性创新的关系

（资料来源：G. Dosi. Technological paradigms and technological trajectories: A suggested interpretation of the determinants and directions of technical change[J]. Research Policy，1982(11)，147-162.）

2. 根据创新的程度，可将创新分为渐进性创新和突破性创新

(1)渐进性创新是指在原有的技术轨迹下，对产品或工艺流程等进行程度较小的改进和提升。渐进性创新能够充分发挥已有的技术潜能，强化成熟型公司现有的优势，对公司的技术能力、规模等要求较低。虽然渐进性创新对企业盈利状况的影响相对较小，但是通过长期的渐进性创新能够积累巨大的经济效益，能够提高顾客满意度，增加产品或服务的功效，产生许多正面的影响力。

(2)突破性创新主要指导致产品性能发生巨大跃迁，对市场份额、竞争态势、产业版图具有决定性影响，甚至导致行业重新洗牌的创新。这类创新能够给企业带来丰厚的利润，但相对于渐进性创新，突破性创新也会面临更大的风险与困难。

渐进性创新与突破性创新的区别如图 2-6 所示。

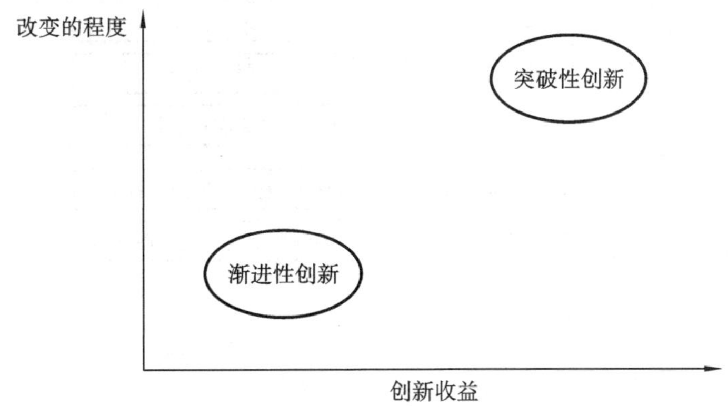

图 2-6　渐进性创新与突破性创新的区别

本章总结

• 创新是从新思想(创意)的产生、研究、发展、试制、制造到首次商业化的全过程,是将远见、知识和冒险精神转化为财富的能力。

• 根据创新的内容,可将创新分为产品创新、工艺创新、服务创新和商业模式创新四大基本类型。

• 根据创新的连续性,可将创新分为连续性创新和非连续创新。

• 根据创新的程度,可将创新分为渐进性创新和突破性创新。

• 产品创新是指生产一种能够满足顾客需要或解决顾客问题的新产品。工艺创新是指生产和传输某种新产品或服务的新方式。服务创新是指企业为了提高服务质量和创造新的市场价值而发生的服务要素的变化,对服务系统进行有目的、有组织的改变的动态过程。商业模式是一种包含了一系列要素及其关系的概念性工具,用以阐明某个特定实体的商业逻辑,它描述了公司能为顾客提供的价值以及公司内部结构、合作伙伴网络和关系资本等用以实现(创造、营销和交付)这一价值并产生可持续、可盈利性收入的要素。

关键术语

创新的内涵　产品创新　工艺创新　服务创新　商业模式创新　连续性创新　非连续性创新　渐进性创新　突破性创新

思维导图

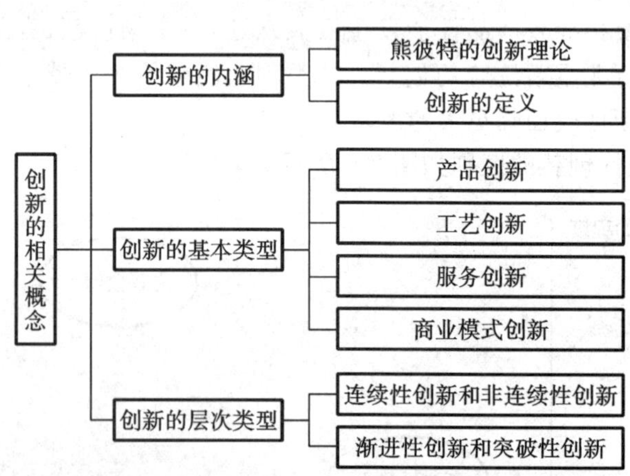

第3章 创新的过程与衡量

学习目标 ……

☆ **知识层次：**掌握创新的基本过程，了解创新的基本模式，学会利用创新的衡量尺度衡量创新的价值。

☆ **能力层次：**培养学生批判性思维的能力。

一、创新的基本过程

创新的基本过程

创新是从新思想的产生到研究、发展、试制、生产制造再到首次商业化的过程(见图3-1)。创新就是"发明＋发展＋商业化"。在这一复杂过程中，任何一个环节的短缺，都会使创新无法形成最终的市场价值。任何一个环节的低效连接，都将导致创新的滞后。企业创新过程示意图如图3-2所示。

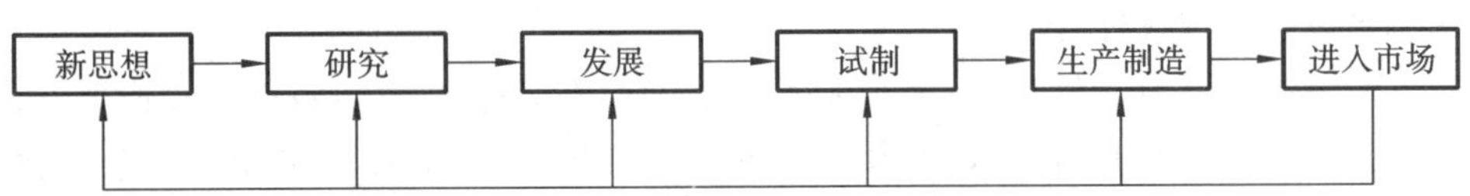

图3-1 企业创新过程示意图

企业的具体创新过程最终取决于组织的具体情况，如企业规模、技术复杂程度、环境的不确定性。创新管理的两个基本问题是"如何合理地构建创新流程"和"如何在组织内部建立有效的行为模式"，从而为企业的日常创新管理活动设立规则。

根据Joe Tidd(2002)等提出的创新过程五阶段：对内部及外部环境进行扫描及搜寻、对信息进行评估并做出战略选择、投入资源对项目进行开发、创新的实施过程以及评估与总结，可以得到企业创新的基本过程。

1. 第一阶段：创新理念酝酿和选择阶段

创新理念是企业内培育出来的、企业员工内心深处蕴藏着的一种不断创新的价值观，它是企业进行创新的源泉。为顾客增加价值，应该成为企业创新的首选理念。正如管理学大师彼得·德鲁克曾说过，因为公司的目标是抓住顾客，所以公司有两个基本能力：市场营销和创新，只

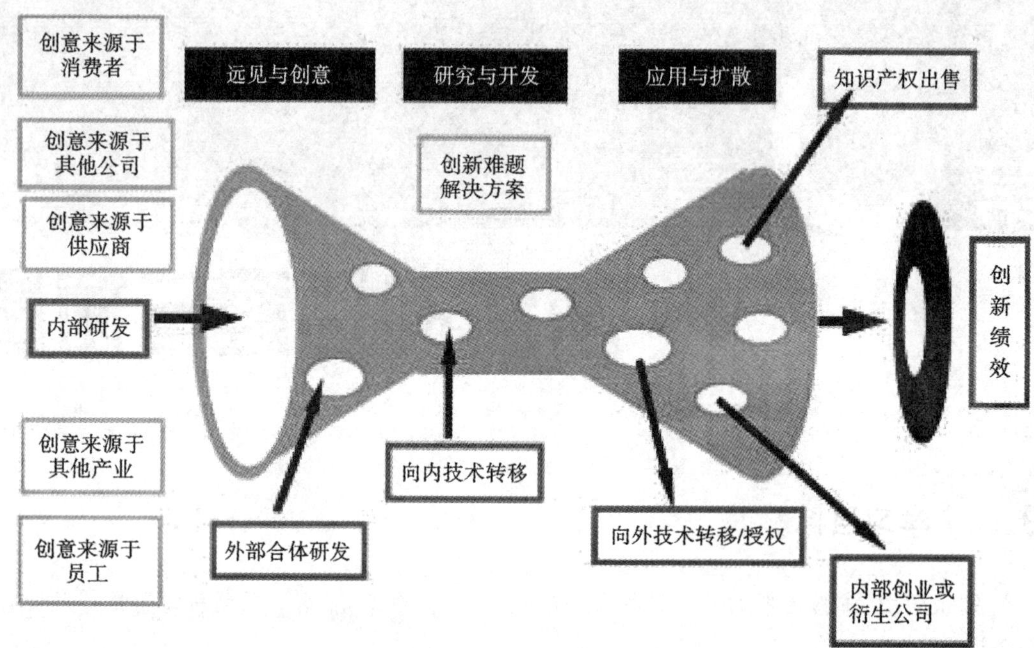

图 3-2　企业创新过程示意图

(资料来源:Roy Rothwell. Towards the fifth-generation innovation process[J]. International Marketing Review, 1994,11(1):7-31.)

有市场营销和创新才能产生回报,其他一切都算是成本。为顾客创造价值,需要站在顾客的立场上考虑问题,与顾客进行协作,掌握供给和需求方面的信息,是创新理念酝酿的重要步骤。

创新过程实际上是一项价值活动过程,因此,企业要树立这样的一种理念,即让企业所有的利益相关者参与到企业的创新活动中,企业要不断对内部及外部环境进行扫描及搜寻,确保价值链上的所有成员能轻易地得到实时、正确的创新信息,并享有创新带来的价值和利益。

2. 第二阶段:创新定位阶段

由于人力、物力、财力的限制,一个企业不可能同时在各个方面实施创新。但孤立的创新,却可能引发更多其他方面的问题,这涉及创新的定位问题。比如,出示账单一直是电信公司花费最高的经营行为之一,所以一般的公司为了降低成本都会想到降低账单成本这一办法。设想一家公司的做法是缩减客户账单上的信息以缩减账单尺寸,从而减少纸张的消耗量。但是顾客对账单上简单的信息不知所云,他们纷纷打电话到公司客户服务中心进行咨询。最终的结果是虽然账单成本下降了,但公司运营的总成本却上升了。由此可以看出创新定位的重要性。

为了评估创新的可行性,在确定创新优先次序的过程中,必须时刻记住以下几点。首先,公司运作的每一部分都不是孤立的,一个方面的创新必将对其他方面产生影响。一旦某方面确定要实施创新,必须尽早认清它将如何适应其他方面的工作,如何适应整个公司的运转。其次,在战略的重要性和可能带来的潜在收益基础上对各种能力进行排序,考虑究竟强化哪种能力来形成企业的特色?再次,工作的各个组成部分会产生多大的价值?企业应该尽量把事务性工作外包给别人,尽可能提高具有更大价值的知识性工作的收益。最后,把工作精力投向何处以及如何制定出发展各种具体能力的战略?这些问题主要取决于企业目前的能力水平。

创新定位矩阵是一个能够帮助企业发现自己的某些能力,并从这些能力中获得竞争优势的实用工具。如图3-3所示,沿着矩阵的横轴方向划分了两个区域,代表两种截然不同的能力:事务性能力和知识性能力。事务性能力主要针对那些以同样的方式反复进行的工作,通常不需要投入太多的人力;知识性能力主要针对那些非重复性的、需要一定洞察力的工作。纵轴方向主要是按照战略的重要性来排列的。通常公司的能力和处理工作的过程都可以分为核心类和支持类两种。圆圈的大小表示某种能力获得改进的机会的大小,圆圈越大表明该能力获得改进的机会越大。

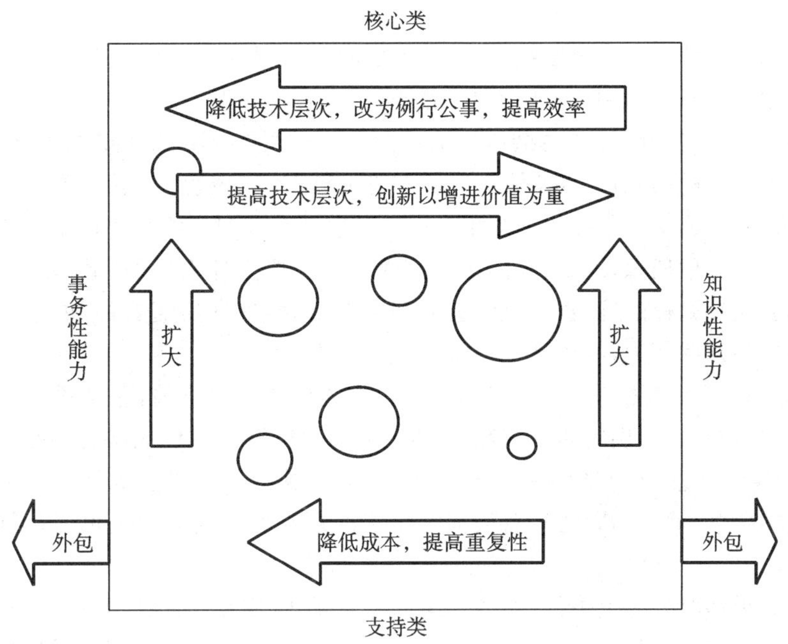

图3-3　创新定位矩阵

(资料来源:斯蒂芬·M.夏彼洛.永续创新——变革时代企业求生与制胜蓝图[M].高颖,陈可,译.北京:电子工业出版社,2003.)

3.第三阶段:创新方案设计阶段

这个阶段的主要工作是运用多种条件、方法,结合创新定位与目标,提出解决问题的创新构想与方案,通过计算、筛选与综合集成形成可行性创新方案。

这个过程涉及创新的评估问题,但评估往往被认为与创新对立,因为它的作用是维护经营活动。事实上,评估是有意义的,埃森哲和格兰菲管理学院经营绩效中心经过广泛的调查后,为评估措施归纳出七种基本用途:①呈现各种绩效目标,并提出相关的进度报告;②根据确切的资料进行战略决策,有利于竞争;③比较公司与其他公司的绩效,找出应该创新与改进的地方;④找出可接受范围之外的变化与创新解决方案,以贯彻修正的行动;⑤密切配合法令、管制标准以及相关的内部风险政策;⑥在既定的条件下完成计划,其中包括达到预期的利润;⑦通过认知与奖励机制让员工投身于公司的重点项目。

评估的方法很多,如平衡计分卡(balanced scorecard)、卓越绩效模式(performance excellence model)、股东增值模式(shareholder value added model)、作业成本法(activity based costing)、质量成本法(cost of quality)以及竞争标杆管理(competitive benchmarking)等,其中最为著名的是平衡计分卡,这种计分卡之所以会受欢迎,一方面是因为它很简单,另一方面则是因为它几乎适用于任何一种企业情境。但它也有一个很大的问题，即经营者会执着于错误的问题，结果很多经营者都只注意他们“可以”评估哪些东西，而不是“必须”评估哪些东西，尤其是创新、学习层面一般都被简化为评估员工的满意度。平衡计分卡还有一个缺点，那就是它没有把很多利益关系人考虑进去，如供应商、中间商和监管单位等。股东增值模式虽然把资金的成本加入算式中，却把其他的一切(人与物)排除在外。作业成本法和质量成本法则忽略了其他绩效，如顾客与员工的权益。另外，竞争标杆管理主要是从对外的角度出发，比较企业与竞争对手的运营绩效。

埃森哲和格兰菲管理学院经营绩效中心开发出“绩效棱镜”方法。它比平衡计分卡更进一步，是新一代的评估方法。这种方法的包容性更强，一方面有助于激发企业创新，另一方面可以为整个组织引导出合适的绩效评估措施。绩效棱镜的作用在于找出正确的评估点。它共有五个方面：“利益关系人的满意度”与“利益关系人的贡献”构成棱镜上、下两端的三角形，“战略”“流程”和“能力”则是连接三角形的三个矩形面。绩效棱镜会对组织提出以下基本问题：①谁是主要利益关系人？②他们想要和需要的东西有哪些？③要用什么样的“战略”才能满足这些要求与需要？④要用什么样的“流程”才能达到上述的“战略”？⑤所需要的“能力”有哪些？⑥公司如果维持及发展这些能力，需要哪些“利益关系人”的贡献？

“利益关系人”是绩效棱镜的上下两面，它的位置要在战略之前，包括投资人、顾客与中间商、员工、监管单位与社团、供应商；“战略”包括公司战略、经营单位战略、品牌/产品/服务战略和运营战略等；“流程”涉及开发产品与服务、产生需求、达成需求以及规划与管理企业；“能力”是指结合不同的要素，通过不同的运营层面为组织的利益关系人创造出价值，可能包括公司员工的技能、作业方式、优异的技术以及实体基础结构等。

在进行创新评估时要避免失衡，如过于注重财务评估，使流程评估遭到损害；过于强调某个层面(比如质量)，使其他层面(如时间)产生负面效应；只注意到某个流程，却没有考虑其他流程可能受到的影响。所以，企业可以用不同的评估方法来判断不同的业务。此外，评估要眼光长远，不能只注意已发生的事情，还应该把奖励与目标挂钩，奖励应该以员工所能掌控与影响的事为准，即他们必须有办法调整自身的行为，以带来更好的结果。

4. 第四阶段：实施创新行动阶段

该阶段要根据已有的创新方案采取相应的创新行动。创新行动的实施应在创新目标和创新原则的指导下进行。这个阶段又分为三个环节：旧范式的解冻、变革(初步实施)、固定和深化(持续实施)。

实施创新行为，协作是一个重要的前提条件。协作的重要方式是分享知识。而知识在创新中占据着核心位置。协作的关键在于要尽量抛弃重复的管理性事务，从而使知识工作者将精力集中于那些能够创造高价值的工作。如将组织的资本(特别是人力资本)投入到更高价值的工作中才是电子商务最有价值的地方。电子商务并不是利用技术以不同的方式做同一件事情，而是利用技术来做以前没有做过的事情。

5. 第五阶段：评估与总结阶段

创新成果的评估与总结是创新后期的一项重要工作。创新工作结束之后，有必要对创新效果以及经济效益与社会效益加以评估与总结，使企业不断找出差距，形成新的冲动力，以便进行更深层次的创新。

二、创新的基本模式

创新的基本模式

把解决某类问题的方法总结归纳到理论高度就是模式。创新模式是创新的方式、方法和范式的理论归纳与总结。创新过程涉及的因素较多，这些因素的组合、配置方式及其结构上的差异构成了创新的不同模式。以下介绍几种近年较为流行的创新模式：

1. 自主创新

自主创新是指创新主体以自身的研究开发为基础，实现科技成果的商品化、产业化和国际化，获取商业利益的创新活动。自主创新具有率先性，其核心技术来源于企业内部的技术积累和突破，如美国英特尔公司的计算机微处理器，我国北大方正的中文电子出版系统就是典型的例子。这是该模式区别于其他创新模式的本质特点。

自主创新作为率先创新，具有一系列优点：一是有利于创新主体在一定时期内掌握和控制某项产品或工艺的核心技术，在一定程度上左右行业的发展，从而赢得竞争优势；二是一些技术领域的自主创新往往能引发一系列的技术创新，带动一批新产品的诞生，推动新兴产业的发展；三是有利于创新企业更早积累生产技术和管理经验，获得产品成本和质量控制方面的经验；四是自主创新产品初期都处于完全独占性垄断地位，有利于企业较早建立原料供应网络和牢固的销售渠道，获得超额利润。

当然，自主创新也存在一些不足：一是需要巨额的投入，不仅要投巨资研究与开发，还必须拥有实力雄厚的研发队伍，具备一流的研发水平；二是高风险性，自主研发的成功率相当低，在美国基础性研究的成功率仅为5%，在应用研究中有50%能获得技术上的成功，30%能获得商业上的成功，只有12%能给企业带来利润；三是时间长，不确定性大，自主创新由于创新难度较大，面临的环境更加复杂，所以创新过程需要历经更长的时间，创新成果产出也更具有不确定性；四是市场开发难度大、资金投入多、时滞性强，市场开发投入收益较易被跟随者无偿占有；五是在一些法律不健全、知识产权保护不力的地区，自主创新成果有可能面临被侵犯的危险，“搭便车”现象难以避免。因此，自主创新主要适用于少数实力超群的大型跨国公司。

2. 模仿创新

模仿创新是指创新主体通过学习模仿率先创新者的方法，引进、购买或破译率先创新者的核心技术和技术秘密，并以其为基础进行改进的做法。模仿创新是世界各国企业所普遍采用的创新模式，模仿创新并非简单的抄袭，而是站在前人的肩膀上，投入一定的研发资源，进行进一步的完善和研发。因此，模仿创新往往具有低投入、低风险、市场适应性强的特点，其在产品成本和性能上也具有更强的市场竞争力，成功率更高，耗时更短。

模仿创新的主要缺点是被动性，在技术开发方面缺乏超前性。当新的自主创新高潮到来时，就会处于非常不利的地位，如日本企业在信息技术革命中就处于从属地位。另外，模仿创新往往会受到率先创新者技术壁垒、市场壁垒的制约，有时还面临法律、制度方面的障碍，如专利保护制度就被率先创新者作为阻碍模仿创新的手段。

3. 合作创新

合作创新是指企业间或企业与科研机构、高等院校之间联合开展创新的做法。合作创新一般集中在新兴技术和高级技术领域，以合作为主进行研究开发。由于全球技术创新的加快和技术竞争的日趋激烈，企业技术问题的复杂性、综合性和系统性日益突出，依靠单个企业的力量进行创新越来越困难。因此，在企业技术创新资源不足的情况下，以合作创新来提升自主创新能力具有更重要的现实意义。合作创新通常以合作伙伴的共同利益为基础，以资源共享或优势互补为前提，有明确的合作目标、合作期限和合作规则。合作各方在技术创新的全过程或某些环节共同投入、共同参与、共享成果、共担风险。合作创新具有以下优点：

一是合作创新能节约企业在创新过程中获取研发成果的费用。合作创新同时发生研发费用和交易费用，但能实现合作者对研发资源的整合和信息的有效沟通，保证获取研发成果的总体费用降低。

二是合作创新能实现创新资源的互补和共享。很多企业拥有的创新资源不能满足投入的要求，通过实施合作创新可实现企业自身与其他组织的技术创新资源互补和共享，必然能使新开发的技术成果超越企业依靠自身力量能够达到的水平，将企业的技术水平推向一个新的高度。

三是合作创新是企业获得技术能力的重要途径。通过建立合作创新组织，企业可以利用大学或科研机构的研发设备和人员，通过研发活动实现对技术能力的获取、传递和整合，使企业获得能力发展和组织学习的机会，实现合作创新组织内部知识的传递与整合，为企业提供知识创新和传递的平台与机制。

四是合作创新可以加快企业新技术进入市场的速度。知识的快速贬值、技术的迅速发展以及现代技术的高度复杂性和整合性使产品的生命周期不断缩短，产品不断向高级化、复杂化方向发展，单个企业的经营资源已不足以保证企业在飞速发展的时代继续生存和发展，这就要求企业能够跟踪外部技术的发展，并有能力充分利用和整合这些新技术为己所用。而技术创新具有高成本、高风险的特点，企业一般很难胜任独立开发的使命，只有开展合作创新，才能加快技术研究与产品的市场化进程。

合作创新的局限性在于企业不能独占创新成果，获取绝对垄断优势。同时，在进行合作创新时，还需注意合作创新组织要有明确的目标，合作创新组织成员必须有自己的专长，成员之间必须能进行有效的沟通，建立起完善的合作创新信息交流网。

4. 破坏式创新

破坏式创新是1997年美国哈佛大学商学院创新理论大师克莱顿·克里斯坦森(Clayton M. Christensen)在其名著《创新者的窘境》一书中提出的。他将破坏式创新定义为：由技术推动者提供的产品或服务最初扎根于低端市场的过程(这些产品通常更便宜、更容易获得)，然后他们持续地转向高端市场，最终取代竞争对手。

5. 开放式创新

开放式创新是一种基于内外资源的双向流动并将内外创新融合的创新模式，其核心思想在于：企业利用一切可利用的内外部资源，并且开放自身非核心技术，与不同规模、不同行业的企业合作。开放式创新的本质是基于创新资源流动与交换而嵌入组织之间的价值创新。

6. 逆向创新

逆向创新也称反向创新，是指运用逆向思维将通常思考问题的思路反转过来，突破思维定式，针对现象、问题或解决方法，分析其相反面，从另一个角度探寻新途径的创新方法。逆向创新要克服思维定式的约束，并对熟悉的事物持陌生的态度，用新的观点、从新的角度去看待事物。

7. 朴素式创新

朴素式创新理念源于20世纪50年代的“适用技术”(appropriate technology)运动。朴素式创新是一种在投入更少的能源、资金和时间等资源的情况下,产出更多商业和社会价值的能力。其主要思想就是在逆境中寻找机会,用更少的资源、采用简单的方式来获得更多的利益。

8. 绿色创新

绿色创新是在全球各国越来越重视经济活动给生态环境带来的负面影响的情境下提出来的。绿色创新是企业开展一系列有助于减少环境负面影响的创新活动的总称,它包括企业为避免和减少环境损害而开发新产品、应用新工艺,以及实施新的或改进了的污染控制技术和管理制度等。和绿色创新持有同等理念的还有可持续创新、生态创新和环境创新。

9. 整合式创新

整合式创新(holistic innovation,HI)是在战略视野驱动下的全面创新、开放式创新与协同创新。其包含四个核心要素:战略、全面、开放和协同。四个要素相互支撑,缺一不可,有机统一于整合式创新的整体范式之中。基于整合式创新的创新管理范式,称为整合式创新管理(holistic innovation management,HIM)。整合式创新是顺应人类文明发展、全球和平与可持续发展时代背景的,满足企业技术创新战略管理需求和支撑科技强国战略实施的新兴理论范式,也是促进我国企业构建全球创新领导力的实战思维。

以上几种创新模式各有优缺点,采用不同的模式需要有不同的条件和要求。比如,自主创新要求创新主体有强大的经济实力、雄厚的研发力量和大量的成果积累,在技术上具有领先优势,起点和要求较高;相对来说,模仿创新和合作创新起点与要求较低。因此,自主创新模式更多地为少数发达国家和大型跨国公司所采用;而模仿创新模式则是后进国家实现快速创新、缩小与发达国家差距的一种有效途径,是后进国家较为现实的选择。日本、韩国就是靠模仿创新发展起来的,实践证明经济发展较为成功的其他新兴工业化国家、地区也是通过这种模式发展起来的。

当然,上述几种模式并非完全排斥,而是可以互相结合的。首先,具有不同实力和研发水平的企业可以根据自身情况选择适宜的创新模式,少数有实力的大企业可以在某些有优势的领域选择自主创新,而大多数中小企业则适宜选择模仿创新和合作创新模式。其次,从时间上看,模仿创新往往是自主创新必经的过渡阶段,一个新建企业只有通过模仿创新才能逐步积累自己的技术、资金、管理经验和人才队伍,为进行自主创新创造条件。最后,即使是一些大型跨国公司,在其不同发展阶段和不同产品、不同技术领域,也可以同时采取几种不同的模式,从而扬长避短,提升创新效果。

杜邦公司的自主研发

长久以来,杜邦所拥有的品牌都长盛不衰。如特氟龙(Teflon)树脂、莱卡(Lycra)弹性纤维、特卫强(Tyvek)无纺布、聚酯薄膜(Mylar)等产品,都备受世界各地用户的推崇。杜邦的化工产品不断在世界范围内掀起一场场“杜邦革命”。它发明的染料技术,使服装的颜料工业发展到新的高度;推出的各类高级油漆刺激了汽车工业的发展;玻璃纸导致包装业的巨大变革;莱卡、特氟龙、涤纶、锦纶、氯丁橡胶、革新轮胎、人造橡胶……不胜枚举。其中,最值得杜邦人自豪的,是影响了全人类生活的发明——尼龙。

杜邦公司自成立之日起，就深深明白科学技术是生产力这个真理。杜邦的领导者们早已认识到：大型公司不应局限于眼前的市场竞争，更重要的是放眼未来，重视对经济全局的战略研究。

在杜邦的发展历程中，科学研究与产品开发是杜邦发展战略和营销之战中最大的支撑和最有力的武器。无论在哪个领域，杜邦都遵循着一个营销模式，那就是“用创新赢得市场”。在杜邦公司创建的同时，杜邦实验室也开始运转。杜邦公司之所以能在世界化工业处于领先的地位，在很大程度上得益于其长期坚持不懈地投入足够的人力和资金研究开发新技术和新产品。杜邦公司每年都会投入11亿多美元的巨额科研开发资金。在杜邦公司近10万名员工中，科研人员超过4%。全世界各地有12 000名科学家、工程师和技术人员参与其研究开发工作，每年研究出数以千计的新产品。杜邦公司为人类科技文明做出了重大贡献，这也使其在日趋激烈的市场竞争中占据竞争优势。

目前，在为杜邦公司效力的5000名高级科技人员中，有一半来自国外，他们以每两三天研制出一种新产品的速度，为杜邦公司创造了数以亿计的财富。杜邦庞大而高效的研究开发实力，使杜邦在世界化学工业中处于凌驾一切的优越地位。公司在威尔明顿市拥有30座大楼的实验站，是世界上最先进的化学实验室。

（资料来源：史约克. 杜邦帝国——让世界震惊、让历史吃惊的流亡贵族[M]. 成都：成都出版社，1996.）

三、创新的衡量尺度

创新的衡量尺度

“创新”是当今世界各国政要演讲中出现频度最高的词汇之一，也是经济世界和科技界最热门的话题之一。它之所以吸引人们的眼球就是因为它是当今世界促进经济发展和社会进步的一把钥匙，是解决各种各样矛盾的利剑。它的核心内涵在于创造价值，包括经济价值和社会价值。对于创新，有多个角度的衡量尺度。

（一）以创新的标准为衡量尺度

1. 新颖性

创新不是模仿、再造，因此，新颖性是创新的首要标准。创新是对现有的不合理事物的扬弃，是革除过时的内容，确立新事物。新颖性就是“前所未有”，用新颖性来判断劳动成果是否是创新成果时有两种情况：一是指科技发展史上前所未有的原创性成果，是高水平的创新；二是指创新主体能产生出相对主体自身来说前所未有的新思想、新成果。前者称为绝对新颖性，后者称为相对新颖性。对于个人，只要他产生的设想和成果是自己独立思考或研究的成果，就算是相对新颖的创新。

一个人若能发明或思考对自己来说是新东西的事物，那么就可以说他完成了一项创造性行为。

2. 价值性

新颖性标准的层次性决定了创新价值性的层次。与新颖性标准的层次相对应，最高层次的新颖性会对社会产生巨大的影响，甚至成为划时代的标志。中间层次的创新具有一个行业或区域的社会价值，能够给某一行业或区域带来经济效益和社会效益。最低层次的个体新颖性对个体的作用大于对社会的作用。

价值是客体满足主体需要的属性，是主体根据自身需要对客体所做的评价。创新的目的性使创新活动必然有自己的价值取向。创新活动的成果满足主体需要的程度越大，其价值越大。一般来说，社会价值越大的创新成果，将越有利于社会的进步。相反，没有社会价值的创新，则无益于社会进步，也就没有任何社会意义。

（二）以创新的过程为衡量尺度

1. 创造性

创造性是指创新所进行的活动与其他活动相比，具有突破性的质的提高。也可以说，创新是一种创造性构思付诸实践的结果。

创新的创造性首先表现在新产品、新工艺上，或体现在产品、工艺的显著变化上；其次表现在组织结构、制度安排、管理方式等方面的创新上。这种创造性的特点就是敢于打破常规，在把握规律的同时紧紧抓住时代前进的趋势，勇于探索新路子。

2. 风险性

由于创新的过程涉及许多环节和影响因素，从而使得其创新成果存在一定程度的不确定性，也就是说创新带有较大的风险性。一个创新的背后往往有着数以百计的失败的设想。据统计，在美国，企业产品开发的成功率只有20%～30%，如果是计算从设想到进行开发再到成功的概率那就更是凤毛麟角了。

创新具有风险性，首先是因为创新的全过程需要大量的投入，这种投入能否顺利地实现价值补偿，受到来自技术、市场、制度、社会、政治等不确定因素的影响。其次是因为竞争过程的信息不对称，竞争者也在进行各种各样的创新，但其内容我们未必清楚，因而我们花费大量的时间、金钱、人力等资源研究出来的成果，很可能对手已经抢先一步获得或早已超越这个阶段，从而使我们的成果失去意义。最后就是创新计划本身作为一个决策，无法预见许多未来的环境变化，故不可避免地带有风险性。

3. 高收益性

企业创新的目的是要增加经济效益和社会效益，以促进企业发展。创新具有高收益性，这是因为，在经济活动中高收益与高风险并存，创新活动也是如此，因而尽管创新的成功率较低，但成功之后却可获得丰厚的利润。微软公司创办初期，仅有一种产品，3个员工和1.6万美元的年收入，但它经过持续的创新活动获得了巨大的经济效益，从而一跃成为影响全球的大型高科技公司。

“天下熙熙，皆为利来；天下攘攘，皆为利往。”正是因为创新在高风险的前提下具有高回报，许多国家都成立了风险投资公司，资助创新者前赴后继地进行各种各样的创新试验，以便在部分项目成功后获得高额的收益，从而得到持续的发展。

4. 系统性和综合性

企业创新是涉及企业战略、市场调查、预测、决策、研究开发、设计、安装、调试、生产、管理、营销等一系列过程的系统活动。这一系列活动是一个完整的链条，其中任何一个环节出现失误都会影响整个企业创新的效果。同时，与经营过程息息相关的经营思想、管理体制、组织结构的状况也影响着整个企业的创新效果。所以,创新具有系统性和综合性。创新的系统性和综合性还表现在创新是由许多人共同努力的结果,它通常是远见与技术的结合,需要众多参与人员的相互协调和相互作用,才能产生出系统的协同效应,使创新实现预期的目的。

5. 时机性

时机是时间和机会的统一体,也就是说,任何机会都是在一定的时间范围内存在的。如果我们正确地认识客观存在的时机并充分地利用了时机,就有可能获得较大的发展;反之,如果我们错过了时机,种种努力就会事倍功半,甚至会前功尽弃,出现危机。

创新也具有这样的时机性。消费者的偏好在不断变化,社会的整体技术水平也在不断提高,因而使创新在不同方向具有不同的时机,甚至在同一方向也随着阶段性的不同具有不同的时机。从而要求创新者在进行创新决策时,必须根据市场的发展趋势和社会的技术水平进行方向选择,并识别该方向创新所处的阶段,选准切入点。

6. 适用性

创新是为了进步与发展,因而只有能够真正促使企业发展和进步的创新,才是真正意义上的创新。在这个意义上讲,创新并非越奇越好,而是以适用为基本准则。对一个企业来说,由于基础条件不同,历史背景不同,所处环境不同,经营战略不同,从而需要解决的问题和实现的目的也不同。因而,不同的企业采取的创新方式也应该有所区别,要使创新满足本企业的适用性需求。

本章总结

• 创新是从一种新思想的产生到研究、发展、试制、生产制造再到首次商业化的过程,这一过程中任何环节的缺失都将导致创新无法形成最终的市场价值,任何环节的低效连接,都将导致创新的滞后。

• 创新的基本过程包括:创新理念酝酿和选择阶段、创新定位阶段、创新方案设计阶段、实施创新行动阶段、评估与总结阶段五个阶段。

• 创新模式是创新的方式、方法和范式的理论归纳与总结。创新过程涉及的因素较多,这些因素的组合、配置方式及其结构上的差异构成了创新的不同模式。近几年较为流行的创新模式有:自主创新、模仿创新、合作创新、破坏式创新、开放式创新、逆向创新、朴素式创新、绿色创新、整合式创新等。

• 创新的核心内涵在于创造价值,而创新的衡量尺度一方面是创新的新颖性和价值性,即创新是否是前所未有的原创性成果和能否带来价值。另一方面,是从创新的过程对创新进行衡量,包括创新的创造性、风险性、高收益性、系统性和综合性、时机性与适用性。

关键术语

创新的过程　创新的模式　创新的衡量尺度

思维导图

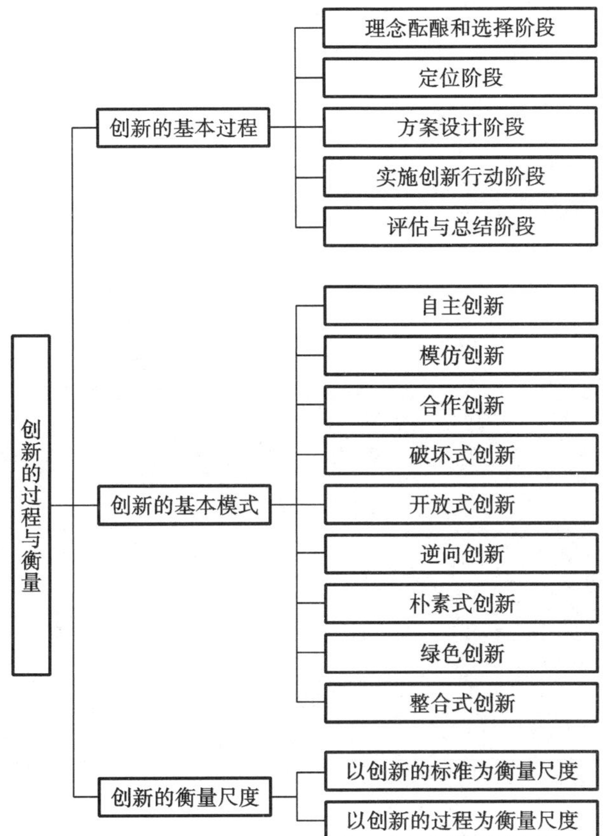
创新的过程与衡量
创新的基本过程
理念酝酿和选择阶段
定位阶段
方案设计阶段
实施创新行动阶段
评估与总结阶段
创新的基本模式
自主创新
模仿创新
合作创新
破坏式创新
开放式创新
逆向创新
朴素式创新
绿色创新
整合式创新
创新的衡量尺度
以创新的标准为衡量尺度
以创新的过程为衡量尺度

第二篇

创新思维

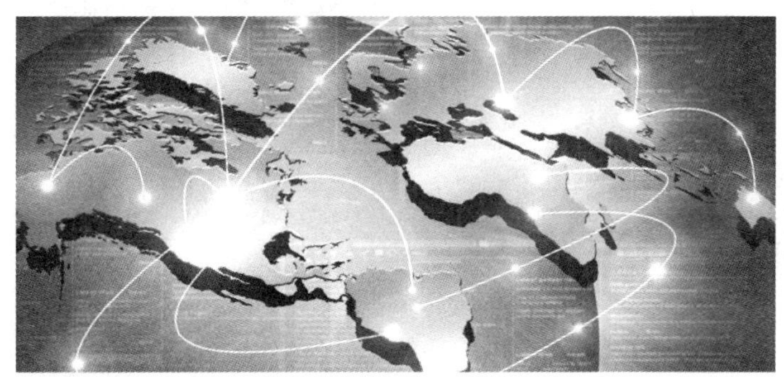

QIYE CHUANGXIN

GUANLI

第4章

创新的思维

学习目标 ……

☆ **知识层次**：了解思维定式的含义与表现形式；掌握突破思维定式的几种方法。

☆ **能力层次**：培养学生突破思维定式的思维能力。

一、思维定式

（一）思维定式的含义及作用

思维定式，最早是19世纪末由德国心理学家缪勒(G. E. Muller)提出。思维定式也称“惯性思维”，原是心理学概念，是指由先前的活动造成的一种对活动的特殊心理准备状态，或活动的倾向性，也就是按照积累的思维活动、经验教训和已有的思维规律，在反复使用中所形成的比较稳定的、定型化的思维路线、方式、程序和模式。

思维定式一般来说具有两个很明显的特征。一是形式化的结构，即思维定式是一种“纯形式化”的东西，它只有在一定的条件下才显现出来，也就是说，只有当被思考的对象填充到它里面以后，当思维的过程发生以后，思维定式才表现出它的存在。没有思维的过程，也就无所谓思维的惯常模式。二是强大的惯性，即思维定式一旦建立，它就能轻而易举地支配人们的思维过程、心理态度甚至实践活动，要改变它需要付出相当多的时间和努力，经过长时间形成的思维定式有很强的稳固性甚至顽固性。

当人们面对现实问题时，思维定式就会把它们纳入特定的思维框架，并顺着特定的思维轨道对这些问题进行分析和处理。思维定式作为一种思维模式在人们的生活中有较大的积极作用。在环境不变的条件下，思维定式可以提高思维活动的便捷性、敏捷性，提升思维效率，帮助人们运用已掌握的方法迅速解决问题。在日常生活中，思维定式可以帮助我们解决每天遇到的90%以上的问题，提高日常工作和学习的效率。

尽管如此，思维定式的弊端也是很明显的。当面临新情况、新问题，要求我们开拓创新时，思维定式会禁锢我们的大脑，阻碍新构想的产生。另一方面，在我们认识或处理某些问题时，思维定式还会将我们引入歧途。现在是一个创新制胜的年代，每个人、每个企业，每天都在面临着全新的挑战，而思维定式往往会引人走向误区。

（二）思维定式的表现形式

影响创新的思维定式有很多不同的表现形式，常见的有从众型思维定式、权威型思维定式、经验型思维定式、书本型思维定式和自我中心型思维定式五种形式。

1. 从众型思维定式

从众是在群体一致性的压力下，个体寻求的一种解除自身与群体之间的冲突、增强安全感的手段，是一种较为普遍的社会行为。从众心理是绝大多数人都有的心理表现，从众型思维定式就源于从众心理。从众心理表现为：大家怎样想，我也怎样想；大家怎样做，我也怎样做。其产生的原因是在实际存在的或头脑中想象的社会舆论与群体压力下，认知和行动上不由自主地趋向于跟“多数人”（相对）一致。我们平时讲的“随大流”就是一种从众心理的表现。

在现实生活中，为了维持群体的稳定性，就必然要求群体内的个体保持某种程度的一致性。这种“一致性”首先表现在实践行为方面，其次表现在感情和态度方面，最终表现在思想和价值观方面。从众型思维定式一旦形成就不易改变，原因是从众可以产生一种归属和认同感，能够消除或减轻个体的孤单、不安、恐惧等心理。

从众型思维定式虽然有利于群体的一致行动，但它却不利于个体的独立思考和创新意识。从众心理往往容易扼杀创新，它与创新求异的基本特征相违背。一个社会越强调遵从传统，从众型思维的枷锁就越牢固。在“枪打出头鸟”的传统观念影响下，人们往往选择“多一事不如少一事”，宁肯“太平”，也不愿“鹤立鸡群”，免得“生出事端”。

从众型思维定式有着维护群体稳定的作用，想要突破它，需要把握好“分寸”，在维持群体不破裂的前提下，让每个个体尽可能地发挥自己的能动作用，避免盲目从众的行为。

2. 权威型思维定式

权威是一种客观存在，在任何时代，只要有人的存在就会有权威的存在。权威是某些领域的代言人，人们对权威的信任与崇敬是自然而正常的，在这些领域，许多人都习惯遵从权威并将权威的标准作为自我的标准。在思维领域也一样，不少人会不假思索地将权威人士的观点照搬过来，以权威的是非为是非，一旦发现与权威相悖的观点和思想，便会认为这是错误和荒谬的。这便是我们说的权威型思维定式。

思维中权威定式的形成主要通过两条途径：第一条途径是，个体从儿童成长到成年过程中所接受的“教育权威”；第二条途径是“专业权威”，即由深厚的专门知识所形成的权威。由于权威确实在某一特定领域有雄厚的知识或思想，有相当的影响力和说服力，权威的许多研究结果我们可以直接引用，比如在自己不擅长的领域里服从权威可以为我们节约时间和精力。

但是从创新的角度而言，权威型思维定式有着显而易见的弊端。当人们需要推陈出新时往往较难突破旧权威的束缚，很容易顺着权威的思路前行，比如曾长期占统治地位的“地心说”阻碍了新思想的发展。如果把权威绝对化、神圣化，对权威的崇敬之情就会变成对权威的迷信、盲目推崇，权威型思维就会变成遏制创新的枷锁。不恰当地引用权威的观点，不加思考地以权威的观点论是非，一切以权威的观点为最高准则，不敢越权威的“雷池”一步，这都不利于创新的实现。

3. 经验型思维定式

经验是人们对实践活动认识的总结，它在我们的生活和工作中具有十分重要的意义，使我们得心应手地应付日常问题，可以大大提高我们解决日常性实践问题的效率。同时，经验也是理论的基础。理论必须建立在经验的基础上才有生命力，离开了经验，理论就无法进行。而经验与创新思维的关系较为复杂。在实践活动中，随着时间的推移，经验具有不断增长、不断更新的特点，从而有可能使我们看到自身的相对性，通过经验累积前后的对比发现局限性，进而开阔眼界，使我们的创意思维能力得到提高。在有些场合下，经验本身就意味着新创意。

但从思维的角度来说，经验具有很大的狭隘性，束缚了思维的广度。这种狭隘性主要表现在三个方面：

(1)经验具有时空狭隘性。任何经验总是在一定的时空范围中产生的，而且也往往只适用于一定的时空范围，一旦超出这个范围，经验能否有效，常常是个疑问。

(2)经验具有主体狭隘性。每一个思维主体，不管经验多么丰富，从数量上说总是有限的，未经历过的事情都是无穷多的，当面临从未遇到过的事物或问题时常常会手足无措，这时如果单凭已有的经验推断，其结果大多是错误的。

(3)个体的经验在内容上紧紧抓住了常见的东西，而忽略了少见的、偶然的东西。但在每一个具体的现实情境中，总会有大量少见的、偶然性的东西出现，如果仍然用以往的经验来处理，则会不可避免地产生偏差和失误。

总之，经验只在一定的实践水平上、一定的条件下对一定的实践活动有指导意义。而且，即使在适当的范围内，它对实践活动的指导意义也是有限的。恩格斯认为，单凭观察所得的经验，是不能充分证明其必然性的。黑格尔也指出，经验并不提供必然性的联系。因此，一旦拘泥于狭隘的经验，势必极大地限制个人的眼界，从而阻碍创新。在这种情况下，经验就成了创新思维的枷锁。

4. 书本型思维定式

我们有相当多的知识来自书本，无论在过去、现在，还是将来，书本知识都是给我们带来无穷利益的工具，也是我们获得见识和能力的有效途径之一。人类社会离不开书本知识，创新思维也要基于书本知识。

但事物总有两面性，书本型思维定式有很多的弊端，其影响主要表现在以下几个方面：

(1)书本知识是经过人们的思维加工后形成的较为“单纯”的经验和认识，它表达的是共性的、一般性的东西，书本知识与现实情况常有距离或偏差。

(2)书本知识是相对较“死”的东西，而现实却要复杂得多，并且处在不断变化之中。每种事物都有众多的属性，与其他事物构成千丝万缕的联系，因此单凭书本知识还不能完全应对现实的挑战，“纸上谈兵”的故事便是典型的例证。

(3)书本知识并不等于能力。过分地依赖书本知识会影响人对能力的追求，所谓“书呆子”便是一例。不会运用书本知识，不会批判、质疑书本知识，反而被书本知识耗取大量的精力与时间，最后导致无法创造新的东西。

(4)过于精深丰富的书本知识，处理运用不当，有时也会阻碍创新思维的开展。因为有时知识过精，知识面就容易狭小；知识过全，顾虑可能过多，反而缩手缩脚，构成对创新的束缚。比如，一个掌握大量文学理论知识的人，可能会过分拘泥于主题、形象等概念，反而创作不出优秀的文学作品。

总之，如若迷信书本知识，唯书本是从，无视活生生的现实生活，甚至用书本知识去“裁剪”现实，就会禁锢思想。此时，书本知识就成了创新思维的枷锁。

5. 自我中心型思维定式

在日常思维活动中，人们总会自觉或不自觉地按照自己的观念、站在自己的立场、从自己的角度去思考别人乃至整个世界。在自我中心这个概念中，个人的思考以自己为中心，一个团体的思考以团体为中心，一个国家或民族的人思考以本国本民族为中心，等等。特定的主体总是以其自身为中心去观察和认识客观世界。所谓“一千个读者眼中有一千个哈姆雷特”，每个人都是从自己的角度去认识世界的，这很正常。

但是，完全从自己的角度思考，不能站在客观的、他人的立场去认识事物，就会把自己的思维禁锢在一个很狭窄的范围中，这种情况多出现在儿童2～7岁的“前运算阶段”。但即使是成人，有时也会以自我中心的思维方式认识世界。一旦把这种以自我为中心的现象绝对化，凡事一概站在自己的立场，用自己的眼光去思考别人乃至整个世界，并一味排斥他人的立场、观点和利益，便形成了自我中心型思维定式，阻碍创新思维的发展。

（三）突破思维定式

1. 突破从众型思维定式

破除从众型思维枷锁，需要提倡“反潮流”精神。“反潮流”精神，就是在认识和思考问题的时候，相信自己的理性判断能力，能够顶住周围多数人的压力，敢于坚持自己的观点，不轻易附和其他人。一般来说，创新思维能力强的人，大都具有反潮流的精神；而思维从众倾向比较强的人，创新思维能力相对较弱。

从人类历史的发展来看，真理往往首先被极少数人发现，然后才慢慢地被传播、普及，最终成为普通民众都接受的“常识”。所以，要想破除从众型思维定式，要做到：当面对新情况进行创新思维时，不受制于多数人的意见，不必以众人的是非为是非，这样才能真正打破封闭、开阔思路，产生新思想、新观念。

2. 突破权威型思维定式

破除权威型思维枷锁，需要学会审视权威。首先，要审视是不是本专业的权威。社会上有一种“权威泛化”现象，即把某个专业领域中的权威不恰当地扩展到其他领域。其实，权威一般都有专业局限，某专业领域中的权威，一旦超出本专业领域，不一定能成为权威。其次，要审视是不是本地域的权威。权威除了有专业性，还有地域性。适用彼时彼地的权威性意见，不一定适用于此时此地。因此，面对某种权威性论断时，不能不加分析地盲目套用。再次，要审视是不是当今的权威。权威是具有时效性的，不存在永久的权威。随着社会的发展，知识更新的速度不断加快，不能与时俱进的权威也将被时代淘汰。最后，要审视是否是真正的权威或权威结论。有两种情况需要注意：一是借助某种力量包装出来的权威，如靠政治地位、经济力量、媒体炒作等“渲染”而登上权威“宝座”的，并非真正的权威；二是即使真的是权威，但其结论的得出是出于某种利益需要，未必具有权威性。

3. 突破经验型、书本型思维定式

破除经验型思维枷锁的关键是冲破经验的狭隘眼界，把经验思维上升到理论思维。理论思维又称为逻辑思维，是依据一定的理论知识、遵循特有的逻辑顺序而进行的思维活动。理论思维是建立在经验基础之上的一种较为高级的思维类型。我们要掌握事物的一般辩证本性、深层全面本质和普遍规律，只靠经验思维是不行的。因为经验思维具有局限性，如经验思维只坚持事物的个性和事物固定的特性，多停留在表面联系上，实际上并未了解事物的内在规律与本质特征。而理论思维可以了解事物的内在本质和发展趋势，因而较之经验思维更深刻、更全面，能有效地指导人们的实践活动。

破除书本型思维枷锁的途径在于增长运用知识的智慧；尊重实践，注意在实践中学习；善于超越有限的专业领域，开阔视野，拓展思维空间。

4. 突破自我中心型思维定式

破除自我中心型思维枷锁的根本途径在于“跳出自我”，多与人交流，试着站在他人的立场考虑问题，理解自身之外的事物和现象，在“自我”与“非我”的跨越中开阔视野。许多新思想、新观念的提出，归功于自我中心型思维定式的破除。例如，“可持续发展战略”和“地球伦理观念”的提出，归功于跳出“人类中心主义”的眼界；国际间“和平共处原则”的提出，归功于跳出狭隘的民族主义和以意识形态为中心处理国家关系的眼界。

二、创新思维

创新思维是在客观需要的推动下，以新获得的信息和已储存的知识为基础，综合运用各种思维形态或思维方式，克服思维定式，经过对各种信息、知识的匹配与组合，或者从中选出解决问题的最优方案，或者系统地加以综合，或者借助类比、直觉等创造出新办法、新概念、新形象、新观点，从而使认识或实践取得突破性进展的思维活动。创新思维具有新颖性、灵活性、探索性、能动性和综合性等特点。

（一）发散思维与收敛思维

思想家托马斯·库恩认为，科学革命时期发散思维占优势，常规科学时期收敛思维占优势，一个好的探索者要在发散思维和收敛思维之间保持必要的张力。

1. 发散思维

发散思维是由美国心理学家 J. P. 吉尔福特提出的，是指对同一问题从不同层次、不同角度、不同方向进行探索，从而产生新结构、新点子、新思路或新发现的思维过程（见图 4-1）。

发散思维对于创新是非常重要的，它可以尽可能多地提出解决问题的办法，主要有以下三个特点：

(1)流畅性。流畅性是思想的自由发挥，指在尽可能短的时间内生成并表达出尽可能多的思维观念以及较快地适应、消化新的思想观念，是发散思维量的指标。例如，在思考“取暖”有哪些方法时，可以从取暖方法的各个方面发散，有晒太阳、烤火、开空调、电暖器、电热毯、剧烈运动、多穿衣等，这些都是同一方向上数量的增加，方向较为单一。

(2)灵活性。灵活性是指克服人们头脑中僵化的思维框架，按照某一新的方向来思索问题的特点。常常借助横向类比、跨领域化、触类旁通等方法，使发散思维沿着不同的方向扩散，呈现出多样化和多面性。

(3)独特性。独特性表现为发散思维的“新异”“奇特”和“独到”，即从前所未有的新角度认识事物，提出超乎寻常的新想法，使人们获得创造性成果。

但是，单凭发散思维产生的设想或方案，通常是不成熟或者不切实际的。因此，必须借助收敛思维对发散思维的结果进行筛选，得出最终合理可行的方案。

2. 收敛思维

收敛思维的方向与发散思维相反，它指的是将各种信息从不同的角度和层面聚集到一起，

运用现有的知识体系将各种信息进行系统性的整合与处理，把纷乱复杂的信息引导到条理化的逻辑序列中，思维由开放走向闭合，从而升华出更加准确有用的方法（见图 4-2）。

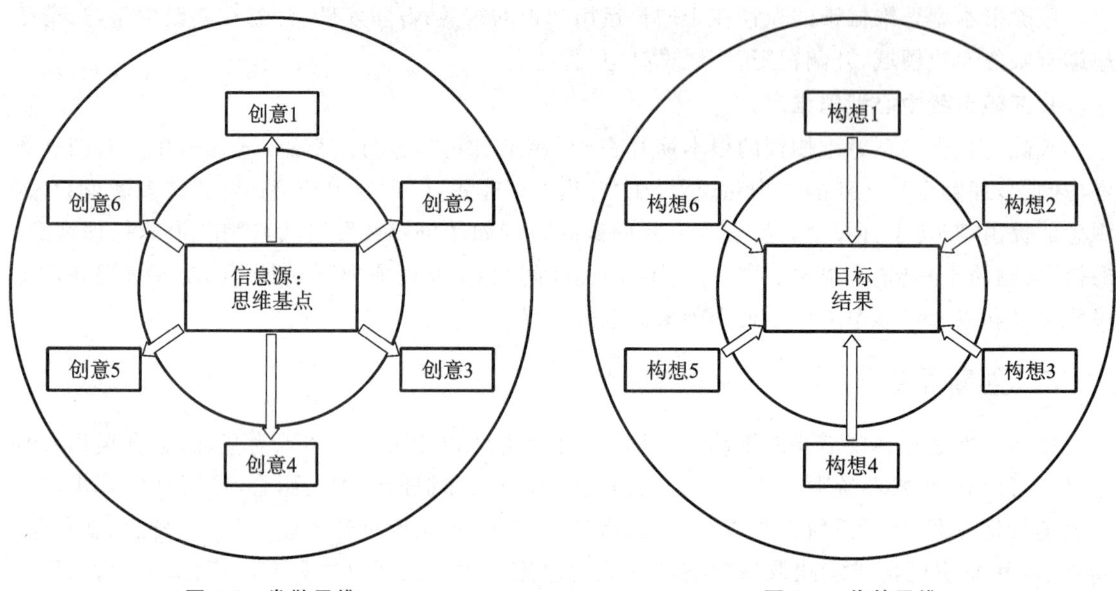

图 4-1　发散思维　　　　图 4-2　收敛思维

在收敛思维的过程中，要想准确地发现最佳的方法或方案，必须综合考察各种发散思维的结果，对其进行归纳、分析和比较。收敛思维并不是简单的排列组合，而是具有创新性的整合，即以目标为核心，从内容到结构上对原有的知识进行有目的的评价、选择和重组。

（二）纵向思维与横向思维

纵向思维是从事物自身的过去、现在和未来的分析对比中，发现事物在不同时期的特点及前后联系，从而把握事物本质的思维过程。横向思维是截取历史的某一横断面，研究同一事物在不同环境中的发展状况，并通过与周围事物的相互联系和相互比较中，找出该事物在不同环境中的异同。

纵向思维与横向思维的综合应用能够对事物有更全面的了解和判断，是重要的创造性技巧之一。

1. 纵向思维

纵向思维被广泛应用于科学和实践之中。事物发展的过程性是纵向思维得以形成的客观基础，任何事物都要经历萌芽、成长、壮大、发展、衰老和死亡的过程，在这个过程中可以捕捉到事物发展的规律性。纵向思维就是对事物发展过程的观察，按照过去到现在、现在到将来的时间顺序来考察事物。

纵向思维对未来具有预测性，预测结果可能符合事物发展的趋势。在现实生活中，通过对事物现有发展规律的分析预测未来的情况相当普遍。纵向思维在气象预测、地质灾害预测等领域应用广泛，对于指导人们的决策和规划等行为起着较大作用。

2. 横向思维

横向思维是由爱德华·德·博诺于 1967 年在其《水平思考法》中提出的。横向思维从多个角度入手，改变解决问题的常规思路，拓宽解决问题的视野，从而使难题得到解决。这种思维在创造活动中发挥着巨大作用。

在横向思维的过程中，首先把时间范围确定下来，然后在这个范围内研究各方面的相互关系，使横向比较和研究具有更强的针对性。横向思维对事物进行横向比较，即把研究的客体放到事物的相互联系中去考察，可以充分考虑事物各方面的相互关系，从而揭示出不易察觉的问题。

横向思维突破问题的结构范围，是一种开放性思维，思维过程中将事物置于很多的事物和关系中进行比较，从其他领域的事物中获得启示从而得到最终的结果。

案例赏析 4-1

彼得·尤伯罗斯组织1984年洛杉矶奥运会

彼得·尤伯罗斯(Peter Ueberroth)因成功组织了1984年的洛杉矶奥运会，被《时代周刊》评选为1984年度的“世界名人”。在尤伯罗斯之前，举办现代奥运会简直是一场经济灾难，1976年蒙特利尔奥运会亏损10亿美元，1980年莫斯科奥运会用去资金90亿美元。第23届奥运会洛杉矶政府没有提供任何资金，居然获利2.25亿美元，令全世界为之惊叹。这个创举要归功于尤伯罗斯在奥运会经费问题上采用了横向思维(见图4-3)。

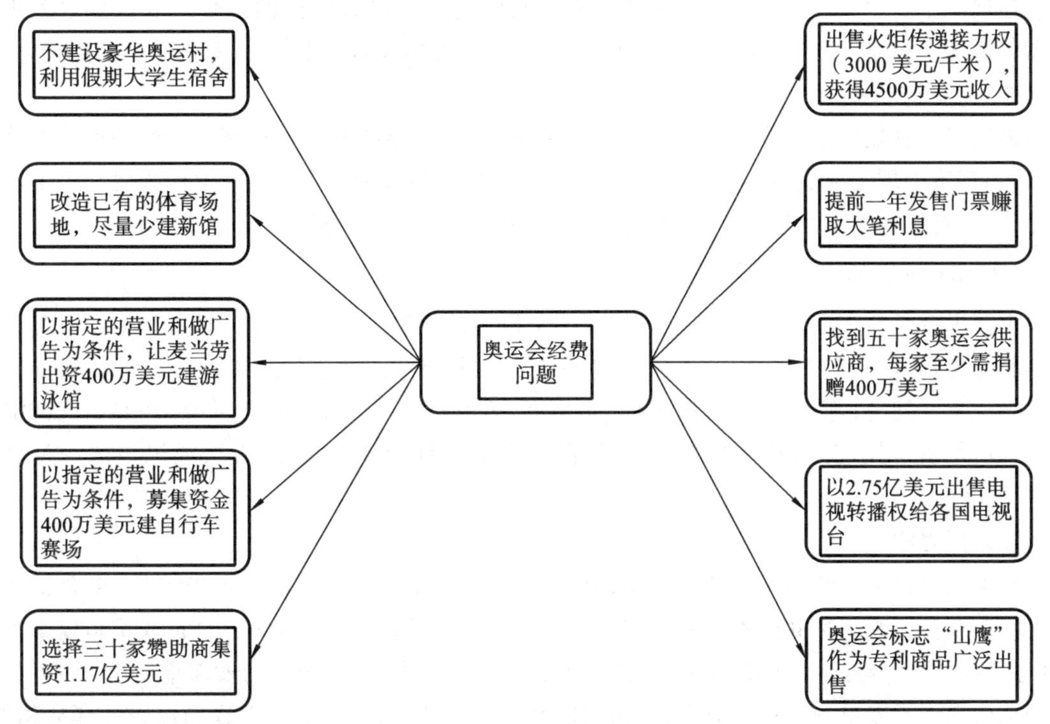

图4-3 奥运会经费问题的横向思维

尤伯罗斯运用横向思维，通过拍卖奥运会的电视转播权、出售火炬传递接力权、引入新的赞助营销机制等方式，扩大了收入来源。在开源的同时，尤伯罗斯全力压缩开支，充分利用已有设施，不建设新的奥运村，招募志愿人员为奥运会义务工作。凭借着天才的商业头脑和运作手段，尤伯罗斯使不依赖政府拨款的洛杉矶奥运会盈利2.25亿美元，成为近代奥运会恢复以来真正盈利的第一届奥运会，尤伯罗斯也因此被誉为奥运会的“商业之父”。

(三)正向思维与逆向思维

正向思维是按常规思路，以时间发展的自然过程、事物的常见特征和一般趋势为标准的思维方式，是一种从已知到未知来揭示事物本质的思维方法。与正向思维相反，逆向思维在思考问题时，为了实现创造过程中设定的目标，跳出常规，改变思考对象的空间排列顺序，是从反方向寻找解决办法的一种思维方式。正向思维与逆向思维相互补充、相互转化。

1. 正向思维

正向思维是人们最常用到的思维方式。正向思维是在对事物的过去、现在充分分析的基础上，推知事物的未知部分，提出解决方案。

正向思维具有如下特点：在时间维度上是与时间的方向一致的，随着时间的推进进行，符合事物的自然发展过程和人类认识的过程；认识具有统计规律的现象，能够发现和认识符合正态分布规律的新事物及其本质；面对生产生活中的常规问题时，正向思维具有较高的处理效率，能取得很好的效果。

2. 逆向思维

逆向思维，也称求异思维，它是一种对司空见惯的似乎已成定论的事物或观点反过来思考的思维方式。敢于“反其道而思之”，让思维向对立面发展，从问题的相反面进行深入探索，产生新思想，创立新形象。

逆向思维利用了事物的可逆性，从反方向进行推断，寻找常规的岔道，并沿着岔道继续思考，运用逻辑推理去寻找新的方法和方案。逆向思维在各种领域、活动中都有适用性。不论哪种方式，只要从一个方面想到与之对立的另一个方面，都是逆向思维。

(四)求同思维与求异思维

求同思维是指在创造活动中，把两个或两个以上的事物，根据实际的需要，联系在一起进行“求同”思考，寻求它们的结合点，然后从这些结合点中产生新创意的思维活动。求异思维是指对某一现象或问题，进行多起点、多方向、多角度、多原则、多层次、多结果的分析和思考，捕捉事物内部的矛盾，揭示表象下的事物本质，从而产生富有创造性的观点、看法或思想的一种思维方法。

1. 求同思维

求同思维是从已知的事实或者已知的命题出发，沿着单一的方向一步步推导，来获得满意的答案。获得客观事物共同本质和规律的基本方法是归纳法，把归纳出的共同本质和规律进行推广的方法是演绎法。这些过程中，肯定性的推断是正面求同，否定性的推断是反面求同。

求同思维沿着单一的思维方向，追求秩序和思维的缜密性，能够以严谨的逻辑性环环相扣，以实事求是的态度，从客观实际出发，来揭示事物内部存在的规律和联系，并且要通过大量实验或实践来对结论进行验证和检验。

求同思维进行的是异中求同，只要能找出事物间的结合点，基本就能产生意想不到的结果。结合后的事物所产生的功能和效益，并不等于原先几种事物的简单相加，而是整个事物出现了新的性质和功能。

案例赏析 4-2

活版印刷机

在欧洲中世纪，古登堡(1397—1468)发明了活版印刷机，据说，古登堡首先研究了硬币打印机，它能在金币上压出印痕，可惜印出的面积太小，没办法用来印书。接着，古登堡又看到了葡萄压榨机。他仔细比较了两种机械，从“求同思维”出发，把两者的长处结合起来，经过多次实验，终于发明了欧洲第一台活版印刷机，使长期被僧侣和贵族阶层垄断的文化知识迅速传播开来，为欧洲科学技术的繁荣和整个社会的进步做出了巨大贡献。

2. 求异思维

在遇到重大难题时，采用求异思维，常常能突破思维定式，打破传统规则，找到与原来不同的方法和途径。求异思维的客观依据是任何事物都有特殊的本质和规律，即特殊矛盾表现出的差异性。要进行求异思维，必须积极思考和调动长期积累的社会感受，产生新颖的、独创的、具有社会价值的思维成果。

案例赏析 4-3

松下无线熨斗

在日本，松下电器的熨斗事业部很有权威性，因为它在20世纪40年代发明了日本第一台电熨斗。虽然该部门不断创新，但到了80年代，电熨斗还是进入滞销行列，如何开发新品，使电熨斗再现生机？是当时该部门很头痛的一件事。

一天，被称为“熨斗博士”的事业部部长召集了几十名年龄不同的家庭主妇，请她们从使用者的角度来提要求。一位家庭主妇说：“熨斗要是没有电线就方便多了。”“妙，无线熨斗！”部长兴奋地叫起来，马上成立了攻关小组研究该项目。

攻关小组首先想到用蓄电池，但研究出来的熨斗很笨重，不方便使用，于是研发人员又观察、研究了妇女的熨衣过程，发现妇女熨衣服时并非总拿着熨斗，在整理衣物时，就把熨斗竖立一边。经过统计发现，一次熨烫最长时间为23.7秒，平均为15秒，熨斗竖立的时间为8秒。于是，研发人员根据实际操作情况对蓄电熨斗进行了改进，设计了一个充电槽，每次熨完后将熨斗放进充电槽充电，8秒钟即可充好，这样大大减轻了熨斗的重量。无线熨斗诞生了，成为当年最畅销的产品。这个简单的例子告诉我们，求异思维经常会产生意想不到的收获。

三、创新思维的技法

(一)整体思考法

整体思考法是由爱德华·德·博诺开发的一个全面思考问题的模型，它提供了横向思维的工具，避免把时间浪费在互相争执上。这种方法将思维方式分为六类，每次思考者只能用一种方式思考，这样可以有效避免思维混杂。同时，可将一般争辩性思维向制图性思维转化，从而形象地展示出思考的路线，这样有利于思维的展开和整理。

整体思考法是从不同的思维角度出发进行思考的，如图 4-4 所示。

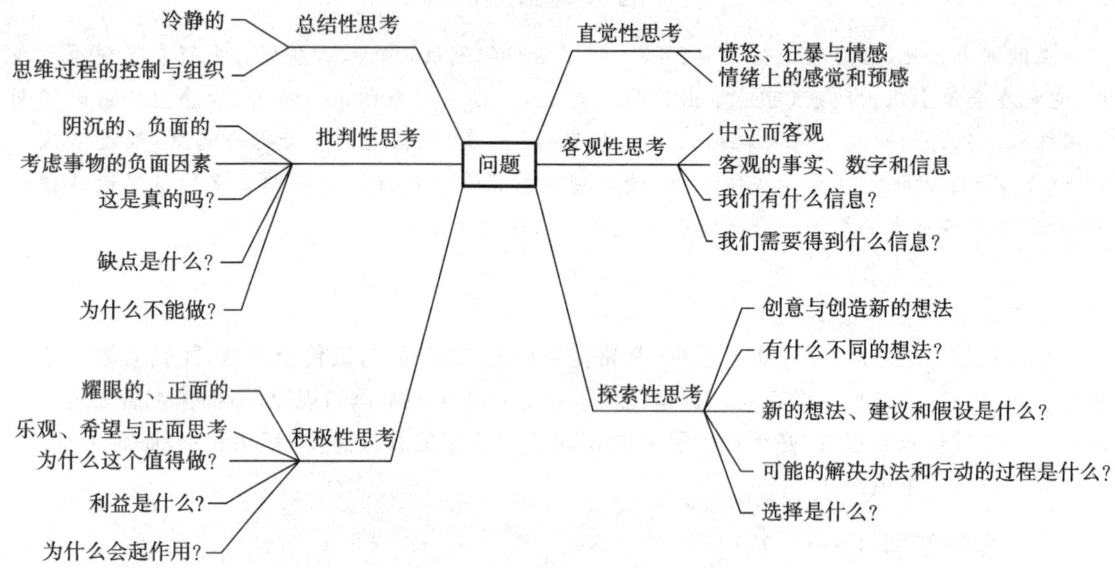

图 4-4　整体思考法的不同思维角度

1. 客观性思考

当进行客观性思考时，思考者要撇开所有建议与辩论，仅对事实、数字和信息进行思考。通过提出以下问题，然后罗列出已有信息和需求。

(1)已得到什么信息？

(2)缺少什么信息？

(3)想得到什么信息？

(4)怎样得到这些信息？

2. 探索性思考

探索性思考是尽可能多地提出各类新奇建议，创造出新观念、新选择。探索性思考是极其重要且最有价值的思考方式之一，将其中所包含的价值通过其他思考方式加工处理后，可逐步变成切实可行的方案。

3. 积极性思考

积极性思考是以积极的态度和看法思考事物的优点，基于逻辑寻找事物发展的可能性。有时一些概念所包含的优势一开始并不是十分明显，需要刻意去寻找。需要思考以下几个问题：

(1)它为什么有利？

(2)它为什么能做？

(3)为什么这是一件要努力做好的事情？

(4)其中包含了什么潜在价值？

4. 批判性思考

批判性思考要在事实基础上对问题提出质疑、判断、检验，甚至逻辑否定，并批判性地找到方案不可行的原因。批判性思考可以纠正事物中存在的错误，发现问题，是非常有价值的思考方式。需要思考以下几个问题：

(1)它能起作用吗？

(2)它安全吗？

(3)它同事实相吻合吗？

(4)这事能做吗？

5. 总结性思考

总结性思考是对思考方案的及时总结，对下一步进行安排。在进行总结性思考时，思考者要控制思维的进程，时刻保持冷静，以决定下一个思考步骤所使用的思考方式，或者评价所运用的思维并及时对思考结果进行总结。

6. 直觉性思考

进行直觉性思考时，思考者要表达出对项目、方法的感觉、预感或其他情绪，但并不要求给出原因。例如，觉得项目有没有前景？使用这种方法能不能达到目的？直觉与感情可能是思考者在某一领域多年的经验，在潜意识中进行的综合判断。尽管有时候无法将直觉背后的原因说清楚，但它在思考过程中却非常有用。在直觉性思考之后通常还会应用一些其他的思考方式对其结果加以验证。

小结：整体思考法的一般思考顺序是：客观性思考—探索性思考—积极性思考—批判性思考—探索性思考—总结性思考—批判性思考—直觉性思考。在实际运用时，应针对不同的问题，结合思考方式自身的思维特点来安排其顺序。

(二)多屏幕法

多屏幕法，又称九屏幕法，是典型的 TRIZ“系统思维”方法，即对情境进行整体考虑，不仅考虑目前的情境和探讨的问题，还要考虑它们在层次和时间上的位置与角色。多屏幕法具有可操作性、实用性强的特点，可以更好地帮助思考者超越常规、提出质疑，克服思维定式，为解决实践中的疑难问题提供清晰的思维路径，如图 4-5 所示。

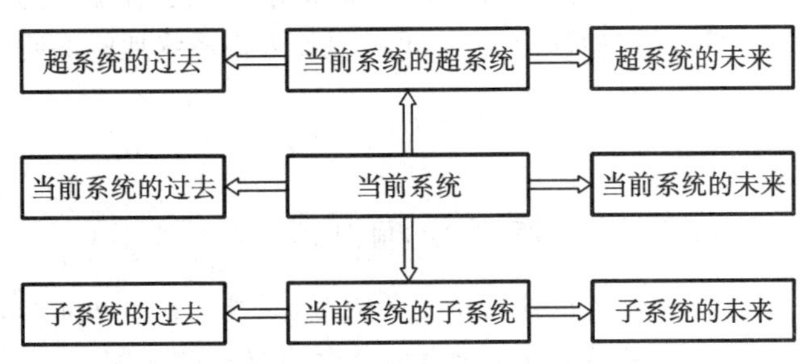

图 4-5　系统思维的多屏幕法

根据系统论的观点，系统由多个子系统组成，并通过子系统间的相互作用实现一定的功能。系统之外的高层次系统称为超系统，系统之内的低层次系统称为子系统。我们所要研究的、问题正在发生的系统，通常称为“当前系统”(简称系统)。例如，如果把汽车作为一个当前系统，那么轮胎、发动机和方向盘都是汽车的子系统；由于每辆汽车都是整个交通系统的一个组成部分，交通系统就是汽车的一个超系统，当然，大气、车库等也是汽车的超系统。

当前系统是一个相对的概念。如果以轮胎作为“当前系统”来研究的话，那么轮胎中的橡胶就是轮胎的子系统，而汽车、驾驶员、大气、车库等都是轮胎的超系统。在分析和解决问题时，多屏幕法不仅要考虑当前系统，还要考虑当前系统的超系统和子系统；不仅要考虑当前系统的过去和未来，还要考虑超系统和子系统的过去和未来。

多屏幕法是一种很好的理解问题的手段，它可以帮助我们重新定义任务或矛盾，找出解决问题的新途径。它多层次、多方位地从一切与当前问题所在系统相关的系统去分析问题，更好地理解当前的问题并找到解决方案。

(1)考虑“当前系统的过去”是指考虑发生当前问题之前该系统的状况，包括系统之前运行的状况、其生命周期的各阶段情况等，考虑如何利用过去的各种资源来防止此问题的发生，以及如何改变过去的状况来防止问题发生或减少当前问题的有害作用。

(2)考虑“当前系统的未来”是指考虑发生当前问题之后该系统可能的状况，考虑如何利用以后的各种资源，以及如何改变以后的状况来防止问题发生或减少当前问题的有害作用。

(3)当前系统的“超系统”元素，可以是各种物质、技术系统、自然因素等。人们通过分析如何利用超系统的元素及组合，来解决当前系统存在的问题。

(4)当前系统的“子系统”元素，同样可以是各种物质、技术系统、自然因素等。人们通过分析如何利用子系统的元素及组合，来解决当前系统存在的问题。

(5)当前系统的“超系统的过去”和“超系统的未来”是指分析发生问题之前与之后超系统的状况，并分析如何利用和改变这些状况来防止问题的发生或减弱问题的有害作用。

(6)当前系统的“子系统的过去”和“子系统的未来”是指分析发生问题之前和之后子系统的状况，并分析如何利用和改变这些状况来防止问题的发生或减弱问题的有害作用。

进行以上分析后，再来寻找问题的解决方案，我们就会发现一系列完全不同的观点：新的任务定义取代了原有的任务定义，产生了一个或若干个考虑问题的新视角，发现了系统内没有被注意到的因素等。

多屏幕法是一种分析问题的手段，它是一种更好地理解问题的思维方式，能够确定解决问题的某个新途径。另外，各个屏幕显示的信息并不一定都能引出解决问题的新方法。如果实在找不出好的办法，可以暂时搁置。无论如何，每个屏幕对于问题的总体把握，肯定是有所帮助的。练习多屏幕法，可以锻炼人们的创造力，也可以提高人们系统地解决问题的能力。

案例赏析 4-4

焦炭运输问题

在炼焦炭的过程中，高温焦炭的生产及输送过程是：焦炭从炉口出来后，通过传送带将焦炭传送到指定位置。整个过程中，高温焦炭会对传送带造成很大的伤害。

我们通过多屏幕法来建立焦炭的皮带传动系统的多屏幕图(见图 4-6)。

(1)当前系统：焦炭传动系统；

(2)当前系统的过去：高温焦炭；

(3)当前系统的未来：装在小车中的焦炭、喷淋降温后的常温焦炭；

(4)子系统：皮带、焦炭、滚轴、支架等；

(5)超系统:电机、焦炉、空气、钢原料等;

(6)超系统的过去:矿石;

(7)超系统的未来:钢材;

(8)子系统的过去:新传送带、高温焦炭;

(9)子系统的未来:坏传送带、冷却焦炭。

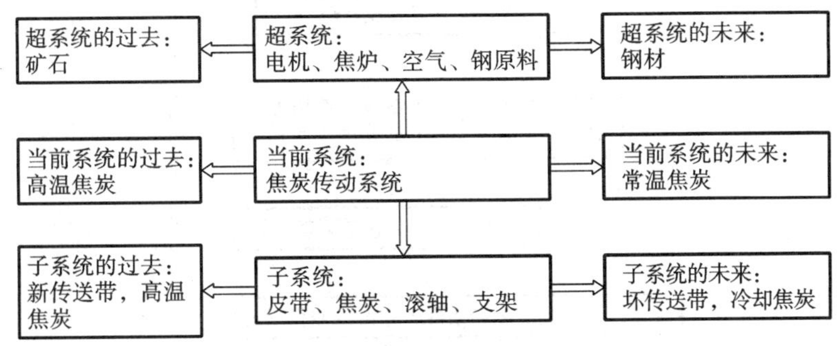

图 4-6 焦炭的皮带传动系统的多屏幕图

利用建立的多屏幕图寻找资源解决问题,提出以下两个方案:

方案一:可以利用当前系统的未来资源,将原本在小车中冷却的焦炭提前在传输过程中进行冷却。因此,在皮带上方设立喷淋装置,对传送过程中的焦炭进行冷却,保护传送带。

方案二:可以利用子系统的未来系统。利用已经冷却的焦炭对皮带进行保护。具体做法是,在高温焦炭的出料口设置冷却焦炭的出口,让传送带上先铺一层冷却焦炭,然后再让传送带传输高温焦炭,高温焦炭和传送带之间有一层冷却焦炭隔离,使高温焦炭不会直接伤害传送带,同时高温焦炭最终也会变成冷却焦炭,和预先铺在传送带上的冷却焦炭是相同的物质,所以不会对焦炭造成污染。

小结:多屏幕法将所要探讨的问题视为一组相互关联的问题,这样便可对其进行更为全面的理解。由于这些新问题中有些可提供解决方案,因此这种方法可大大提高解决问题的效率。另一方面,尽管思维的多屏幕法能扩展问题的情境及看待问题的视野,但是它不一定能保证找到解决问题的方法。

(三)金鱼法

在创新过程中,产生的想法有时候看起来并不可行甚至不现实,但是,这种想法一旦实现,绝对令人称奇。如何才能克服对“虚幻”想法的自然排斥心理呢?金鱼法(见图 4-7)可帮我们解决此问题。

金鱼法的基础,是将一个异想天开的想法分为两个部分:现实部分和非现实(幻想)部分。接着,把非现实部分再分为两部分:现实部分及非现实部分。继续划分,直到余下的非现实部分已经变得微不足道,而想法看起来却愈加可行为止。

金鱼法的具体做法如下:

(1)将不现实的想法分为两个部分:现实部分与非现实部分。精确界定什么样的想法是现实的,什么样的想法是不现实的;

(2)解释为什么非现实部分是不可行的。尽力对此进行严密而准确的解释,否则最后可能

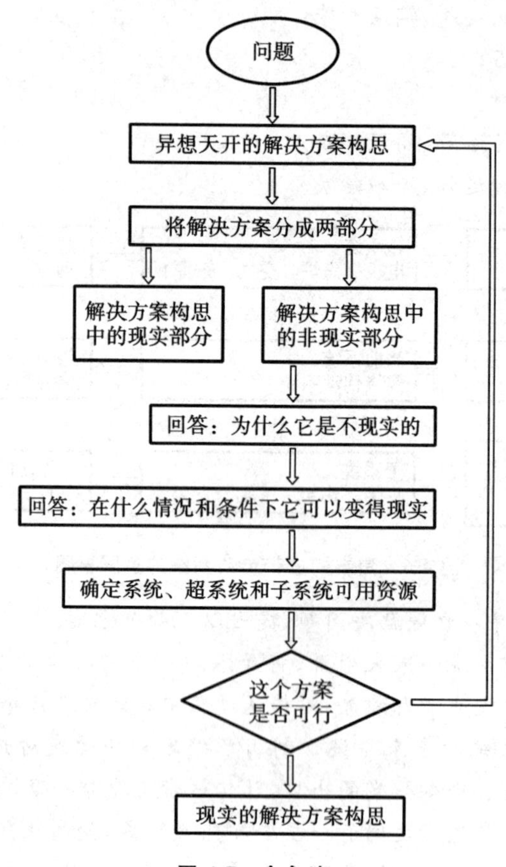

图 4-7 金鱼法

又得到一个不可行的想法；

(3)找出在哪些条件下非现实部分可变为现实的；

(4)检查当前系统、超系统或子系统中的资源能否提供此类条件；

(5)如果能，则可定义相关想法，即应怎样对情境加以改变，才能实现想法的非现实部分，将这一新想法与初始想法的可行部分组合为可行的解决方案构想；

(6)如果无法通过可行途径利用现有资源为非现实部分提供现实条件，则可将“非现实部分”再次分解为现实与非现实部分。然后，重复步骤(1)～(5)，直到得出可行的解决方案构想。

金鱼法是一个反复迭代的分解过程，其本质是将幻想的、不现实的构想，变为可行的解决方案。

案例赏析 4-5

用金鱼法分析如何让毛毯飞起来

步骤一：将问题分为现实和幻想两部分。

☆ 现实部分：毯子是存在的；

☆ 幻想部分：毯子能飞起来。

步骤二：幻想部分为什么不现实？

☆ 毯子比空气重,而且它没有克服地球重力的作用力。

步骤三:在什么情况下,幻想部分可变为现实?

☆ 施加到毯子上向上的力超过毯子自身的重力;毯子的重量小于空气的重量。

步骤四:列出所有可利用的资源。

☆ 超系统资源:空气;风(高能粒子流);地球引力;阳光和重力;

☆ 当前系统资源:毯子的形状和重量;

☆ 子系统资源:毯子中交织的纤维。

步骤五:利用已有资源,基于之前的构想(步骤三)考虑可能的方案。

☆ 毯子的纤维与太阳释放的粒子流相互作用可使毯子飞翔;

☆ 毯子比空气轻;

☆ 毯子不受地球引力的作用;

☆ 毯子上安装了反向作用力的发动机;

☆ 毯子由于下面的压力增加而悬在空中(气垫毯);

☆ 磁悬浮;

☆ ……

步骤六:构想中的不现实方案,再次回到步骤一。

☆ 选择不现实的构想之一:毯子比空气轻,回到步骤一。

步骤一:把问题分为现实和幻想两部分。

☆ 现实部分:存在重量轻的毯子,但它们比空气重;

☆ 幻想部分:毯子比空气轻。

步骤二:为什么毯子比空气轻是不现实的?

☆ 制作毯子的材料比空气重。

步骤三:在什么条件下,毯子会比空气轻?

☆ 制作毯子的材料比空气轻;

☆ 毯子像尘埃微粒一样大小;

☆ 作用于毯子的重力被抵消。

步骤四:考虑可利用资源。

☆ 超系统资源:空气;风(高能粒子流);地球引力;阳光和重力;

☆ 当前系统资源:毯子的形状和重量;

☆ 子系统资源:毯子中交织的纤维。

步骤五:结合可利用资源,考虑可行的方案。

☆ 采用比空气轻的材料制作毯子;

☆ 使毯子与尘埃微粒的大小一样,其密度等于空气密度。

☆ 毯子由于空气分子的布朗运动而移动;

☆ 在飞行器内使毯子飞翔,飞行器以相当于自由落体的加速度向上运动,以抵消毯子的重力。

步骤六:构想中的不现实方案,再次回到步骤一。

……

本章总结

• 思维定式具有两面性，一方面，它能提高思维活动便捷性、敏捷性，提高思维效率；另一方面，如若把它绝对化、固定化，势必成为束缚思维创新的条条框框，成为创新的思维枷锁。

• 从众型思维定式指在心理上人们更倾向于相信大多数人，认为大多数人的知识和信息来源更全面、更可靠，正确的概率更大，在个人与大多数人的判断发生矛盾时，个人往往跟随大多数人而怀疑、修正自己的判断。

• 权威型思维定式表现为不恰当地引用权威的观点，不加思考地以权威的观点论是非，一切以权威的观点为最高准则，不敢越权威的"雷池"一步。

• 经验型思维定式表现为拘泥于狭隘的经验，极大地限制了个人的眼界，从而阻碍创新思维的发展。

• 书本型思维定式指迷信书本知识，唯书本是从，无视鲜活的现实生活，甚至用书本知识去"裁剪"鲜活的现实，从而禁锢思想，阻碍思维创新。

• 创新思维是在客观需要的推动下，以新获得的信息和已储存的知识为基础，综合运用各种思维形态或思维方式，克服思维定式，经过对各种信息、知识的匹配与组合，或者从中选出解决问题的最优方案，或者系统地加以综合，或者借助类比、直觉等创造出新办法、新概念、新形象、新观点，从而使认识或实践取得突破性进展的思维活动。

• 发散思维是对同一问题从不同层次、不同角度、不同方向进行探索，从而产生新结构、新点子、新思路或新发现的思维过程。

• 收敛思维是将各种信息从不同的角度和层面聚集在一起，尽可能利用已有的知识和经验，将各种信息重新进行组织、整合，从开放的自由状态向封闭的点进行思考，从不同的角度和层面，把众多的信息和解题的可能性逐步引导到条理化的逻辑序列中，以产生新的想法，寻找解决方案的思维方法。

• 横向思维是截取历史的某一横断面，研究同一事物在不同环境中的发展状况，并通过与周围事物的相互联系和相互比较中，找出该事物在不同环境中的异同。

• 纵向思维是从事物自身的过去、现在和未来的分析对比中，发现事物在不同时期的特点及前后联系，从而把握事物本质的思维过程。事物发展的过程性是纵向思维得以形成的客观基础，任何事物都要经历萌芽、成长、壮大、发展、衰老和死亡的过程，在这个过程中可以捕捉到事物发展的规律性。纵向思维就是对事物发展过程进行观察，按照过去到现在、现在到将来的时间顺序来考察事物。

• 正向思维是按常规思路，以时间发展的自然过程、事物的常见特征和一般趋势为标准的思维方式，是一种从已知到未知来揭示事物本质的思维方法。

• 与正向思维相反，逆向思维在思考问题时，为了实现创造过程中设定的目标，跳出常规，改变思考对象的空间排列顺序，是从反方向寻找解决办法的一种思维方式。逆向思维是一种对司空见惯的似乎已成定论的事物或观点反过来思考的思维方式。敢于"反其道而思之"，让思维向对立面发展，从问题的相反面进行深入探索，产生新思想，创立新形象。

• 求同思维是指在创造活动中，把两个或两个以上的事物，根据实际的需要，联系在一起进行"求同"思考，寻求它们的结合点，然后从这些结合点中产生新创意的思维活动。

• 求异思维是指对某一现象或问题,进行多起点、多方向、多角度、多原则、多层次、多结果的分析和思考,捕捉事物内部的矛盾,揭示表象下的事物本质,从而产生富有创造性的观点、看法或思想的一种思维方法。

关键术语

思维定式　从众型思维定式　权威型思维定式　经验型思维定式　书本型思维定式　自我中心型思维定式　发散思维　收敛思维　横向思维　纵向思维　正向思维　逆向思维　求同思维　求异思维

思维导图

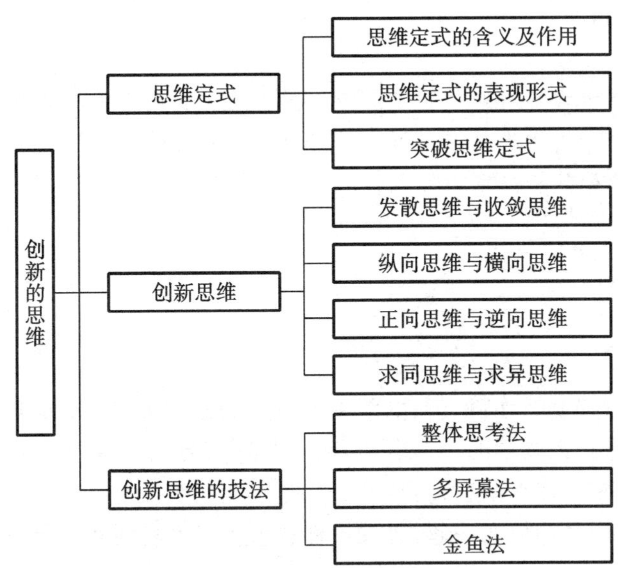

第5章 十大常用的创新方法与工具

学习目标 ……

☆ **知识层次**：了解十大常用的创新方法与工具的定义和使用的具体步骤。

☆ **能力层次**：学会采用适当的方法解决学习与工作中的特定问题。

☆ **情感层次**：培养处处皆可创新的意识。

一、强制联想法

强制联想法

（一）定义与起源

强制联想法是运用强制性连接方式以产生创造性构想的方法，又称焦点法。其执行方式是先选择欲改善的焦点事物，然后罗列出与焦点事物无关的事物，再强行将列举事物与焦点事物结合，最后选择最佳方案。

例如，随机选取三个名词放在一起，通过各种联想将三个名词联系起来。

（二）技法

1. 接近联想

时间或空间上的接近都可以引起不同事物之间的联想。例如，门捷列夫在元素周期表上对未知元素位置的判断；卢瑟福研究原子核时提出质量与质子相同的中性粒子的存在；诗歌中也有时空接近的联想："春江潮水连海平，海上明月共潮生。滟滟随波千万里，何处春江无月明。"诗中将春江、潮水、大海与明月联系在了一起。

2. 相似联想

相似联想是由一事物想到与它性质类似的另一事物的联想，如："春蚕到死丝方尽，蜡炬成灰泪始干""床前明月光，疑是地上霜"等。

3. 对比联想

由事物间完全对立或存在某种差异而引起的联想，就是对比联想，即由相反特征的事物或相互对立的事物间所形成的联想。文学艺术中的反衬手法就是对比联想的具体运用，如："青山有幸埋忠骨，白铁无辜铸佞臣。"

4. 因果联想

由于两个事物存在因果关系而引起的联想，就是因果联想。这种联想往往是双向的，可以由因想到果，也可以由果溯因。

在广告中常用因果联想揭示某种商品可以满足消费者的某种需要，把商品观念和需要观念联系起来，以突出产品的个性。如：凤凰牌自行车针对青少年消费群体做的广告，调查发现当代青年具有追求新生活方式的强烈愿望，从而制作了广告口号："独立，从掌握一辆凤凰车开始。"帮助消费者把商品与其自身需要联系起来，宣传效果较好。

5. 类比联想

类比联想就是通过一种事物与另一种(类)事物的对比，进行创新的联想方法。其特点是以大量联想为基础，以不同事物间的相同、类似之处为纽带。根据不同的类比形式可分为多种类比法：

(1)直接类比法：鱼骨—针，酒瓶—潜艇。

(2)间接类比法：负氧离子发生器。

(3)幻想类比法：第一台电子计算机的诞生。

(4)因果类比法：气泡混凝土。

(5)仿生类比法：抓斗、电子蛙眼、蜻蜓翅痣与机翼振动。

二、逆向思维法

逆向思维法

(一)定义与起源

逆向思维也称反向思维或求异思维，它是对司空见惯的似乎已成定论的事物或观点反过来思考的一种思维方式；敢于"反其道而思之"，让思维向对立面发展，从问题的相反面进行深入的探索，产生新思想，创立新形象。当多数人都朝着一个固定的思维方向思考问题时，创新者却独自朝相反的方向思索，这样的思维方式就叫逆向思维。人一般习惯于沿着事物发展的正方向去思考问题并寻求解决办法。其实，对于某些问题，尤其是一些特殊问题，从结论倒推，反过来思考，或许会使问题简单化。

(二)具体步骤

(1)设定主题；

(2)列出假设及规则；

(3)反转每一个假设和规则；

(4)思考如何在反转规则下找出解决方法；

(5)选定一项或两项反转规则，实现创新。

(三)技法

1. 反转型逆向思维法

这种方法是指从已知事物的相反方向进行思考，产生发明构思的途径。"事物的相反方向"常常从事物的功能、结构、因果关系等三个方面做反向思维。比如，市场上出售的无烟煎鱼锅就是把原有煎鱼锅的热源由锅的下面安装到锅的上面，这便是利用逆向思维对事物结构进行反转型思考的产物。

2. 转换型逆向思维法

这是指在研究问题时，由于解决该问题的手段受阻而转换为其他手段，或转换思考角度，以使问题顺利解决的思维方法。

如司马光砸缸救人的故事，实质上就是转换型逆向思维法的例子。由于司马光不能通过爬进缸中救人的手段解决问题，因而他就用另一种手段——砸缸，进而顺利地解决了问题。

3. 缺点逆向思维法

这是一种利用事物的缺点，将缺点变为可利用的东西，化被动为主动、化不利为有利的思维方法。这种方法并不以克服事物的缺点为目的，而是化弊为利，找到解决问题的方法。例如，金属腐蚀是一种坏事，但人们利用金属腐蚀原理进行金属粉末的生产，这无疑是一种缺点逆向思维法的应用。

三、奔驰法

（一）定义与起源

奔驰法（SCAMPER）是由美国心理学家罗伯特·艾波尔（Robert F. Eberle）提出的一种设问法。它通过一张一览表对需要解决的问题逐项进行核对、设问，从各个角度诱发多种创造性设想，以促进创造、发明、革新或解决工作中的问题。由于奔驰法简单易行，通用性强，且包含了多种创造技法，因而有“创造技法之母”的美称。是一种常见的创意启发工具，常用于对现有产品、商业模式或服务的改进中。

（二）具体步骤

(1)首先列出现有产品或服务让团队止步不前的问题、障碍、困惑等；

(2)就七个切入点找出合适的定义；

(3)根据需要创造的对象或需要解决的问题来设计问题；

(4)逐项加以讨论、研究，从中获得解决问题的方法和创造发明的设想；

(5)评估可行方案，落实流程，进行产品改良。

（三）技法

奔驰法包括七个切入点：substitute（替代）、combine（结合）、adapt（改造）、modify（调整）、put to other uses（改变用途）、eliminate（去除）、reverse（反向）。通过这七个切入点检验是否有更好的改进现状的新想法，如表 5-1 所示。

S 即为 substitute（替代）——主题可以替代什么？可以被什么替代？由于当前世界上某些资源相当紧缺，或是其成本昂贵，不易获得，或是原始材料使用得不合理，于是就得寻找其他的替代品，如用木料或塑料替代金属材料，用人造大理石、人造丝等替代天然材料等。

C 即为 combine（结合）——是将事物的元素分解出来，其他东西进行结合。例如，橡皮头铅笔，就是将铅笔与橡皮擦相结合；美食与物流相结合产生了外卖行业。

A 即为 adapt（改造）——将原来的事物进行审视，发现它的特质和功能，并进行改造和优化。比如，手机输入方式的改变，原本的实际按键输入经改造发展成为一体触屏键输入，甚至是语音识别智能输入。

M 即为 modify（调整）——对事物进行审查后，修改其特质，通过放大、缩小等方法改变其特性。比如，传统物流通常以邮递信件为主，后来的物流配送几乎涉及所有物品，包括包裹、信件、食品、家具等。

P 即为 put to other uses(改变用途)——将原事物应用于其他地方,创造出新的用法。例如,泌尿科引入微爆技术消除肾结石,就是借用了别的领域的发明。

E 即为 eliminate(去除)——将原事物的元素分解开,看看哪些元素是可以被去除或者省略的,从而创造出新的事物。比如,想把电脑变得更小,于是发明了各种平板电脑、掌上电脑等。

R 即为 reverse(反向)——列出事物的特征,并尝试将其中的某些特征反转过来。飞机在诞生之初,螺旋桨在机头部位,后来装到了机身顶部产生了直升机。

表 5-1　奔驰法的七个切入点

缩　写	切　入　点	思　考
S	substitute(替代)	主题可以替代什么?可以被什么替代?
C	combine(结合)	主题可以与什么结合?
A	adapt(改造)	主题有什么地方可以改进、加强?
M	modify(调整)	主题可以被放大、缩小吗?
P	put to other uses(改变用途)	主题有其他用途吗?
E	eliminate(去除)	主题可以去除哪些元素?
R	reverse(反向)	主题的性质可以反转吗?

四、智力激励法

智力激励法

(一)定义与起源

智力激励法的创建者是创造工程学的奠基者奥斯本,智力激励法又名"头脑风暴法"或"脑力激荡法",是利用群体思维的互激效应,针对专门问题进行集体创造活动的方法。

智力激励法是一种走群众路线开展发明创造活动的方法,它以一种特殊的会议形式使与会者畅所欲言,达到集思广益的目的。该方法能有效打开思考者的想象大门,可以为人们创造性地解决问题提供许多新的设想,因此很快就被各国采用、推广。因此,科学创造工作者又称它为创造技法的"母法"。

智力激励法的核心是"集智"和"激智"。"集智"就是把众人的智慧集中起来,其基础是相信人人都有创造力。"激智"就是把众人潜在的智慧激发出来。首先,时间上的限制制造了紧张气氛,使与会者的大脑处于高度兴奋的状态,有利于激励出创造性设想。其次,人数上的限制,使得每个与会者都能充分发表自己的意见,提高了大家的热情,与会者的自我价值得到了体现。不管是书面的还是口头的意见,都能得到充分交流,人们可以从各个方面、各种角度进行思想交锋,有助于思想数量和质量上的提高。因此,可以说,智力激励法是从"独奏"开始到引起"共振"结束,从而获得成果。此法应用广泛,受到人们普遍的重视。

在群体决策中,由于群体成员的心理相互作用影响,易屈从于权威或大多数人的意见,形成所谓的“群体思维”。群体思维削弱了群体的批判精神和创造力，损害了决策的质量。为了保证群体决策的创造性，提高决策质量，一系列改善群体决策的方法应运而生，智力激励法是较为典型的一个。

（二）具体步骤

（1）清楚地阐述问题或要讨论的话题，确保每个人都能理解；

（2）要让每位小组成员一个接一个地陈述自己的观点（如果没有观点，就不用发言）；

（3）将所陈述的每个观点记录下来，在讨论结束前不对任何观点进行评论，这样可以鼓励沉默寡言者提出他们的观点，防止能言善辩者喋喋不休，有利于成员自由地阐述各自的观点；

（4）将所有观点列出后，为了准确，请小组成员进行核对分类；

（5）由小组成员依次评论每个观点，可将它们的意义延伸，将其中一些观点进行综合或改进；

（6）最后可将观点分组，放在不同的标题下；在全组争取一致意见时，要对时间加以限制，防止产生“聊天现象”。

（三）四个基本原则

1. 自由思考原则

自由思考原则的核心是求新、求奇、求异，这是智力激励法的关键。这条原则要求与会者大胆敞开思维，不受任何传统思维和常规逻辑的束缚，包括不受任何已知的定律、定理、公式、法则及常识的束缚，让思想涌流，克服心理惯性和思维惰性的影响，使思想处于自由驰骋状态，充分运用创造性思维，从广阔的学科领域寻找新颖、独特的发明设想。

2. 庭外评判原则（延迟评判原则）

这是智力激励法中极为关键的一条原则，这一原则是禁止在讨论问题时过早地进行评判，对各种设想不做任何肯定或否定性评论。坚持这一原则是为了克服评判对创造性思维的抑制作用，保证自由思考原则的贯彻执行，形成良好的激励气氛。违反了这一条，自由思考也就失去了保证。延迟评判包括三层意思：一是不仅不做否定的评判，如“不可能”等，也不做肯定的评判，如“太对了”等；二是不仅不评判别人，也不评判自己；三是不仅不用语言表达出来，而且心理上也不能出现评判别人或自己的想法。延迟评判并不等于不评价，只是推迟到会议结束后才能进行评判。

3. 综合改善原则

综合改善原则也是智力激励法成败的关键。这一条原则要求与会者的思维紧紧跟随别人的发言，即自己的思路要在别人方案的基础上形成。这一原则是鼓励与会者积极参与知识互补、智力互激的信息增值活动。在智力激励会上，任何人提出的新设想都能对其他人构成信息刺激，且有知识互补和互相诱发激励的作用。只有遵循这一原则，才可能发生群体思维中的链式反应，出现激励的效果。如果每个参会者不注意听取别人的发言，或听了也不去思考，只是想着自己的解决方案，就达不到相互激励的目的，那就把智力激励会变成了汇报会。因此，与会者要仔细倾听他人的发言，在他人启发下及时修正自己的设想，或把自己的想法与他人的想法加以综合，取长补短，提出更完善的创意和方案。

4. 以量求质原则

以量求质原则的目的在于以创造性设想的数量保证创造性设想的质量。奥斯本认为，理想结论的获得常常是一个逐渐逼近的过程，在创造性解决问题时，最初的设想往往并非最佳。经验表明，那些有实际价值的创造性设想，往往出现在大量设想之后。以量求质原则强调与会者在有限的时间内，提高思维的流畅性、灵活性和求异性，尽可能多而广地提出新设想。在追求数量的活跃而积极的气氛中，引导与会者集中精力构思新设想。只有提出大量设想，才能选出最优设想。为了保证方案的完备性，想到哪儿就说到哪儿，想到多少就说多少，直到全体与会者实在没有设想可提为止。量变可以引起质变，只有出现一定数量的方案，才有可能激发出最优的创新性方案，获得高质量创造性设想。

四个基本原则是通过以下七条具体会议规则来实现的，以达到与会人员之间智力互激和思维共振的目的：

(1)绝不评判别人的设想。评判包括自我评判与相互评判。过早地进行自我评判，会使自己的思维受到头脑中原有的知识、经验、逻辑、情感等的影响，提不出或不敢提出新的设想。过早地相互评判，除了助长自我评判外，还会打击或抑制别人的积极性。日本创造学家丰泽丰雄说："过早地判断是创造力的克星"。

(2)针对目标任意自由思考，提出的设想越多越好。与会者可以敞开思想，不受任何传统观念和常规逻辑思维的束缚，无拘无束地畅所欲言，充分发挥想象力，从各个领域广泛地寻找创新、创造、发明方案。

(3)与会者不分上下等级，平等对待。

(4)不允许私下交谈，以免干扰别人的思维活动。会议始终保持一个中心，使与会者精力集中，也避免对别人形成无形的评判。

(5)不允许用集体或权威提出的意见来阻碍个人的创新思维。

(6)任何人不能做判断性结论。

(7)各种设想不分好坏，一律记录下来。

当与会者提出的设想基本满足会议目的时可散会，达不到要求时，可另换一批人开始新一轮讨论。主持人将记录汇总、分类、加工，用决策树等科学方法进行决策处理。

五、"635"法

(一)定义与起源

"635"法又称默写式智力激励法，是德国的创造学家鲁尔巴赫根据德意志民族习惯于沉思的性格提出来的，对奥斯本智力激励法进行改造，克服了因多个人争着发言使点子遗漏的缺点。与智力激励法原则上相同，其不同点是把设想写在纸上。智力激励法虽规定严禁评判，可自由奔放地提出设想，但有的人对于当众说出见解犹豫不决，有的人不善于口述，有的人见别人已经发表了与自己的设想相同的意见就不发言了，而"635"法可弥补这种缺点。

(二)具体步骤

(1)由字母 A～F 代表六个人，与会的 6 个人围绕环形会议桌坐好，每人面前放有一张画有 6 个大格 18 个小格(每个大格内有 3 个小格)的纸。

(2)主持人公布会议主题后，要求与会者对主题进行重新表述。

(3)重新表述结束后，开始计时，要求在第一个 5 分钟内，每人在自己面前的纸上的第一个大格内写出 3 个设想，将每一个设想写在一个小格内，设想的表述应尽量简明扼要。

(4)第一个 5 分钟结束后,每人把自己面前的纸传递给左侧(或右侧)的与会者,在紧接着第二个 5 分钟内,每人再在下一个大格内写出自己的 3 个设想;新提出的 3 个设想,最好是受纸上已有的设想所激发,且又不同于纸上的或自己已提出的设想。

(5)按上述方法进行第三至第六个 5 分钟,共用时 30 分钟,每张纸上写满了 18 个设想,6 张纸共 108 个设想。

(6)整理、分类、归纳这 108 个设想,找出可行的解决方案。

(三)注意事项

(1)不能说话,思维活动可自由奔放。

(2)由 6 个人同时进行作业,可产生更高密度和质量的设想。

(3)可以参考他人写在卡片上的设想,也可改进或加以利用。

(4)不因参加者地位上的差异以及内向的性格而影响意见的提出。

(5)卡片的尺寸相当于 A4 纸张,上面画有横线,每个大格有 3 行,分别加上 1 至 3 的序号。

六、KJ 法

(一)定义与起源

KJ 法又称 A 型图解法、亲和图法。KJ 法是将未知的问题、未曾接触过的问题的相关事实、意见或设想之类的语言文字资料收集起来,并利用其内在的相互关系做成归类合并图,以便从复杂的现象中整理出思路,抓住实质,找出解决问题的途径的一种方法。KJ 法所用的工具是 A 型图解。A 型图解就是把收集到的特定主题的大量事实、意见或构思语言资料,根据它们相互间的关系分类综合的一种方法;把人们的不同意见、想法和经验,不加取舍与选择地全部收集起来,并利用这些资料间的相互关系予以归类整理,有利于打破现状,进行创造性思维,从而采取协同行动,求得问题的解决。

KJ 法是由东京工人教授、人文学家川喜田二郎于 1964 年提出的,KJ 是他姓名的英文缩写。川喜田二郎在多年的野外考察中总结出一套科学发现的方法,即把乍看上去根本不想收集的大量事实如实地捕捉下来,通过对这些事实进行有机组合和归纳,发现问题的全貌,建立假说或创立新学说。后来,他把这套方法与头脑风暴法相结合,发展成包括提出设想和整理设想两种功能的方法,这就是 KJ 法。KJ 法自 1964 年发表以来,作为一种有效的创造技法很快得以推广,成为日本最流行的创新方法。KJ 法的主要特点是在比较分类的基础上由综合求创新,在对资料卡片进行综合整理时,既可由个人进行,也可以集体讨论。

(二)具体步骤

(1)准备:主持人和与会者 4~7 人,准备好黑板、粉笔、卡片、大张白纸和其他文具。

(2)头脑风暴法会议:主持人请与会者提出 30~50 条设想,将设想依次写到黑板上。

(3)制作卡片:主持人同与会者商量,将提出的设想概括成 2~3 行短句,写到卡片上,每人一套卡片,这些卡片被称为“基础卡片”。

(4)分成小组:让与会者按自己的思路各自进行卡片分组,把内容相似的卡片归为一类,并加上一个适当的标题,用绿色彩笔写在一张卡片上,称为“小组标题卡”;不能归类的卡片,每张自成一组。

(5)并成中组:将每个人所写的小组标题卡和自成一组的卡片都放在一起。经与会者共同讨论，将内容相似的小组标题卡归为一类，再加上一个适当的标题，用黄色彩笔写在一张卡片上，称为“中组标题卡”；不能归类的卡片，每张自成一组。

(6)归成大组：经讨论再把中组标题卡和自成一组的卡片中内容相似的归纳成大组，加上一个适当的标题，用红色彩笔写在一张卡片上，称为“大组标题卡”。

(7)编排卡片：将所有分门别类的卡片，以其隶属关系，按适当的空间位置贴到事先准备好的大纸上，并用线条把彼此有联系的连接起来；如编排后无法找到卡片的联系，可以重新分组和排列，直到找到联系。

(8)确定方案：将卡片分类后，就能分别暗示出解决问题的方案或显示出最佳设想；经会上讨论或会后专家评判确定最终的方案或最佳设想。

案例赏析 5-1

日本公司的 KJ 法

日本某公司通信科科长直接或间接地听到科员对通信工作中的一些问题发牢骚，他想听取科员的意见和要求，但因倒班的人员多，工作繁忙，不大可能召开座谈会，因此，该科长决定用 KJ 法解决科员不满的问题。

第一步，他注意听科员间的谈话，并把有关问题的只言片语分别记到卡片上，每个卡片记一条。例如，有时没有电报用纸，有时未交接遗留工作，接收机的声音嘈杂，查找资料太麻烦，改变一下夜班值班人员的组合如何？打字机台的滑动不良等。

第二步，将同类内容的卡片编成一组。

第三步，将各组卡片显示出来的意见加以归纳集中，就能进一步抓住更潜在的关键性问题。例如，因为每个季节业务高峰的时间都不一样，所以需要修改倒班制度，或者根据季节业务高峰的时间改变交接班时间，或者考虑电车客流量高峰的时间确定交接班时间。

科长拟订了一系列具体措施，又进一步征求乐于改进的科员的意见，再次做了修改，最后提出具体改进措施加以施行，结果令科员们皆大欢喜。

需要说明的是，本案例没有严格按照 KJ 法的具体步骤进行。创新技法在实际应用时，往往不会一成不变地按具体步骤进行。

七、移植法

(一)定义与起源

移植法是将某个学科、领域中的原理、技术、方法等，应用或渗透到其他学科、领域中，为解决某一问题提供启迪、帮助的创新思维方法。移植法要通过联想、类比，力求从表面上看来毫不相关的两个事物或现象之间发现联系。因而它与联想、类比有着密切的联系。移植法的原理是在各种理论和技术之间互相转移，一般是把已成熟的成果转移、应用到新的领域，用来解决新问题。

在运用移植法时，一般有两种思路，一种是“成果推广型移植”，就是把现有科技成果向其他领域延伸，其关键是在搞清现有成果的原理、功能及使用范围的基础上，利用发散思维寻找新载体。另一种是“解决问题型移植”,即从研究问题出发,通过发散思维找到现有成果,通过移植法使研究问题得到解决。

移植法是非常有效的创新方法,我们可以把某一领域中已经成熟的技术推广应用到其他领域,使之成为一种新的技术。如果一个创新企业设计或者设想了一个新的方案,即使用尽了自己领域中的方法也不能得到好的效果时,那么不如跳出来想一想,看看其他领域是否有可以“拿来”和“借鉴”的东西,当思维开阔以后,或许会有意想不到的收获。蒙田说过:“我不愿有一个塞满东西的头脑,而情愿有一个思想开阔的头脑。”

(二)技法

移植法是改变被移植对象所在的时空位置与作用的方法。而技术和功能的转移是通过事物的原理、方法、结构、材料的移植而实现的。因此,移植法也就可以分成原理移植、方法移植、结构移植、材料移植和综合移植五种技法。

1. 原理移植

原理移植即把某一学科中的科学原理用于解决其他学科中的问题。例如,电子语音合成技术最初用在贺年卡上,后来它被用在了倒车提示器上,又有人把它用在了玩具上,产生了会哭、会笑、会说话、会唱歌、会奏乐的玩具,它当然还可以用在其他方面。一项技术发明的原理,通过多种结构设计、采用不同性能的材料或不同的加工制造方法进行物化,往往能达到不同的功能目的。因此,着眼现有的事物,有目的地研究和利用其原理,开发其原理的新领域或新用途,是技术创新的不竭源头。

现有事物原理的新领域或新用途被发现或开辟后,只要赋予新的结构、新的材料或新的制造工艺,往往会发明创造出新的产品。原理具有普遍性的意义和广泛的作用。参照某事物的原理,依据新领域、新用途和新的技术要求,运用适合的材料和相应的制造方法,就可以创造出与原事物完全不同的各种新东西。人们根据香水喷雾器的雾化原理,对构造、材料和加工制造条件的不同要求进行技术创造,研制出油漆喷枪、喷射注油壶、汽化器等原理相同、使用功能不同的产物。虽然香水喷雾器、油漆喷枪、喷射注油壶和汽化器是分别用于不同目的的不同事物,其内部构造、外观造型、制造材料、加工工艺都大相径庭,但它们的原理却是一样。

2. 方法移植

方法移植即把某学科、领域中的方法用于解决其他学科、领域中的问题。方法移植就是将制造方法、使用方法移植到不同领域中的一种创新技法。科学研究提出一种新的理论,技术创造完成一项新的发明,都伴随着方法上的更新与突破。这种方法的诞生和推广意义,也许要比科学研究和技术创造成果本身还要重要得多。方法移植的转移面更大,它能在很多科学研究和技术创造中发挥启迪和催化作用。科学研究的创新,深化了人类对客观世界的认识,而技术创造的成就,则为人类提供了日臻完善的使用功能。方法是创立新理论、做出新发明的工具。

笛卡尔曾说:“最有价值的知识,是关于方法的知识。”科学研究和技术创造从某种意义上讲,就是方法的进步与创新。科学研究和技术创造的方法包括发现问题的方法、观察事物的方法、思维分析的方法、统计计算的方法、加工制造的方法、实验和试验的方法等。我们在此主要谈及加工制造方法的移植。加工制造是技术创造的必经之地。物质产品的加工制造方法既关系到发明创新的物化,又影响到发明创新投产后的质量和成本。在技术创造中时常遇到这种情况：某项发明的原理可行，结构设计合理，选用材料也合适，但产品的某些部分甚至整个产品一时无法制造出来。每种产品都是有生命周期的，从产生到退出市场的时间是有限的，为此必须解决加工制造的方法问题。

方法移植的思路主要有两步：

第一步，移植方法—解决问题。具体为：某事物—究其方法—移植对象。

第二步，解决问题—移植方法。具体为：待解问题—寻同类已解问题—究其方法—能否移植。

3. 结构移植

结构移植即将某种事物的结构形式或结构特征，部分或整体地运用于另一种产品的设计与制造。例如，缝衣服的线移植到手术中，出现了专用的手术线；用在衣服鞋帽上的拉链移植到手术中，取代了用线缝合的传统技术，"手术拉链"比针线缝合更快，且不需要拆线，大大减轻了病人的痛苦。

4. 材料移植

将物质材料加以改变、添加某种物质或者进行处理后运用到其他的领域或物品上，创造出材料新的使用价值和新功能，这就是材料移植。物质产品的使用功能和使用价值，除了取决于技术创造的原理和结构外，还取决于物质材料。

许多工业产品，如含香味的金属、药皂，坦克的装甲、防火布、纸质手绢等，实质上都是物质材料的创新性应用。它们多是变革原有产物的材料或者增添了其他物质。

5. 综合移植

综合移植是指将众多领域中的原理、方法、结构、材料汇集到一个新的创造对象上，进行综合性考察，从而得到新的创新性成果。工业机器人、宇航工程、克隆技术、海洋技术等都是综合移植的产物。

总之，移植法具有能动性、变通性和多层次性的特点。[①] 通过移植事物的原理、方法、结构和材料，可以进入新的领域，创造出新的应用、新的发明。

八、组合法

（一）定义与起源

所谓组合，就是把两种或两种以上的技术、理论、产品进行简单的叠加，以形成新的技术、新的理论、新的产品。组合的可能性无穷无尽，因此运用组合法，可以形成无数的新设想、新产品。"组合即创造"，这是日本人常持有的观点。日本靠外来技术，组合出许多世界一流产品，如领先的合成纤维、钢铁技术。采用组合法，是要使组合体得到更强的功能，更好的性能。20世纪后半叶，世界上重大的创新发明成果80％以上是组合的成果，可见组合法在创新活动中占有重要地位。

（二）技法

组合法包括主体添加法、异类组合法、重组组合法、综合组合法、同类组合法等。

---

① 王亚东，赵亮，等. 创造性思维与创新方法[M]. 北京：清华大学出版社，2018.

1. 主体添加法

主体添加法就是给一个选定的事物添加别的东西，这个东西可以是已有的也可以是从来就没有的。如给相机加闪光灯，给电视机加遥控器等。一般情况下，要确定添加的目的，确定添加体以及添加方式，也有不确定的试探添加。

首先有目的、有选择地确定一个主体。然后运用缺点列举法全面分析主体的缺点。再运用希望点列举法对主体提出希望。最后考虑能否在不变或稍变主体的前提下，通过增加附属物以克服或弥补主体的缺点。如在电风扇上加时间控制装置，主要的功能仍旧是吹风，加上时间控制装置使电风扇的性能更好。此外，在电冰箱加上温度显示器，也是一种主体附加。再如，把电视机作为主体，用缺点列举法列出其缺点——电视机工作时会放射出超紫外线。经分析研究，设计出一种电视光栅过滤器，人在看电视时把它放在电视机前，能阻挡超紫外线，还可消除图像的闪烁、噪声，这也是主体附加法的应用。

2. 异类组合法

异类组合是指两种或两种以上不同创意的组合、不同领域的技术理念的组合以及不同物质产品的组合。组合对象（技术理念或产品）来自不同的方面，一般无主次之分；参与组合的对象从意义、原理、构造、成分、功能等多方面互相渗透，整体变化显著。异类组合是异类求同的创新，创新性很强。

3. 重组组合法

重组组合法简称重组法，是指在同一个事物的不同层次上进行分解，然后以新的方式重新组合起来。重组法只改变事物内部各组成部分之间的相互位置，从而优化事物的性能，它是在同一事物上实施的，一般不增加新的内容。

任何事物都可以看作由若干要素构成的整体。各组成要素之间的有序结合，是确保事物整体功能和性能实现的必要条件。如果有目的地改变事物内部结构要素的次序，并按照新的方式进行重新组合，以促使事物的功能和性能发生变革，这就是重组组合。重组组合能引起事物属性的变化。

重组组合具有意想不到的魅力。如在电影剪辑技术中，如果把镜头的次序改变，很可能产生完全不同的效果。请看以下三个镜头：①他在笑；②枪口对准了他；③他一脸恐惧。按顺序放映，观众看到的将是一个懦夫的形象。

如果将三个镜头重组，按照②—③—①的顺序放映，观众得到的是有人在开玩笑的印象。如果按照③—②—①的顺序重组，观众看到的将是一个逐渐坚强起来的勇士形象。

如果把现有事物重新组合，很可能得到新的事物。善于把各种事物进行重新组合，从而催生新事物，产生新意，这种组合被人们广泛运用。如传统玩具中的七巧板、积木，现在流行的乐高、变形金刚等，就是让孩子们通过一些固定板块、构件的重新组合，创造出千姿百态、形状各异的奇妙世界。组合玩具之所以受儿童欢迎，是因为不同的组合方式可以得到不同的模型。重组组合法作为一种创新手段，可以有效地挖掘和发挥现有事物的潜力。

重组组合法有三个特点：第一，重组组合是在一件事物上实施的；第二，在重组组合过程中，一般不增加新的东西；第三，重组组合主要是改变事物各组成部分之间的相互关系。在进行重组组合时，首先，要分析研究对象的现有结构特点。其次，要列举现有结构的缺点，考虑能否通过重组克服这些缺点。最后,确定选择什么样的重组方式,包括变位重组、变形重组、模块重组等。

4. 综合组合法

综合是对大量先进事物、思想、观念等实行融合并用,形成新的有价值的整体。综合是各类组合法的集大成者,是一种更高层次的组合,具有系统性、完整性、全面性和严密性的特点。在管理领域,企业采用多种方法对资金、物流、人力资源等进行有效管理;项目管理、ERP 和 CRM、ISO 国际质量标准等管理方法综合并用,可创造出有自己特色的管理方法和模式,如 ABC 管理模式和海尔管理模式。综合并不是杂乱无章的“大拼盘”,而是完美的有机结合,艺术上的综合也不例外。比如,陈钢、何占豪将传统越剧优美的旋律与交响乐浑厚的表现方式完美结合,奏出了轰动世界的《梁祝》;徐悲鸿、蒋兆和将中西画功底与表现技巧巧妙结合,创造出丹青泼墨等。现代科学技术突飞猛进,边缘学科不断兴起,各种科学技术你中有我,我中有你,呈现出一种综合化的趋势。

5. 同类组合法

同类组合也称同物组合,就是将若干相同的事物进行自组。比如,双层公共汽车、情侣伞、情侣衫、双向拉链、双色笔或多色笔、子母灯、双层文具盒、多级火箭等。同类组合参与组合的对象与组合前相比,只是通过数量的变化来增加新事物的功能,其性质、结构没有发生根本变化。同类组合的模式是:a+a=N。简单的事物可以自组,复杂的事物也可以自组。

在同类组合中,参与组合的对象一般是两个或两个以上的同一事物;组合后与组合前相比,参与组合的事物其基本原理和基本结构一般没有发生根本性的变化。同类组合是在保持事物原有功能或原有意义的前提下,通过数量的增加以弥补功能的不足或求取新的功能和意义,而这种新功能和新意义是事物单独存在时不具备的。同类组合法很简单,却很实用,将其应用于工业和生活产品的创新中,常常可以产生意想不到的效果。

九、八何分析法

八何分析法(6W2H)是一种通用决策方法,也是一种通用创造技法。我国著名教育家陶行知先生提出 6W2H 法,他把这种提问模式叫作教人聪明的“八大贤人”。为此他写了一首小诗:“我有几位好朋友,曾把万事指导我,你若想问真姓名,名字不同都姓何:何事、何故、何人、何如、何时、何地、何去,还有一个西洋名,姓名颠倒叫几何。若向八贤常请教,虽是笨人不会错。”

6W2H 分别解析如下:

(1)Why:为什么需要创新?

(2)What:创新的对象是什么?

(3)Where:从什么地方着手?

(4)Who:谁来承担创新任务?

(5)When:什么时候完成?

(6)Which:选哪一个方案?

(7)How:怎样实施?

(8)How Much:达到怎样的水平?

以人工养殖珍珠的创意为例:人工养殖珍珠的成功率很低,贝壳容易死去,或是贝壳里放入沙子后,不长珍珠。这就需要发明者剖析人工养殖珍珠的过程,并找到失败的症结。应用八何分析法,可以有效地帮助人们把问题缩小到几个方面,再分别研究解决方法。第一,What? 放什么东西贝壳不易死掉? 放沙子不行,放入裹着贝肉的贝壳粒是否更好? 第二,When? 什么季节往贝壳里放东西更容易成功? 贝壳长到多大时最适合用来养珍珠? 一天中什么时候做这项工作最好? 第三,Where? 把贝肉裹着的贝壳粒放在贝壳的哪一部位最好? 第四,How to? 如何使贝壳张开口? 放进去以后如何养殖? 针对这些问题可拟订出许多方案,分别试验鉴定后,找到最佳方案,形成一项新的技术。

十、动词提示检核表法

和田十二法

动词提示检核表法,又称"和田十二法"。是我国创造学研究者许立言、张福奎和上海市和田路小学的领导、教师结合我国的实际情况,在检查表法和其他技法的基础上,总结提炼出来的。由于它具有深入浅出、通俗易懂的特点,所以人们又把它叫作"一点通法"。

动词提示检核表法是从十二个方面给创意者以提示,具体内容如下。

(1)加一加——可在现有发明上添加什么? 需要增加更多的运转时间和次数吗? 把它加高、加厚行不行? 如:机床加电脑成为数控机床,物体振动频率增至2万赫兹以上产生超声波。

(2)减一减——可在现有发明基础上减去什么? 是否可以减少时间和次数? 把它降低、减轻行不行? 是否可以省略某个部分、取消某些零件? 如:食盐的主要成分是氯化钠,人体摄入过多的钠可能导致高血压等疾病,采用新工艺降低食盐中的钠含量,产生了低钠盐,很受人们欢迎。

(3)扩一扩——使现有发明放大、扩展会怎样? 如:电炉扩展成电热毯。

(4)缩一缩——使现有物品压缩、缩小会怎样? 如:保温瓶制成保温杯,晶体管分离元件压缩成集成电路。

(5)变一变——改变形状、颜色、音响、气味会怎样? 改变次序将会如何? 如:绞肉机改变刀片形状,可以磨豆浆、切肉、轧面条,变得一机多用。

(6)改一改——该发明还存在哪些缺点? 还有哪些不足之处需要改进? 它在使用时是否给人们带来不便和麻烦? 有解决这些问题的办法吗? 如:过去造船都是自下而上建造的,第二次世界大战期间,有人提出改为自上而下建造,结果工艺改变后,建造各层甲板的工人再也不用仰头工作,使工效得到很大的提高。

(7)联一联——某事物的结果与它的起因有什么联系? 能从中找到解决问题的办法吗? 把某些事物联系起来,能帮助我们达到什么目的吗? 例如,将上衣与裙子连接起来,制成了连衣裙。

(8)学一学——有什么事物可供模仿、借鉴? 模仿其形状、结构会怎样? 学习它的原理、技术会有什么结果? 如:根据充电效应原理,发明太阳能电池、太阳能电站以及太阳能的收音机和计算器等。

(9)代一代——有什么东西能替代? 用别的材料、零件和方法代替另一种材料、零件和方法行不行？如：用塑料代替金属、木材；运用磁效应制冷技术代替氟利昂制冷技术，制造无氟环保电冰箱等。

(10)搬一搬——把这件东西运用到其他领域，能产生别的用途吗？如：激光技术可用于打孔、焊接和切割高熔点材料等，也可用于医疗、精密计量、农作物育种、同位素分离、催化等。

(11)反一反——把事物进行正反、上下、左右、前后、横竖或里外颠倒会有什么结果？由对称变为不对称会怎样？

(12)定一定——为解决某问题或改进某事物，提高工作、学习效率或避免有可能发生的疏漏等，需要规定些什么？如：纺织女工要剪短发，进车间不许穿裙子，必须戴帽子；企业中的各项劳动纪律、规章制度、生产操作规程、安全守则等，都是为了保证人们正常的生产、生活秩序所做的规定。

本章总结

• 强制联想法是可以产生意想不到的创造性构想的方法。其执行方式是先选择欲改善的焦点事物，然后罗列出与焦点事物无关的事物，再强行将列举事物与焦点事物结合，最后选择最佳方案。

• 逆向思维也称反向思维或求异思维，它是对司空见惯的似乎已成定论的事物或观点反过来思考的一种思维方式；敢于“反其道而思之”，让思维向对立面发展，从问题的相反面进行深入探索，产生新思想，创立新形象。

• 奔驰法(SCAMPER)通过一张一览表对需要解决的问题逐项进行核对、设问，从各个角度诱发多种创造性设想，以促进创造、发明、革新或解决工作中的问题。

• 智力激励法又名“头脑风暴法”，其核心是“集智”和“激智”，具有四个基本原则：自由思考、庭外评判、综合改善、以量求质原则。从中也延伸出了其他方法，例如：默写式智力激励法、KJ 法、三菱式智力激励法、德尔菲法。

• 移植法是将某个学科、领域中的原理、技术、方法等，应用或渗透到其他学科、领域中，移植法也可以分为原理移植、方法移植、结构移植、材料移植和综合移植五种技法。

• 组合的可能性无穷无尽，组合法也有多种多样。合理运用多种组合法，可以形成无数的新设想、新产品。

• 八何分析法(6W2H)，通过“为什么需要创新？创新的对象是什么？从什么地方着手？谁来承担创新任务？什么时候完成？选哪一个方案？怎样实施？达到怎样的水平？”八个问题启发创新思维。

• 动词提示检核表法又称“和田十二法”，即从十二个方面给创意者以提示，即加一加、减一减、扩一扩、缩一缩、变一变、改一改、联一联、学一学、代一代、搬一搬、反一反、定一定。

关键术语

强制联想法　逆向思维法　奔驰法(SCAMPER)　智力激励法　“635”法　KJ 法 移植法　组合法　八何分析法(6W2H)　动词提示检核表法(和田十二法)

思维导图

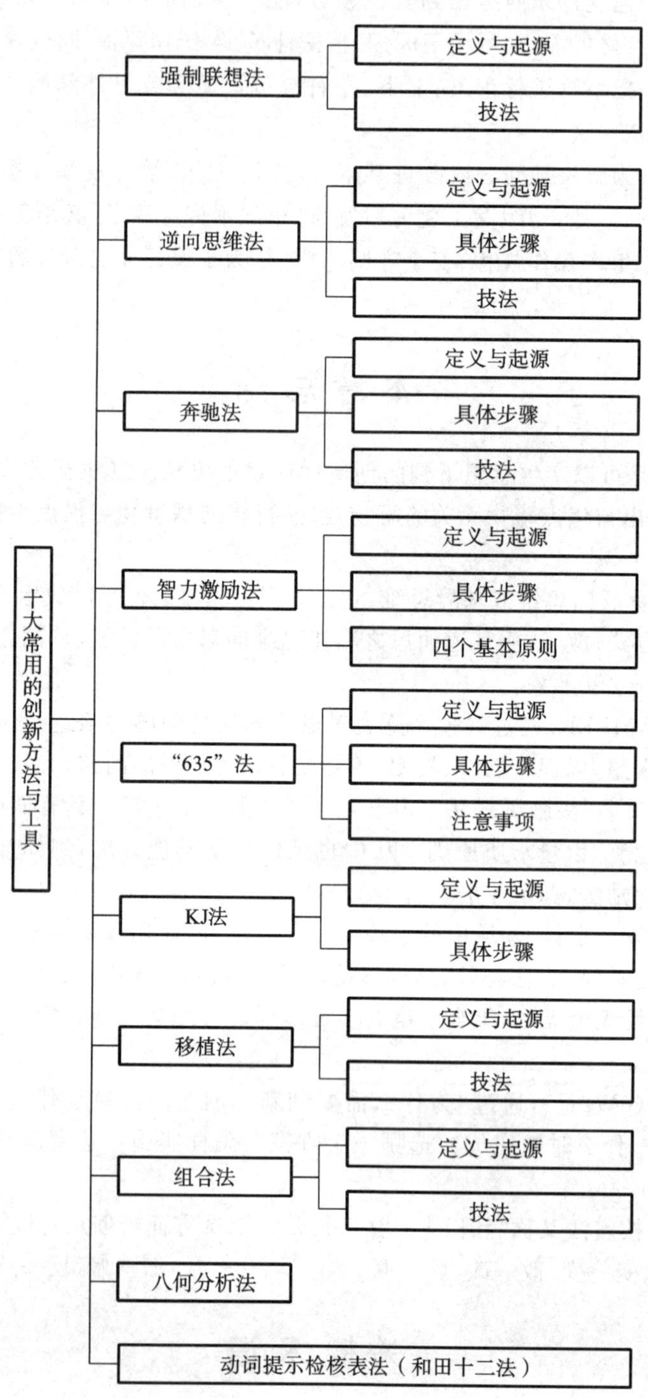
十大常用的创新方法与工具
强制联想法
定义与起源
技法
逆向思维法
定义与起源
具体步骤
技法
奔驰法
定义与起源
具体步骤
技法
智力激励法
定义与起源
具体步骤
四个基本原则
“635”法
定义与起源
具体步骤
注意事项
KJ法
定义与起源
具体步骤
移植法
定义与起源
技法
组合法
定义与起源
技法
八何分析法
动词提示检核表法（和田十二法）

第三篇

创新模式

QIYE CHUANGXIN

GUANLI

第6章

破坏性创新

学习目标……

☆ **知识层次**：了解破坏性创新的定义；理解破坏性创新的过程；掌握破坏性创新的模型。

☆ **能力层次**：培养学生的批判思维能力。

☆ **情感层次**：树立“换道超车”的信念和信心。

案例导入

剑指新能源，能否救长安？

摘要：本案例叙述了中国四大汽车集团之一的长安汽车，面对互联网公司进军造车行列的威胁，面对后进车厂的逆势反超，面对自身业绩的持续下滑，开启了以新能源汽车事业为焦点的第三次兴业之路。从目前发展情况来看，新能源战略好似并未扭转长安汽车在业绩上的颓势，2018年其营收进一步下跌，合资业务也纷纷“爆雷”。在这种情况下，长安汽车该何去何从？本案例所描述的“在面对市场或技术的变化时，曾叱咤风云的企业可能无法继续保持领头羊的地位”的问题，是很多企业可能面临的问题。曾经的“自主王者”、四大汽车集团之一的长安汽车无疑是成功的，但面对新市场和技术的变化，是否能利用新能源契机，转亏为盈？这一问题具有典型性，且值得深入探讨。

（案例全文请参见附录A）

案例思考题：

(1)中国汽车产业的现状如何？你认为汽车产业环境变化的原因是什么？

(2)长安汽车以往的核心能力是什么？面对外在环境的改变，以往的核心能力能否有效支持其未来的发展？

(3)为了发展新能源汽车事业，长安汽车与多家公司进行跨业合作，对此你有什么建议？

(4)面对长安汽车业绩近年来的一路下滑，你认为是应该继续坚持新能源汽车事业的投入，还是把握旧有优势，将重心回归燃油车市场，抑或将资源平均分配，以便二者协同发展？

一、破坏性创新的定义

破坏性创新(disruptive innovation)概念最早溯源于经济学家熊彼特提出的“创造性破坏”这一术语。熊彼特在《资本主义、社会主义和民主》一书中指出:新市场的开拓,无论是国外还是国内,从手工作坊到美国钢铁等企业的发展,都说明了相似的工业突变过程,这种创造性破坏的过程构成了资本主义的发展事实,即创造性从内部不断地改革经济结构,不断地摧毁旧的和不断地创造新的经济结构。在此之后,哈佛大学教授克莱顿·克里斯坦森在1997年出版的《创新者的窘境》一书中首次提出闻名世界的“破坏性创新”(也可翻译为“颠覆性创新”)。此后,他撰写或合著的一系列文章和专著中,进一步阐述和发展了破坏性创新的理论内涵。

破坏性创新是指企业基于够用技术(good enough technology)的原则,建立在新技术或各种技术融合、集成的基础之上,偏离主流市场用户所重视的绩效属性,引入低端用户或新用户看重的绩效属性或属性组合的产品或服务,通过先占领低端市场或新市场,从而拓展现存市场或开辟新的市场,引起部分替代或颠覆现存主流市场的产品或服务的一类不连续技术创新。

破坏性创新早已存在,在克莱顿·克里斯坦森发现并系统地提出可重复的创新流程之前,一些聪明的企业家已经学会挖掘破坏性机会。克莱顿·克里斯坦森给出了一些案例,如小型机、微型机、掌上电脑、数码相机、因特网设备、小型钢厂、微型涡轮、燃料电池等。事实上,很多亚洲的知名品牌企业,如丰田、夏普、索尼、佳能、宏碁和台湾半导体制造公司,都是因为进行了破坏性创新才成长为大企业的。

破坏性创新的泛用性使其未来发展具有多样的可能,在与某些具有显著时代特征的技术进行结合后,可以得到如下一些未来的研究方向。

第一,将破坏性创新与数字技术相结合。破坏性创新概念提出时,信息时代尚未真正到来。对于如今的世界而言,数字技术已是当之无愧的核心技术。破坏性创新是动态发展的理论,基于独特的数字技术而催生的破坏性创新将会逐渐成为主流。

第二,将破坏性创新与社会创业相结合。过去几十年间,破坏性创新与社会创业以及创业的相关性研究屈指可数,但对于现今社会的发展程度而言,社会创业的需求很大,此方面的相关性研究值得尝试。社会创业并不是广义上的创建一家公司或模仿已成功的公司产品和服务,而是通过创新增添新的服务或产品,增加社会价值。社会创业的本质更可能是通过新的服务或产品,解决部分尚未解决的社会问题。因此,社会创业的发生领域没有明确划分,商业、政府、公益组织都是潜在发生的区域。那么,关于社会创业的破坏性创新研究,势必会在未来得到更多的关注。

二、破坏性创新的过程

破坏性创新的过程是从市场入手,通过开发或强化辅助属性,对原有主流市场或现有业务不断侵蚀的过程。破坏者和在位者的关系变化,呈现出了破坏性创新的发展过程。依据两者实力和地位的变化,划分出了四个阶段。

1. 初始破坏阶段

初始破坏阶段开始于破坏者的产品或服务对在位者造成影响之时,在此之前该产品或服务处于隐蔽状态,在位者并未察觉到其存在。

该阶段中,破坏者极力开发辅助属性,避免与在位者进行冲突,弱化其产品中与在位者产品核心属性一致的功能属性。所以，破坏者的最初客户是极少一部分看重辅助属性的群体，这一部分群体或是因辅助属性所带来的新消费群体，或是对于现有产品价格不满的消费者。简而言之，对于在位者而言是无关痛痒的市场份额。也正是因为这一原因，在位者对于破坏者的态度大多是视若无睹的。

这一阶段，破坏者的产业体现出增值潜力大、发展空间广、不确定性、产品处于尝试和纠错阶段等特点。破坏者的一部分新兴产业，要么进行低端破坏，要么进行新市场破坏，一言以蔽之，扩大破坏者产品（服务）的市场规模。

2. 快速破坏阶段

破坏者依据需求群体的要求，对产品进行快速升级迭代，不断强化其辅助属性的功能效用，并逐渐形成适合破坏者的商业模式、销售模式。破坏者最初的受用群体是看重现有产品辅助属性的小部分群体，为了保证这一部分市场的占有，破坏者会不断强化辅助属性的功能，并且不断调整其核心属性以期吸引更多的潜在消费者和不属于现有市场的新消费者。此时的在位者已然注意到破坏者的存在，并开始采取一系列的行动。但是，在位者对于破坏者的产品效用评价会采取主流产品的评价体系，并且在位者仍会投身于其产品的核心属性开发。

该阶段中破坏者的产业快速发展，由于市场扩大，既得利益增加，市场驱动力增强，破坏性技术逐渐成为产业的设计核心。特征表现为，进入者和退出者频繁交替、市场动荡，吸引大量其他行业的投资者，破坏性创新的成果产业化。

3. 趋同阶段

破坏者所代表的创新产业不断发展，市场重新洗牌，对于主流市场产品效用的评价体系更换为破坏者的产品评价体系，破坏性创新产品的服务和属性进行新的定位。破坏者最初的目标客户成为主流群体，破坏者开始考虑主流客户的需求，同时也会继续进行产品的辅助属性开发，破坏者和最初的目标慢慢接近，对现有市场进行占领。在位者感受到破坏性创新压力，有意识地探索开展破坏性创新的途径。在位者为了跟上市场的变化，会尝试进行产品的破坏性创新。但是，这一行动往往会因为固有经验和企业性质而导致当局者迷，使在位者难以发现新兴产品真正的核心属性与自身产品的特有差异，从而陷入“创新者窘境”。

在此阶段，新兴产业稳定发展，逐步进入成熟期。随着进入新兴产业的企业不断增加，产业内竞争愈发激烈，大量企业因为无法适应竞争而退出新兴产业。一方面，破坏者对原有产业市场进行入侵，发展产品主流属性；另一方面，在位者为应对破坏者威胁，改善产品辅助属性，二者之间呈现趋同现象。

4. 重塑阶段

当破坏者经过发展和斗争击败在位者，成为新的市场领导者时，会对自身的产品进行审视，它们同样面临着新破坏者的威胁。这时，破坏者会重新审视产品，基于基本假设发现并提出应对新破坏者的方案。而原在位者会因为竞争方式的冲突而不断衰落，甚至退出主流市场。

在此阶段，市场进入“衰退—更新”的迭代阶段，技术和商业模式都面临着随时被再次破坏的威胁，而趋于成熟的新兴产业则面临重新洗牌的可能。

三、破坏性创新的分类

1. 按产品或服务的提供方式，分为破坏性技术创新和商业模式创新

破坏性技术创新是基于技术的创新。商业模式创新指的是通过商业模式的变革来提供与主流产品或服务不同的价值或属性，不论是销售模式创新，还是管理模式创新，本质上都是为了提高效益。但是，许多破坏性创新都是破坏性技术创新和商业模式创新共同作用的结果。因此，这种分类具有一定的局限性。

2. 按对现有市场的侵蚀方式，分为低端破坏性创新和新市场破坏性创新

低端破坏性创新指的是从主流市场的低端市场中，占领低利润市场或者未满足消费者需求的市场部分，这一类型是与现有市场息息相关的。而新市场破坏性创新目的在于创造出一个全新的价值网络，吸引潜在的消费者或现有市场的非消费者，与现有主流市场关系较少。

3. 按技术创新，分为延续性创新与破坏性创新

因为破坏性创新是相对而言的，当针对主流企业的破坏性技术出现后，这一破坏性技术对于破坏者而言就是不断的延续性创新，毕竟已经具有了改进的方向。但是对于在位者而言就是不断的破坏性创新，因为每一次破坏者技术的更新，都代表着对在位者产品的辅助属性的技术突破。所以，对于破坏者和在位者而言，同样的技术创新却有不同的定位。

四、破坏性创新的模型

1. 二维模型

克莱顿·克里斯坦森在《创新者的窘境》一书中通过研究磁盘驱动器工业，构建了破坏性创新模型的基本框架——二维模型，如图 6-1 所示。

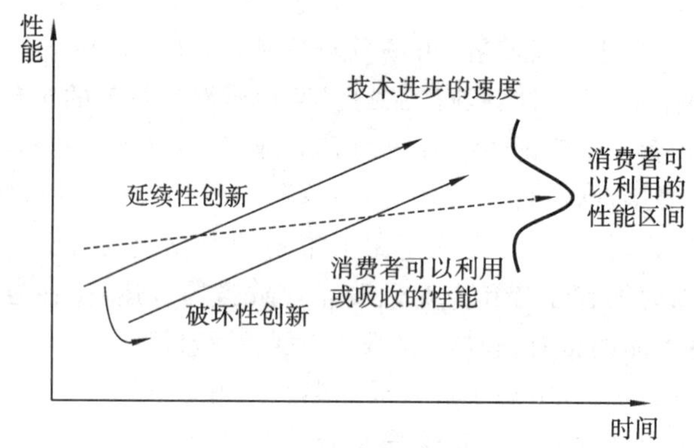

图 6-1　二维模型

图 6-1 确定了三个关键的破坏要素。第一，每个市场上都存在顾客可以利用或吸收的改进率。换句话说，就是每一个产品消费者所需要的产品价值属性占产品所具有的全部属性的比例，以虚线表示。围绕这条虚线存在一个消费者分布，也就是消费者对于产品的效用。第二，每个市场上都存在完全不同的改进轨迹，这些改进是在破坏者引入新型和改进型产品时发生的，以更陡峭的实线表示，一般情况下，技术进步的速度几乎总是超过消费者对性能需求的速度。第三，延续性创新总是以挑剔的高端产品消费者为目标，而破坏性创新往往以现有市场的非消费者为目标。

2. 三维模型

在破坏性创新的二维模型中增加代表新用户和新消费环境的第三个轴时，破坏性创新的二维模型扩展为三维模型，如图 6-2 所示。

克莱顿·克里斯坦森提出了两种基本的破坏方式：低端破坏和新市场破坏。低端破坏是基

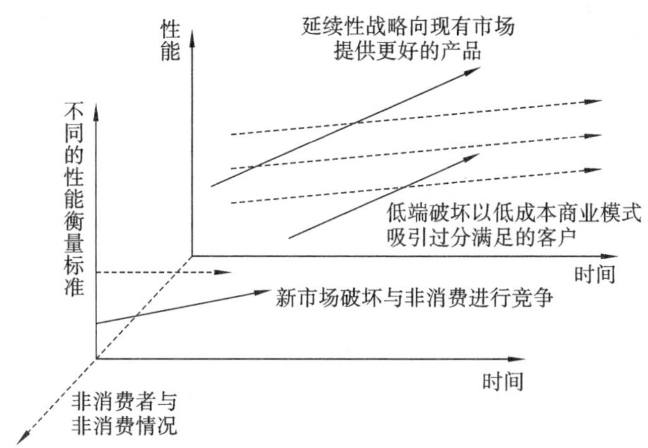

图 6-2　三维模型

（资料来源：克莱顿·克里斯坦森，迈克尔·E·雷纳. 困境与出路：企业如何制定破坏性增长战略[M]. 容冰，译. 北京：中信出版社，2004.）

于原有的价值网络或主流的价值网络而进行的破坏，如折扣商店对百货商店的破坏，日本汽车、韩国汽车进入北美市场等。它们采取的是低成本商业模式，并没有创造新市场，主要是通过破坏原有汽车市场，赢得低端市场的消费者获得发展空间。新市场破坏是指在第三个坐标轴上产生新价值网络，与"非消费"进行竞争性的破坏。新市场破坏者面临的挑战就是创造一个新的价值网络，其中必须克服的是非消费而不是市场在位者。

新市场破坏和低端破坏尽管存在差异，但它们的共同特征都是给市场现存者带来了相似的困境。新市场破坏导致市场现存者忽略进攻者的攻击，低端破坏鼓励市场现存者逃避攻击。在现实中，许多破坏性创新是具有混合性的，是新市场破坏和低端破坏的结合。

还有学者提出了第三种破坏方式：基于对市场的高端切入的破坏。如美国联邦快递一开始就是定位高端市场的，逐渐在高端市场站稳脚跟后开始向中端和低端市场渗透与破坏。

3. MSE 创新模式

作为近年来的新秀，MSE 创新模式已然成了研究热门。克莱顿·克里斯坦森自 2014 年开始比较多地解释和深入研究了市场创造型创新（market creating innovation，M 创新）、持续型创新（sustaining innovation，S 创新）和效率型创新（effective innovation，E 创新）三种不同类型的创新模式，着重强调创新在经济增长中的作用，并进一步结合破坏性创新基本原理解释了这三种创新模式。

1）M 创新模式

市场创造型创新模式是从根本上降低产品的价格或者改变商品复杂的功能属性，革新现有产品和服务，从而创造新的消费者群体或新市场，为企业创造新的利润增长点。就业是市场创造型创新模式带来的肉眼可见的福利，市场创造型创新能够创造就业机会，原因在于新兴产业需要更多的人来进行宣传、营销、销售、制造。市场创造型创新还利用资本来扩大产能，作为应收账款和存货融资进行资本运作，使得整个市场资金流的循环更为顺畅，这些是企业利润增长的来源，同时也使得破坏性创新更易成功。

2）S 创新模式

这种创新模式旨在改善现有产品，用新的更好的产品替代旧产品。因此，它不一定着眼于创造新的市场，而在于开发拥有更高价值和更多机会的现有市场。换言之，就是对现有市场的高度细分，精准定位，有针对性地满足市场需求，严格遵守二八定律。

3）E 创新模式

效率型创新模式可以简单地表述为用更少的钱做更多的事，即公司以更低的价格向目标客户出售更完备、更成熟的产品或者服务，通过破坏性的方式获得主导地位。

MSE 创新模式的对比详见表 6-1。

表 6-1　MSE 创新模式的对比

创新模式	是否与破坏性创新有关	是否具有破坏性	是否等同于破坏性创新	实现周期	能否带来利润增长	能否增加就业
持续型创新	是	否	否	相对较短	否	否
市场创造型创新	是	是	非常相似	相对较长	是	是
效率型创新	否	是	否	相对较短	否	否

本章总结

• 破坏性创新理论最初的提出者克莱顿·克里斯坦森以及后续的管理学者们，不断丰富破坏性创新的内涵，建立了如今的认知框架。

• 破坏性创新是指企业基于够用技术（good enough technology）的原则，建立在新技术或各种技术融合、集成的基础之上，偏离主流市场用户所重视的绩效属性，引入低端用户或新用户看重的绩效属性或属性组合的产品或服务，通过先占领低端市场或新市场，从而拓展现存市场或开辟新的市场，引起部分替代或颠覆现存主流市场的产品或服务的一类不连续技术创新。

• 破坏性创新的过程是从市场入手，通过开发或强化辅助属性，对原有主流市场或现有业务不断侵蚀的过程。破坏者和在位者的关系变化，呈现出了破坏性创新的发展过程。

• 按产品或服务的提供方式，将破坏性创新分为破坏性技术创新和商业模式创新。按对现有市场的侵蚀方式，将破坏性创新分为低端破坏性创新和新市场破坏性创新。按技术创新，将破坏性创新分为延续性创新与破坏性创新。

• 克莱顿·克里斯坦森提出了两种基本的破坏方式：低端破坏和新市场破坏。还有学者提出了第三种破坏方式：基于对市场的高端切入的破坏。如美国联邦快递一开始就是定位高端市场的，逐渐在高端市场站稳脚跟后开始向中端和低端市场渗透与破坏。

• 作为近年来的新秀，MSE 创新模式已然成了研究热门。克莱顿·克里斯坦森自 2014 年开始比较多地解释和深入研究了市场创造型创新（market creating innovation，M 创新）、持续型创新（sustaining innovation，S 创新）和效率型创新（effective innovation，E 创新）三种不同类型的创新模式。

关键术语

破坏性创新　创新者窘境　低端破坏　新市场破坏　二维模型　三维模型　MSE 创新模式

思维导图

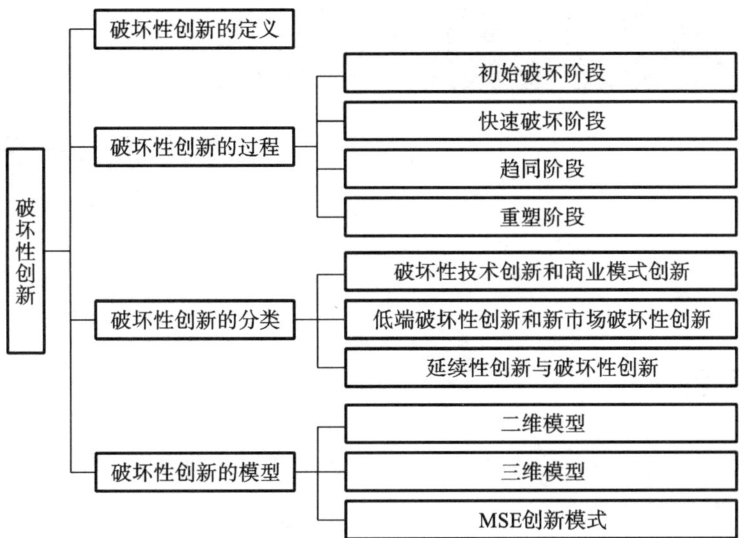
破坏性创新
破坏性创新的定义
破坏性创新的过程
初始破坏阶段
快速破坏阶段
趋同阶段
重塑阶段
破坏性创新的分类
破坏性技术创新和商业模式创新
低端破坏性创新和新市场破坏性创新
延续性创新与破坏性创新
破坏性创新的模型
二维模型
三维模型
MSE创新模式

第7章

开放式创新

学习目标 ……

☆ **知识层次**：了解开放式创新的背景与定义；熟悉开放式创新与其他几种相反或类似创新模式的联系与区别；了解开放式创新的方法。

☆ **能力层次**：培养学生发现问题、分析问题、解决问题的能力；培养学生的批判思维能力；培养学生的系统性思考能力。

☆ **情感层次**：树立“开放式创新”的文化认同与信念；建立“正反合”的哲学观。

案例导入

案例导入

拨开云雾见天日，守得云开见月明
——海尔开放式创新发展之路

摘要：传统企业如何与互联网深度融合，加速企业创新升级？是当前许多传统企业关注的问题。本案例真实地再现了海尔开放创新平台的发展过程，按时间顺序从海尔面临的困境、开放创新战略的确定、线下全球渠道网络的布局到海尔开放创新平台的设计、建构、多方资源对接及运营等，进行了系统的描述。旨在从海尔企业“互联网＋”的商业实践中，引导MBA学员利用开放式创新、商业模式等理论对开放创新平台的要素、技术转移方式、商业架构、战略目标等展开分析，对众创、众筹模式在平台的应用进行探讨，同时对大数据、物联网等新技术在海尔平台中的应用前景进行展望。

关键词：互联网＋，开放创新平台，商业模式，技术转移

（案例全文请参见附录B）

案例思考题：

（1）试分析海尔开放创新平台的参与主体、主体特征、主体需求及参与的模式。

（2）针对海尔的互联网创新转型，说明传统企业如何进行“互联网＋”。

（3）说明大数据、云计算、物联网等新技术对海尔创新平台的作用。

(4)试分析开放创新平台对海尔发展的战略意义。

(5)什么是商业模式?你认为海尔在开放创新平台发展过程中,要从哪些方面着手设计商业模式?

一、开放式创新产生的背景

传统的创新观念认为,创新是企业的灵魂,创新只能由企业自己单独进行,从而保证技术保密和独享,进而在技术上保持领先地位。当时人们认为,内部研发是企业的重要战略资产,是企业提升核心竞争力和维持竞争优势的关键。技术和资金实力雄厚的大公司,会雇用世界上最具创造性的科技人员,给予他们优厚的待遇和完备的研发设施,投入充分的研发经费,进行大量的基础和应用研究。科技人员产生许多突破性思想和研究成果,企业内部独立开发这些研究成果,通过设计制造形成新产品,通过自己的营销渠道进入市场使之商业化,从而获得巨额利润。接着,企业再投资于更多的内部研发,取得技术突破,形成创新的良性循环。

但随着环境的快速变化,上述情况在20世纪末逐渐发生了转变。企业家开始发现,即使全球著名的行业领导者,他们的研发投资回报率也越来越低;技术成果转移困难,一些优质的研究成果不适合现有的业务,大部分技术被搁置。突破性成果极少,更多的是渐进性创新。

令人惊讶的是,一些差点被丢弃的项目,后来发展成了颇有影响力的新产品。比如研华科技本打算丢弃的LED技术,没想到后来在多屏时代成为公司盈利的增长点。研华科技在90年代初便开展LED显示屏的技术研发,前期举步维艰,因此公司高层管理团队都认为应该撤销这项业务,当时公司创办人力排众议,保留了几个核心研究团队成员。也正是这个决定,让公司在多屏时代来临时迅速抓住了机遇。

同时,原有的领先企业遇到了众多新兴企业的有力竞争。这些新兴企业自己几乎不具有基础研究的能力,却具有很强的创新能力。它们善于利用不同方式进入市场,在其他企业研究成果的基础上进行创新。

以思科与朗讯这两家公司为例,尽管在同产业中直接竞争,但是它们的创新方式截然不同。朗讯在脱离美国电话电报公司(AT&T)后,继承了贝尔实验室的大部分资产,继续对实验室进行巨额投入,探索研究新材料、高精尖的组件和系统,进行基础性研究。而思科作为当时的一家新兴企业,缺乏像贝尔实验室这样的深层内部研发力量,然而它在创新能力方面却能与朗讯并驾齐驱,甚至在市场竞争中偶尔打败朗讯,原因是什么?思科采用的并不是内部研发模式,无论公司需要什么技术,它都从外部购买。它在世界范围内寻找合适的新创企业,参与或投资有前途的新创企业,其中有些新创企业是由离开朗讯或AT&T的员工创办的。利用这种模式,思科保有世界最优秀的产业研发机构的研发产出,而自己并不用做太多的内部研发工作。

封闭式创新模式受到了越来越多的挑战,多种因素共同瓦解了封闭式创新的基础。随着知识创造和扩散的速度加快、高级人才的广泛流动及风险资本的盛行,企业愈来愈难以控制其专有的创意和专业技能,迫使企业加快新产品开发及商业化的速度。此时,研发人员可能会利用风险资本创业,自行开发他们的研究成果,使之商业化。而不再像以前那样,在企业内部等待他们的研究成果变成新产品。如此一来,企业内部的知识和技术免费流动到企业外部,企业巨大的研发投入将不能产生更大的价值,原有的良性循环被打破。

在知识经济条件下,以前让许多企业获得竞争优势的封闭式创新模式已不再合适,开放式创新越来越受到人们的关注。很多著名企业已经成功践行了开放式创新。比如，腾讯董事会主席马化腾在2010年年底表示未来将是腾讯的开放转型期；世界领先的制药企业默克公司，在公司年度报告中说："在全世界的生物医药研究中，默克只占了1%，为了利用另外99%，我们必须积极与大学、研究机构和世界各地的企业联系，以便把最好的技术和最有发展前途的新产品引入默克。"习近平总书记和李克强总理也多次强调，面对多变的经济形势，我们主张要大力推动开放创新。IBM和苹果公司的创新模式也开始由封闭式向开放式转化。

也就是说，目前，企业仅仅依靠内部的资源进行高成本的创新活动，已经难以适应快速发展的市场需求和日益激烈的企业竞争。开放式创新正在逐渐成为企业创新的主导模式。

二、开放式创新的定义

开放式创新

亨利·切萨布鲁夫(Henry Chesbrough)首次明确提出了开放式创新的概念，强调企业对内外部创新和商业化资源的同时利用，强调开放式创新既是一种从创新中获利的实践，又是一种创造、解释以及研究这些实践的认知。也就是说，开放式创新代表了一种思想，企业利用一切可利用的内外部资源，并且开放自身非核心技术，与不同规模、不同行业的企业合作创新，以期实现商业利润最大化。这种基于内外资源的双向流动，并将内外创新融合的合作方式，就是开放式创新。

相比于传统的封闭模式，开放式创新要求企业能将外部的创新资源放在与内部资源同等重要的位置，通过择优方式选取资源，抛弃原有的内大于外思想，充分使用内外部资源。对于创新结果的使用也不再局限于内部途径，外部途径同样也作为重要途径来进行推广，以更好地实现商业价值。企业将内外部资源整合于一个系统，并建立相应机制来进行成果推广，分享创造的新价值。

开放式创新的本质是基于创新资源流动与交换而嵌入在组织间层面的价值创新，不仅包含着开放式的价值创造，还涉及初期的价值识别与最终的价值获取。相对于封闭式创新，开放式创新不再强调资源的持有和控制，更多的是希冀对资源进行更合理、更高效的获取和配置。开放式创新不再强调内部创新的重要性，将外部合作创新也视为重要途径，将自身的研发部门镶嵌进外部合作组织中，来自各企业的研发部门互通有无、相互依存。

封闭式创新和开放式创新基本原则的比较见表7-1。

表7-1　封闭式创新和开放式创新基本原则的比较

封闭式创新的基本原则	开放式创新的基本原则
本行业里最聪明的员工为我们工作	我们需要和企业内外部所有的聪明人合作
为了从研发中获利，必须自己进行发明创造、自己开发产品并推向市场	外部研发可以创造巨大的价值
我们必须控制知识产权，这样竞争对手就无法从我们的创意中获利	我们应当通过让他人使用我们的知识产权而从中获利，同时应购买他人的知识产权

（资料来源：Chesbrough. H. Open innovation, the new imperative for creating and profiting from technology[M]. Boston: Harvard Business School Press, 2003.）

三、开放式创新的途径

在信息时代的背景下，知识经济的涌入，风险资本的大力投资，传统意义上的知识专利保护制度已经和时代发生了摩擦。传统的垂直管理结构不再适应上层建筑，应当做出变革以更好地实践开放式创新。以下介绍几种常见的开放式创新的途径。

1. 海尔：搭建平台型

在互联网时代，海尔的理念是"世界是我们的研发中心"，研发的过程要让用户参与进来，也要让全球创新者参与进来。张瑞敏曾说过，现在，我们变成一种开放式创新，在和用户交互的过程中，不断迭代，并把各种资源都整合进来，迭代过程是一个试错的过程，重要的是用户要参与，如果没有用户参与，不管是渐进的还是突破性的创新，可能都没有太大的意义。

仔细分析海尔近期的智能家居产品，如海尔星盒、空气魔方、无压缩机酒柜等，无不是开放式创新的产品。比如，海尔空气魔方是全球首款可以模块化组合的智能空气产品，实现了加湿、除湿、净化、香薰等多个模块的自由组合，为家庭带来了可定制的专属"空气圈"。

空气魔方最特别之处在于，它是海尔基于开放式创新理念研发成功的一个智能产品。空气魔方不是企业基于自身能力在实验室里规划和研发出来的产品，而是基于海尔开放创新平台组成的来自 8 个国家的内外部专家和学者团队 128 人，历时 6 个月与全球超过 980 万不同类型用户交互意见，利用大数据分析，最终筛选出 81 万粉丝最关注的 122 个具体的产品痛点需求，成为空气魔方核心功能研发的初衷。

企业开放专利的目的在于，让更多的人或企业在一个较低门槛上，就可以站在巨人的肩膀上，投入到世界经济发展和科技普及的浪潮中。开放专利表面上看，是让竞争对手占了便宜，然而此举却无形中提高了技术的普适性，使得该技术在未来标准制定中抢占了有利的地位。

2. 英特尔：外部引流型

英特尔开放式创新的方法，是在创新过程中引入外部资源。英特尔的研发战略由四项内容构成：大学研究赞助、大学周边的开放式合作研究实验室、公司内部研究项目以及公司收购。整个流程始于扫描环境和有潜力的研究领域，有意向的研究项目通过赞助、实验室研究、内部研究或者英特尔投资发起，直到能够看清成果时再做出是否将这项产品、技术进行商业化的决策。

英特尔赞助了五百多家大学，并且将其开放式合作研究实验室布局在相关领域的大学周围。这样的实验室一般有 20 个英特尔的研究人员和 20 个来自大学的研究员。尽管这种实验室是英特尔所有的，但是研究的环境相当开放，并且部分项目是公开的。英特尔更加注重从大环境中快速学习，获得大量的新想法并获得知识产权。当然，它也有自己的内部研究项目来获得有前景的发明。英特尔鼓励实验室从英特尔内部和各个业务单位角度出发提出有价值的创意。英特尔每两年就会更新一次研究开发的战略规划，以此来保护企业未来的发展。

3. 思科：并购整合型

华为的最大竞争对手思科的创新策略属于并购整合型。在创新型企业中，思科是活跃的收购者和投资者。1993 年以来，共收购了一百多家公司，30%的收入来自收购和开发活动，从而使自己更快地获得新技术和新的解决方案。

公司扩大到一定程度后，在公司内部推动创新的阻力较大。所以，很多员工一旦有了好的想法，就倾向于出去创业。对于这种人才的流失和再利用，思科的办法值得很多公司借鉴：如果公司有人愿意创业，公司又觉得他们做的东西是好东西，就自己投资支持他们创业。这些员工一旦创业成功，思科有权优先收购；如果创业失败了，思科除了赔上一些风险投资外也没有额外的负担。

思科收购是为了获得稀缺的智力资产，基本上是人力资源。在思科，人们经常会遇见"二进宫”或“三进宫”的同事。为了确保收购的成功，思科规定每次收购必须达到三个目标：员工保持率、新产品开发的延续和投资回报。

对于潜在收购对象，思科有特定的筛选标准：近25%的收购初始投资都不大，收购必须为思科和被收购企业提供短期和长期的双赢局面；被收购企业必须与思科拥有共同的愿景，而且其位置要与思科靠近。思科用情景规划方法来决定是否收购以及怎样快速收购。就这样，思科几乎所有的生产都采用了外包的形式，并且通过内部风投扶持创业、并购的方法，几乎垄断了互联网路由器和其他重要设备的技术。

4. 赫芬顿邮报：身份置换型

赫芬顿邮报（The Huffington Post）号称“互联网第一大报”。2011年2月，美国在线以3.15亿美元收购该报。赫芬顿邮报是一家新闻与分析网站，创办于2005年。2011年1月，它的独立访问量是2800万，接近《纽约时报》《国际先驱论坛报》3000万的独立访问量，这意味着它已经跻身主流媒体。2010年，它的营业额是3000万美元，在美国报业都在为广告跳水、发行量骤减以及读者向网络免费新闻迁徙而苦苦挣扎之时，赫芬顿邮报却一枝独秀。

赫芬顿邮报把读者变成记者，它有1万多名“公民记者”，类似传统媒体的“通讯员”，每时每刻都在为它提供报道。2008年美国大选，赫芬顿邮报将一个采访任务分给50～100名“公民记者”，每人每天用一个小时，就能完成一个记者两个月才能完成的工作量。赫芬顿邮报称之为“分布式”新闻。“分布式”网罗了大量高质量的撰稿人，用户原创内容（UGC）的能动性得到激发，媒体才能真正活起来。

这家媒体只有一百多名带薪员工，但依赖超过3000名投稿者为每一个可以想到的话题制造内容，另外还有一万多名“公民记者”，这是它的“眼睛和耳朵”。它的读者也生产了网站的许多内容，每个月有多达200万条投稿。赫芬顿邮报的共同创建人乔纳·柏瑞蒂（Jonah Peretti）认为，新闻模式再也不是一种新闻传递的消极关系，而是“一个在生产者和消费者之间共享的事业”。

这种所谓“共享的事业”是个同心圆模式：内核是网站最坚定的具有原创能力、质量非常高的博客作者；外面一环是公民记者，散布在美国各地；而最外的大环则是读者，在浏览网站的过程中和网站博客作者发生互动。这种新的、更开放的新闻模式可以被视为一种“众包”模式，其中两个重要的贡献群体是博客作者与公民记者。

总之，开放式平台对于媒体固有的采编形式是一种颠覆，虽然现在一些媒体也在探索UGC信息源的建立，但还比较集中于非严肃新闻，像赫芬顿邮报这样从根本上跳脱还是有一定距离的。赫芬顿邮报的开放思维是否是中国媒体的福音？我们又该如何借鉴？还需要好好斟酌，但这种开放式的内容生产已成为目前的主流发展趋势。

本章总结

• 在知识经济条件下，以前让许多企业获得竞争优势的封闭式创新模式已不再合适，开放式创新越来越受到人们的关注。

• 相比于传统的封闭模式，开放式创新要求企业能将外部的创新资源放在与内部资源同等重要的位置，通过择优方式选取资源，抛弃原有的内大于外思想，充分使用内外部资源。对于创新结果的使用也不再局限于内部途径，外部途径同样也作为重要途径来进行推广，以更好地实现商业价值。

- 常见的开放式创新途径:搭建平台型、外部引流型、并购整合型、身份置换型。

关键术语

开放式创新　封闭式创新　内部创新　外部创新

思维导图

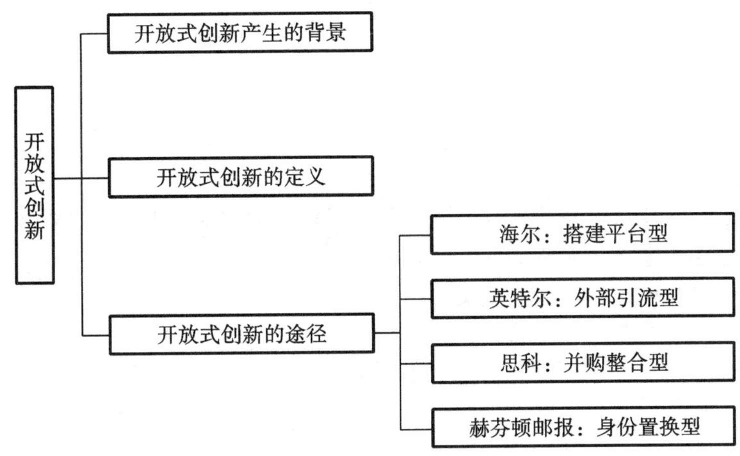

第8章 自主创新

学习目标 ……

☆ **知识层次**：了解自主创新的定义；掌握自主创新能力的提升路径；理解自主创新的模式。
☆ **能力层次**：培养学生自主创新的能力。
☆ **情感层次**：树立独立自主的创新观。

案例导入

换道超车？长安汽车的自主品牌之路

摘要：此案例描述长安汽车从军工企业转型为车企，并走上自主品牌之路的故事。当其他车企陶醉在挟外自重、合资办厂而带来的快速获利时，长安汽车率先转换车道，通过自主研发，踏上了自主品牌之路。转换车道后的长安汽车在前两任董事长的带领下由一家偏安西部一隅的小微车厂，发展为全国知名、车种齐全的大型汽车企业集团，建立了“五国九地”24小时不间断的全球化研发体系，连续8年名列中国车企技术创新能力之首，自主品牌车款销售连续9年位于全国前列。然而，近两年长安汽车的业绩每况愈下，长安汽车该何去何从？

长安汽车的成长伴随着中国改革开放40年跌宕起伏的历程，本案例时间跨度近40年，反映了和长安汽车一样的众多国有企业的跌宕征程。当初的长安汽车靠着一股劲，从刚开始被外国公司带领，到后来可以管理外国公司，从一个“学生”拼成了“老师”，该案例可以激发学生的自信与自豪感。而其中所呼应的后进企业“技术追赶”的主题，对很多企业具有意义。然而，曾经成功并不代表永远成功，面对外部环境的变化，长安汽车近两年的业绩并不好，如何在新一轮竞争中再次脱颖而出也是每一个企业需要深入思考的问题。

关键词：换道超车，自主创新，自主品牌

（案例全文请参见附录C）

案例思考题：

（1）长安汽车为何会走上自主品牌之路？

（2）长安汽车过去是如何布局自主品牌之路的？

(3)近年来汽车产业出现了哪些重大变化？面对新的机遇与挑战，你认为新能源与智慧汽车的趋势能否给长安汽车提供赶超其他知名车企的机会？

(4)转型过程中，你认为长安汽车是应该继续坚持以往自主研发的模式，还是采取并购式成长？是继续追求低端市场，还是向高端市场挺进？

一、自主创新的定义

自主创新研究源自发展中国家或者新兴工业化国家对技术创新道路的选择。在"自主创新"概念明确提出之前，相关的概念主要有"本土创新"和"发展自主知识产权"等。

1. 狭义的自主创新

从狭义的角度出发，早期自主创新集中在微观层面上，如将自主创新界定为企业通过自身努力，攻破技术难关，形成有价值的研发成果，在此基础上依靠自身能力推动创新的后续环节，完成技术成果商品化，获取商业利润的创新活动。其主要面向技术吸收与改进后的技术发展阶段，强调一种技术学习。后来，自主创新的含义演化为企业积累和提高技术能力的过程或行为。从企业战略角度来看，自主创新与模仿创新、合作创新是技术创新的三种模式。

2. 广义的自主创新

从广义的角度出发，自主创新包括技术创新和非技术创新(管理机制、服务创新等)。柳卸林(1997)认为，自主创新是"创造了自己知识产权的创新"。主要学者关于广义的自主创新的观点详见表8-1。

表 8-1　主要学者关于广义的自主创新的观点汇总

代表学者	主要观点	关键词
陈劲	自主创新是在引进、消化及改进国外技术的过程中，继技术吸收、技术改进之后的一个特定的技术发展阶段	发展阶段
杨德林	自主创新用于表征企业技术创新的行为时，是指企业主要依靠自身力量独立研究开发，进行技术创新的活动	自主性
彭纪生	主要依靠企业自身的力量完成技术创新全过程，技术上的突破由企业自身实现	自主性
王瑞杰	通过自身的研究与开发，攻破技术难关，形成技术上的突破，进而实现产业化，其基本的标志之一是在技术创新过程中拥有自主知识产权	知识产权
董必龙	以获取核心知识产权、掌握核心技术为宗旨，以自我为主发展与整合创新资源，进行创新活动，提高创新能力的科技战略方针	知识产权

(资料来源：黄攸立，吴犇，叶长荫.企业自主创新能力的关键因子分析[J].研究与发展管理.2009,21(01):24-29.)

自主创新是指组织主要依靠自身的力量获取核心知识产权，并实现新产品价值的过程，可以从以下四个方面理解自主创新。

第一，自主是前提。没有自主权，就谈不上创新。企业作为创新的主体，应当具有创新投入、技术选择、创新活动、创新收入分配的自主权。

第二，创新是要害。自主创新的落脚点在创新，没有自主权不可能创新，有了自主权如果不从事创新活动，也不存在创新。提出自主创新最重要的是鼓励、引导、促进、支持企业开展技术创新。

第三，知识产权是关键。在国际竞争日益激烈、技术在竞争中的作用日益凸显的今天，知识产权已成为企业获得竞争优势的重要手段。

第四，创新能力是核心。中国企业能否创新、创新的程度大小，除了机制以外，说到底取决于创新能力。也就是说，创新能力是我国企业创新的重要瓶颈。创新能力和创新活动是相互促进、相互制约的互动关系。因此，除了强调开展创新活动，也要重视在创新实践中培养创新能力，以促进二者形成螺旋上升的发展趋势。

二、自主创新能力的构成及提升途径

1. 自主创新能力的构成

自主创新主要包括三个方面的含义：一是加强原始创新，努力在各个生产领域内获得更多的科学发现和技术发明；二是加强集成创新，使各种相关技术有机融合，形成具有市场竞争力的产品和产业；三是要在广泛吸收全球科学成果、积极引进国外先进技术基础上，充分促进消化吸收和再创新（二次创新）。表 8-2 就自主创新能力的构成与基本特征进行了归纳。

表 8-2　自主创新能力的构成与基本特征

自主创新能力的构成	内　涵	基本特征
原始创新能力	企业实现突破性的技术发明或颠覆性的科学发现的能力	自主研究，自己设计，自行开拓，自成体系，并在此基础上努力争取获得更多的科学发现和技术发明； 可以享受专利，并受法律保护，有利于开拓新兴产业及其市场；不利的方面在于投资大、风险大、时间长
集成创新能力	企业整合各创新元素，利用创新元素间的协同作用加速创新效率的能力	把已经被掌握的科技资源，包括自创技术或他创技术集成起来，兼容并蓄，融会贯通，通过放大效应，再创一个或多个新的科学技术，或新的产品和产业
二次创新能力	核心技术来源于组织边界之外，是企业借助外力实现创新的过程，表现为设备引进、技术引进、消化吸收、技术改造、模仿创新等	在引进国外技术的基础上，学习、分析、借鉴，进行再创新，形成具有自主知识产权的新技术； 投资小，风险少，见效快

从企业创新主体与创新流程角度来说，自主创新能力包含的关键要素有：研发人员的自主创新能力，领导在面向创新活动涉及的研发、生产、销售等活动中的个人能力，企业对自主创新活动的投入强度，企业面向自主创新活动中各类资源的联结与协调能力，企业信息获取与识别能力，以及企业通过自主创新转换创新成果的能力等。关于自主创新能力需要明确以下几个关键性问题：

第一，关于自主创新主体的问题。国家与区域等层面，自主创新的主体是我国公民或实施创新的相关组织机构，它们都是自主创新的核心利益攸关者。

第二，关于如何开展自主创新的问题。这里包含两个维度：一是开展自主创新活动的个人或组织主导推进创新活动，通过利益攸关主体的参与，最终将创意转换为创新成果，实现创新价值输出与回报的过程；二是自主创新主体通过投资其他利益攸关主体，并在一定的法律与规范框架内实现创新商业化，并获取价值输出与回报的过程。

第三，关于自主创新程度的问题。自主创新并非完全依赖企业自身的实力实现创新成果的输出。在网络化与开放式创新的背景下，技术引进、全球资源整合、跨国合作与并购等使自主创新对外部资源的依赖成为必然。因此，自主创新的程度反映在创新主体实施创新活动时，对自身及国外创新资源与能力的依赖程度。以我国为例，我国研发经费占 GDP 比重远低于发达国家水平，重大创新与原始创新等活动的核心技术依然掌握在发达国家手中，大量的技术创新尚处于引进、消化、吸收与再创新阶段。

2. 自主创新能力的提升途径

自主创新能力是指企业依赖嵌入在自主创新过程中的核心技术，是企业研发（独立研发或合作研发）和使用核心技术的能力。

伴随我国改革开放与经济结构转型的基本趋势，创新型国家建设与全球竞争优势的提升对自主创新能力提出了高要求，也为自主创新能力的培育提供了机遇与挑战。表 8-3 对我国企业自主创新能力提升的可行性与存在的主要问题进行了梳理与总结。

表 8-3　我国企业自主创新能力提升的可行性与主要问题

可　行　性	主　要　问　题
（1）国内市场扩张和大规模制造能力基础形成，以我国制造业规模扩展为基础，钢铁、手机、集装箱、空调、电冰箱等 100 多项制造业产品产量位居全球第一，制造业规模化为中国企业及其国家层面的核心技术突破积累了规模经济的成本优势与竞争优势； （2）国内企业的集成能力不断增强，集成自主创新能力是在研发能力等基础之上整合企业内外部资源的能力，是市场竞争长期积累的能力基础；我国经过改革开放与经济全球化的多年积累，国内主要优势企业正由被动整合全球产业链与价值链转为主动走出去，并通过兼并收购等方式主动整合和集成全球资源； （3）对市场需求的适应能力增强，我国制造业企业大量研习“贸—工—技”的发展路线，开始由原先的制造加工与进出口贸易转向销售渠道、品牌等方面的打造，同时，随着我国国内市场的需求进一步被挖掘，企业市场能力提升，生产制造规模扩大，更有利于企业核心技术的提升与创新，以及获得正向反馈； （4）配套产业水平的提升，传统制造业，尤其是复杂技术的突破需要上下游相关配套产业的协同发展；在我国创新能力的整体提升背景下，产业集群、科技园等创新生态系统逐步构建与完善，支撑核心技术突破与自主创新所需的相关配套产业不断发展，有助于进一步提升产业共性技术的开发与应用，并依赖产业创新生态系统的平台优势实现自主创新能力的提升	（1）自主创新人才团队短缺，人才是创新的根本，自主创新能力需要有创新精神的企业家、科技创新的学者与科研人才，以及富有创新文化思考的组织管理者与政府领导者；当前，我国企业面临经济结构与生产方式的转型，企业尤其是传统制造业企业面临巨大的人才短缺，科研人员的研发与知识水平也亟待提升； （2）企业知识产权意识淡薄，自主创新缺乏有效支撑。我国企业早期创新模式着重于先进技术与设备的引进、消化、吸收与再创新，对于创新的知识产权保护意识淡薄，更形成了面向产业和区域的“创新山寨模式”；由此，企业对于知识产权的保护、产业与行业建立有效的知识产权保护机制，完善知识产权与商业环境等方面，是中国企业参与更加规范化、法制化的国际创新竞争的前提与重要基础； （3）技术经营机制不健全，企业技术经营是企业将技术创意通过有效的机制转化为产品，并最终面向市场实现商业化的全过程；技术经营是企业科学管理的核心要素，这需要我国企业逐步转型，破除原有的重研发、重收益、重短期等模式，强调技术经营与管理的科学化，平衡研发与市场，平衡短期与长期收益，并引导企业自主创新，实现能力提升的目标； （4）有利于自主创新的企业文化尚未形成，创新文化是驱动企业自主创新、形成企业创新系统良性循环的基础；自主创新文化的建设，是我国企业未来经营管理之道的探索与中国自主创新模式探索的重要方向

基于我国企业自主创新能力提升的可行性与主要问题分析，学者们提出了以下提升自主创新能力的途径：

第一，进行思维创新，克服思维惰性和能力刚性，形成企业自主创新能力提升的基础。自主创新包含原始创新、集成创新、二次创新三个方面，鉴于中国企业技术与人才能力储备的弱势，我国企业早期主要依赖集成创新与二次创新两种途径提升自身的创新能力。在能力、资金、知识、人才不断积累的条件下，我国企业应当在思维上破除能力刚性，逐步强化自身的原始创新能力，逐步转型实现自身在研发与品牌两端的可持续竞争优势的提升。

第二，加强组织学习和技术学习，打造企业自主创新能力提升的内在基石。组织学习与技术学习是我国企业吸收消化国际先进技术，同时实现自身技术再创新、技术跃升、组织技术能力提升、吸收能力积累等的重要手段。组织学习与技术学习的方法涉及反求工程、反向创新、模仿与复制、知识管理、信息挖掘、技术研发等，这些方法最终引导企业在长期的发展中逐步积累、提升自身的自主创新能力。

第三，加大研发投入，提升自主创新能力。技术研发与研发能力是自主创新能力的核心，加大研发投入是提升自主创新能力的最直接方式。加大研发投入，提升研发投入经费在企业销售收入的比重，应当成为企业培养和提升自主创新能力的基本定律。

第四，整合内外部资源，以开放式创新带动自主创新能力提升。开放式创新已成为企业提升创新能力与竞争优势的重要范式，依赖内外部资源的整合，我国企业可以通过跨国兼并收购、雇用高技术人员、强化区域与国际战略联盟合作、产学研协同创新、参股或控股目标企业等方式，进一步整合全球化的互补性资源，实现企业自主创新能力的提升。

三、自主创新的模式

对于尚在发展中国家之列的中国，社会体制、市场规模、文化基础、人口水平、民生议题等方面的差异化使得学者与实业界认为，中国自主创新的模式不能完全照搬相关发达国家的经验，必须探索符合本国特色的自主创新模式。

柳卸林等学者认为，中国本土企业由于在核心技术能力、设计能力以及研发资金等方面存在缺陷，在国际竞争中处于相对劣势，实现自主创新，需要充分利用国内外资源，并可利用自主开发、合作创新、跨国兼并三种自主创新模式完成从本土市场向国际市场的跨越。

陈劲提出，我国企业自主创新模式的关键在于推动企业自主创新决策转型，从短期、应急、盲目的自主创新决策变革为平衡、规划的自主创新决策。

此外，陈劲和柳卸林还总结了四种中国企业自主创新的模式，详见表 8-4。

表 8-4　中国企业自主创新模式

模　式		高市场集中度的科技型模式	高市场集中度的制造型模式	低市场集中度的制造型模式	低市场集中度的科技型模式
市场进入的机会特征	市场结构	市场集中度高	市场集中度高	市场集中度低	市场集中度低
	技术获取	易	易	难	难
	技术特征	科技主导型	制造主导型	制造主导型	科技主导型
市场进入的决策特征	市场目标	低端市场	主流市场	低端市场	未来市场
	技术目标	低端技术	技术国产化	低端技术	国际技术
	决策特征	学习型(D)	追赶型(F)	学习型(D)	领先型(L)

续表

模　式	高市场集中度的科技型模式	高市场集中度的制造型模式	低市场集中度的制造型模式	低市场集中度的科技型模式
决策的演变路径	D→L D→F→L	F→L	D→F→L	L→F→L

（资料来源：陈劲，柳卸林．自主创新与国家强盛——建设中国特色的创新型国家中的若干问题与对策研究[M]．北京：科学出版社，2008．）

案例赏析 8-1

海尔的自主创新

海尔创立于1984年，一直以来始终坚持自主创新，在中国自主创新TOP100企业排行榜中，海尔始终名列前茅。目前，海尔已成为在海内外享有较高美誉的大型国际化企业集团，它的自主创新模式是典型的高市场集中度的制造型模式。

创业阶段——引进、消化、吸收与再创新

在技术开发上，任何企业都可以在学习借鉴别人技术的基础上进行再创新，形成有市场竞争力的产品。海尔的技术虽然也是"舶来品"，但却没有止步于"引进—落后—再引进—再落后"的循环，而是在引进的技术里植入了自己的创新基因，通过消化、吸收，形成自己的专有技术和产品。

发展阶段——集成创新

集成创新是自主创新的一个重要内容，它把各个已有的单项技术有机组合起来，构成一种新产品或新的经营管理方式，创造出新的经济增长点。集成创新的目的是企业通过有效集成各种要素，占有更多的市场份额，创造更大的经济效益。海尔提出"整合力就是竞争力。不在乎拥有多少资源，关键是利用多少资源"的理念，充分说明了海尔正处于集成创新的发展阶段。

展望阶段——原始创新

随着全球信息化时代的来临，企业面临着全新的发展形势和前所未有的挑战。海尔为了应对信息化时代的新形势和挑战，实现从全球知名度向全球美誉度跨越的目标，在国家"三自"创新战略的指导下，海尔进行自主创新，提出了信息化时代的创新战略——U-home战略，开启了海尔的原始创新时代。

海尔的企业文化分为三个层次：最外层是物质文化，中间层是制度行为文化，核心层是精神文化即价值观。海尔价值观的核心是创新，正是在这一价值观的指导下，海尔实现了技术创新、市场创新、管理创新、组织创新、观念创新等持续不断的创新。海尔的文化为其自主创新提供了浓厚的氛围。海尔还为员工创造了多种学习平台，例如海尔大学、联合研发机构等都为员工提供了学习环境。在海尔，一是可以向用户学习，"用户永远是对的""视用户的抱怨为最好的礼物"等理念使海尔能及时发现并解决企业存在的问题，也是海尔人最有效的学习方式之一；二是在干中学，在海尔的5W3H1S体系下，每个员工每天都在寻找差距，以期明天干得更好。在学习中贯彻企业文化、提升员工的自主创新意识，把每一名员工都培养成企业的创新人才。

本章总结

• 自主创新是指在创新中不单纯依赖技术引进和模仿，而是在以创造市场价值为导向的创新中掌握自主权，并能掌握全部或部分核心技术和知识产权，打造自主品牌、赢得持续竞争优势。自主创新不一定是单纯技术（新产品、工艺等）层面的，管理、制度、战略、市场、文化乃至商业模式等非技术方面都是自主创新的有机组成部分。

• 自主创新主要包括三个方面的含义：一是加强原始创新，努力获得更多的科学发现和技术发明；二是加强集成创新，使各种相关技术有机融合，形成具有市场竞争力的产品和产业；三是在引进国外先进技术的基础上，积极促进消化吸收和再创新（二次创新）。

• 自主创新能力是指企业嵌入在自主创新过程中的核心技术，是企业研发（独立研发或合作研发）和使用核心技术的能力。

• 我国企业自主创新能力提升的途径主要表现在：

(1)进行思维创新，克服思维惰性和能力刚性，形成企业自主创新能力提升的基础；

(2)加强组织学习和技术学习，打造企业自主创新能力提升的内在基石；

(3)加大研发投入，提升自主创新能力；

(4)整合内外部资源，以开放式创新带动自主创新能力提升。

• 提高自主创新能力，必须坚持正确的方向和路径。要大力提高原始创新能力，形成创新的重要基础和技术竞争力的主要源泉。要大力加强集成创新能力，形成单项相关技术的集成创新优势，努力实现关键领域的整体突破。要加快引进消化吸收再创新，充分利用全球科技存量，形成后发优势，加快发展。

关键术语

自主创新　自主创新能力　核心知识产权　原始创新能力　集成创新能力

思维导图

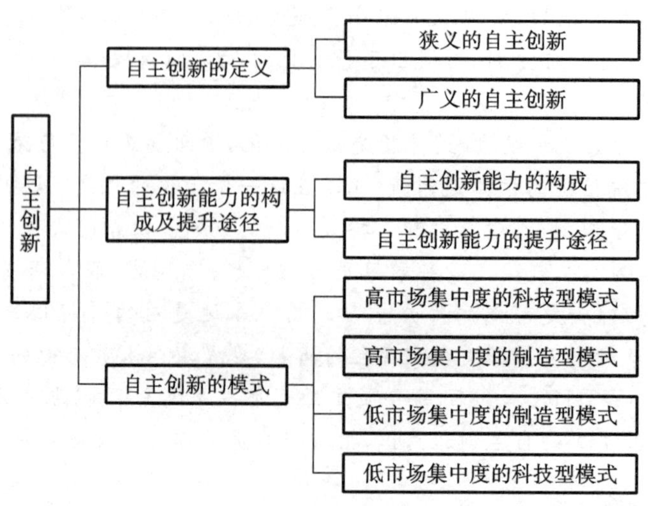

第9章 逆向创新

学习目标 ……

☆ **知识层次**:了解逆向创新的定义;理解逆向创新的五个战略要素和五级思维模型;掌握逆向创新的四个行动原则。

☆ **能力层次**:培养学生逆向创新的能力。

☆ **情感层次**:树立民族自信、创新自信。

案例导入

迈瑞:从贴牌制造商到"全球挑战者"

摘要:2017年,在全球智能信息服务提供商科睿唯安发布的"中国大陆创新企业百强榜单"上,迈瑞入围第二梯级,是医疗器械领域唯一上榜的企业。从最初的贴牌制造商到国内同行业领头羊,再到令跨国巨头不安与敬畏的竞争对手,迈瑞的每一次跨越都跻身更高端广阔的平台。这些成功均得益于迈瑞打造成型的一套不断夯实的创新体系。本案例通过追溯迈瑞这家中国医疗器械龙头的自主创新之路,分析其为构筑企业长期竞争优势所做的种种努力,展望其未来发展,以期给我国高新技术企业的创新发展提供宝贵的经验和借鉴。

关键词:迈瑞,自主创新,逆向创新

(案例全文请参见附录D)

案例思考题:

(1)梳理迈瑞从贴牌制造商到"全球挑战者"的创新之路,探究其逆向创新的实现过程。

(2)在发展过程中,迈瑞发现了哪些逆向创新机会?迈瑞采取了怎样的策略来把握机会?

(3)在逆向创新的不同阶段,迈瑞是如何构建其自主创新能力,使自身的自主创新能力一步步成长的?

(4)在中国建设创新型国家的过程中,讨论中国企业可以从迈瑞的创新发展中得到哪些经验和启发?

过去,我们习惯性地认为创新源于发达国家,然后慢慢延伸至发展中国家、欠发达国家,构成一条创新"单行道"。但是,随着发展中国家在国际市场中的地位日益重要,这条"单行道"正在受到挑战,逆向创新出现了。对于逆向创新,其隐含了两层含义:一是低端需求可能产生全球性创新动力;二是创新源头需要从高端市场转向低端市场。

一、逆向创新的定义

逆向创新又称反向创新(reverse innovation),是一种自下而上的创新,是首先被发展中国家所采用的创新,而且这些创新能够向上影响发达国家。逆向创新是指企业在全球化过程中,从头开始创新产品,把发展中国家作为创新基地,以发展中国家用户的需求为依据或是借鉴发展中国家本土企业的做法,进行产品或者商业模式的创新,最终服务于全球市场。与逆向创新相对的全球本土化则是指发达国家的企业在把已有产品销售到全球的过程中,根据当地用户的消费习惯进行一些产品的重新设计,目的是把更多产品卖到发展中国家。

对于发达国家和跨国公司而言,创新机会在新兴市场。如果发达国家和跨国公司想要继续存活,那么下一代领导人或创新人士必须关注发展中国家的需求及机遇,逆向创新是一个必要的手段。或许,我们能够理解为什么一个穷人渴望得到一个富人所拥有的东西,却不能理解为什么一个富人想要得到一个穷人所拥有的东西,然而,富人的某些需求可能并没有得到充分满足,而那些服务于穷人的创新可能给富人带来全新的、意外的或长期被忽视的价值。

从发展中国家的角度来看,发达国家的企业在新兴市场的扩张绝不仅仅是简单的地域扩张,深入理解发展中国家的需求、技术以及塑造这些需求和技术的社会情境与产业基础同样重要。戈文达拉扬(V. Govindarajan)教授系统地总结了催生逆向创新的五大需求差异:性能差异(performance gap)、基础设施差异(infrastructure gap)、可持续差异(sustainability gap)、监管差异(regulatory gap)以及偏好差异(preference gap)。

表 9-1 对这五种需求差异进行了概括。

表 9-1 催生逆向创新的五大需求差异

差异	描述	含义	例子	趋势
性能	发展中国家的用户收入较低,但渴望创新,以最低的价格得到最体面的性能	以 15%的价格换取 50%的性能	诺基亚手机	(1)创新将提高产品的性能,让发达国家的用户也对产品产生兴趣; (2)发达国家用户开始慢慢考虑超低价的产品
基础设施	发达国家有非常完备的物质性基础设施,而新兴经济体的这些经济发展所需要的基础设施仍在建设中	(1)发展中国家正是因为基础设施的缺乏而激励创造性解决方案的诞生; (2)新兴经济体基础建设者可以马上采取最前沿的解决方案	(1)印度在保健设施缺乏的情况下,便携式心电图仪得到应用; (2)没有固定电话的情况下,印度乡村地区直接搭起了无线基础设施	发达国家陈旧的基础设施陆续更换

续表

差　异	描　述	含　义	例　子	趋　势
可持续	发展中国家面临着全球范围内最严重的可持续发展问题	新兴市场渴望找到“绿色环保”的解决方案，很有可能直接跨越到下一代的环保技术	中国电动汽车	发达国家将会面临可持续发展的压力
监管	新兴市场的监管系统不甚完备，有时可能会为创新提供有益的帮助，不会招致太多延误	新型产品可能首先在发展中国家应用，跨越监管障碍	全民诊断公司	发达国家政府最终产生新的技术或者修改监管要求
偏好	每个国家的客户都有独特的喜好和品位	创新需考虑各国客户之间的区别	印度扁豆食品的流行	发达国家的客户受到发展中国家客户的影响

逆向创新并不是全由发达国家企业引入发展中国家市场，发展中国家和地区的企业也同样可以在这个过程中扮演非常积极的角色。由于发展中国家和地区的企业很可能借逆向创新这条通道进入发达国家市场，所以发达国家的一些管理者曾发表过逆向创新方面的经验，提醒西方企业要注意逆向创新这条新通道，例如美国通用电气前任总裁伊梅尔特(J. R. Immelt)曾专门撰文总结公司在逆向创新方面的经验。

二、逆向创新的五个战略要素

戈文达拉扬教授在其《逆向创新》一书中提出，在逆向创新的过程中要特别关注各地在用户、产品、产业、社会和政策等战略要素上的差异。发展中国家和发达国家在用户、产品、产业、社会和政策等战略要素方面的差异往往能够成为逆向创新的来源。实际上，在一个国家内部的不同地区之间，这五个战略要素的发展水平也存在很大的差异，而这些差异也能成为逆向创新的源泉。

1. 用户和产品要素的差异催生逆向创新

像需求层次理论所说的那样，当人们较低层次的需求得到满足之后，对更高层次需求的追求才会变得更加迫切。发达国家的用户和发展中国家的用户对产品的需求差异很大。

例如，前波导手机团队针对非洲用户的特色设计生产的 Tecno 手机，解决了非洲用户自拍分辨不清的问题，赢得了非洲市场。生产 Tecno 手机的公司名为传音，成立于 2013 年，致力于为全球新兴市场国家提供当地消费者喜爱的移动通信产品，成立之时便把战略重点放在非洲。传音公司重点生产的手机不是智能手机，而是传统的功能机。这些手机售价很低，但具有双卡双待、自拍优化和待机时间长等优点，因此很受非洲当地消费者的欢迎。传音公司的商业模式就是利用发达国家、中国和非洲国家用户需求的差异，用发达国家过时的技术、中国过剩的产能，为非洲国家消费者提供他们需要的产品。

2. 产业基础设施要素的差异也是逆向创新的源泉

发达国家基础设施非常完备，而发展中国家的基础设施却处于未建或再建的状态。但正是因为基础设施的缺失，迫使发展中国家的企业不断创新。

例如，印度医疗保健设施的缺乏就促使通用医疗集团(GE Healthcare)研发了一项开创性技术——便携式心电图仪。这项研发也对发达国家产生了极大的影响。由于发展中国家的基础设施刚开始建设,所以对施工服务工作的需求非常强烈,而发达国家则对基础设施的建设投资有所拖延。

3. 不同国家和地区在社会和政策方面的差异会影响创新

当 Live Me 直播平台进入美国时,美国几大直播平台更看重的是社交属性和直播质量,猎豹移动的创始人傅盛认为,Live Me 有两个特点:一是对现场直播的关注;二是对打赏功能的重视。最后,Live Me 有了"美国快手"的称号,只用了 10 个月便成为 2016 年度最佳社交 App 排名第一,有类似发展路径的还有今日头条。我国的直播和头条这两类业态在业务方面的创新已领先欧美的同类公司,在这些行业里,中国企业和发达国家企业之间的创新实力已发生了逆转,从"copy to China"变成了"copy from China"。

借助图 9-1 所示的五星模型,我们对逆向创新的战略要素进行了总结。进行逆向创新,第一,要了解发展中国家用户的实际需求和发达国家用户需求的差异;第二,要根据用户的实际需求重新进行产品设计;第三,要利用当地优势的产业环境和可得的技术手段,让创新接地气,让产品能落地;第四,要深入当地的社会环境,争取广大的利益相关方参与创新;第五,要利用发展中国家的限制条件,在较差的环境下实现创新突破,继而把创新成果引入全球市场。

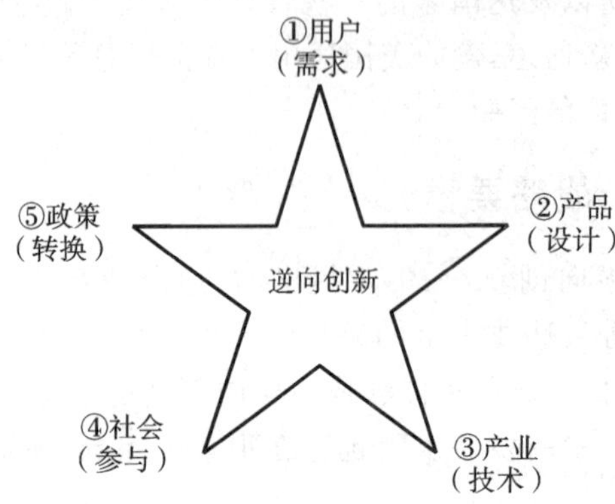

图 9-1　逆向创新战略要素的五星模型

三、逆向创新的五级思维模型

传统创新思维往往认为,创新的来源集中在富裕的发达国家或地区。所以,跨国企业往往只关注来自发达国家的创新,而忽视来自发展中国家和地区创新的可能性。与传统创新思维不同,逆向创新思维重视来自发展中国家和地区的发展潜力,把发展中国家和地区的创新能力作为全球创新的重要组成部分。戈文达拉扬教授将逆向创新思维分为五级,详见表 9-2。

表 9-2　逆向创新的五级思维

级　数	含　义	例　子
第 1 级: 视而不见	不做任何行动	eBay 对中国的习惯视而不见,当淘宝推出免交易手续费模式时,买家毫不犹豫地放弃 eBay 而选择了淘宝,eBay 在中国的 C2C 业务失利

续表

级　数	含　义	例　子
第 2 级： 让子弹飞	观望态度，考虑是否加大关注度	MSN 刚进入中国时，一度风光无限，但在功能上长期不思进取，有 8 年时间没有重大的功能更新；直到 2008 年左右，MSN 才开始支持离线消息，但始终不支持离线传文件、截图等用户非常需要的功能；2013 年年初 MSN 停止服务
第 3 级： 小修小补	对现有产品进行小改动	肯德基采取"全球本土化"策略，在一些特别重要的市场上做一些微小的改动，这样做能够控制全球供应链和运营的成本，但长此以往，可能导致企业竞争力的下降
第 4 级： 重新设计	从头开始创新产品	印度保健设施缺乏，美国通用医疗集团研发出一款便携式心电图仪，使用简单，在印度农村广泛应用，不仅挽救了很多心脏病患者的生命，同时也为公司带来了可观的收入
第 5 级： 龙行天下	把逆向创新提升到全球战略高度	在中国产生的创新，既可以影响西方发达国家的经济，也可以进入欠发达国家的市场；中国向发达国家提供形形色色的工业品和创新落地的机会，同时向原料产地国输出资本、制成品、基础设施和就业机会

如果把逆向创新思维分为五级，则第一级的逆向创新思维认为，发展中国家的创新能力不重要，对此可以视而不见。第二级的逆向创新思维认为，发展中国家的创新能力目前还不重要，可以关注它的变化，等到发展中国家市场变大了再加大关注度。第三级的逆向创新思维认为，发展中国家的用户有不同的需求，需要按照用户的具体要求修改现有的产品和服务。第四级的逆向创新思维认为，发展中国家的用户有截然不同的需求，必须根据他们的需求重新设计产品和服务。第五级的逆向创新思维认为，发展中国家的用户具有全球性的战略重要性，必须像重视发达国家的用户一样重视发展中国家的用户。如果我们把上面这些关于逆向创新思维分级说法中的发达国家替换成中国的发达地区，把发展中国家替换成中国的欠发达地区，理论上也是成立的。

四、逆向创新的四个行动原则

在执行逆向创新行动时，要把握建立本地团队、广泛整合资源、快速迭代产品和服务全球用户这四个行动原则，如图 9-2 所示。

图 9-2　逆向创新的四个行动原则

我们用宝洁公司的一个例子进行说明。20世纪80年代，宝洁公司推出了一款叫护舒宝的女性保健产品。护舒宝很快在美国等发达国家成为市场领先品牌，于是宝洁公司就开始向全球推广护舒宝产品。让公司高层始料未及的是，护舒宝在墨西哥等发展中国家销量不佳。当时，宝洁在发达国家的市场已接近饱和，急需开拓发展中国家市场。为此，宝洁高层决定采取建立本地团队、广泛整合资源、快速迭代产品和服务全球用户四个行动步骤，打开发展中国家的市场。

第一，建立本地团队。宝洁女性用品研发中心全球副总裁授权建立了一个熟悉墨西哥女性生活环境的本地团队。这个团队发现，墨西哥女性和很多发展中国家的女性一样，居住在艰苦的环境里。她们乘坐公共交通工具上下班，在路途上花的时间都比较长，他们也很少有机会使用带有卫生设施的公共洗手间。她们通常住在小房间里，甚至多个家庭成员睡在同一张床上，不像发达国家的女性那样享有私人空间。因此，她们对卫生巾舒适使用的时长要求很高。

第二，广泛整合资源。发现了发展中国家女性的使用习惯之后，宝洁公司决定重新开发一款叫"朵朵"的产品。开发团队面临的最大挑战是要放弃过去的一些固有做法，甚至是一些竞争优势。例如，干燥网面技术是护舒宝最主要的专利特征，但这个产品需要经常更换才能保持干燥。于是，朵朵的设计团队开始从宝洁全球资源库中寻找可以利用的资源。它使用了婴儿尿布的材料作为产品表层材料，从美容产品中找到了合适的润肤剂保护皮肤。它还利用了宝洁公司总部的销售人员、美工人员和广告代理关系，甚至启用了一条在加拿大的闲置生产线。全球资源的调配极大地缩短了朵朵产品的研发周期。

第三，快速迭代产品。朵朵团队并没有像宝洁公司通常所做的那样，等到觉得产品完美了再上市，而是快速把产品推向市场，并从用户那里获得反馈，不断改进产品。针对发展中国家市场采取的逆向创新战略，帮助宝洁公司实现了全球市场销售的快速增长。

第四，服务全球用户。朵朵产品首先在墨西哥推出后快速进入了拉丁美洲市场。随后，朵朵进入了18个欧洲国家，并在2010年进入中国市场。目前，朵朵已从一个起源于发展中国家的子品牌，变成了一个全球品牌。

本章总结

• 逆向创新是指首先被发展中国家所采用的创新，而且这些创新能够逐渐影响发达国家。

• 催生逆向创新的五大需求差异分别为：性能差异、基础设施差异、可持续差异、监管差异以及偏好差异。

• 在逆向创新的过程中要特别关注各地在用户、产品、产业、社会和政策等战略要素上的差异。进行逆向创新，第一，要了解发展中国家用户的实际需求和发达国家用户需求的差异；第二，要根据用户的实际需求重新进行产品设计；第三，要利用当地优势的产业环境和可得的技术手段，让创新接地气，让产品能落地；第四，要深入当地的社会环境，争取广大的利益相关方参与创新；第五，要利用发展中国家的限制条件，在较差的环境下实现创新突破，继而把创新成果引入全球市场。

• 传统创新思维认为，发达国家和地区具有天然的创新优势，但是随着信息社会的发展和技术的进步，创新不再是发达国家的专利。发展中国家和地区甚至是欠发达国家和地区也有逆向创新的机会。

• 在执行逆向创新行动时，要把握建立本地团队、广泛整合资源、快速迭代产品和服务全球用户这四个行动原则。

关键术语

逆向创新　需求差异　战略要素　五级思维模型　行动原则

思维导图

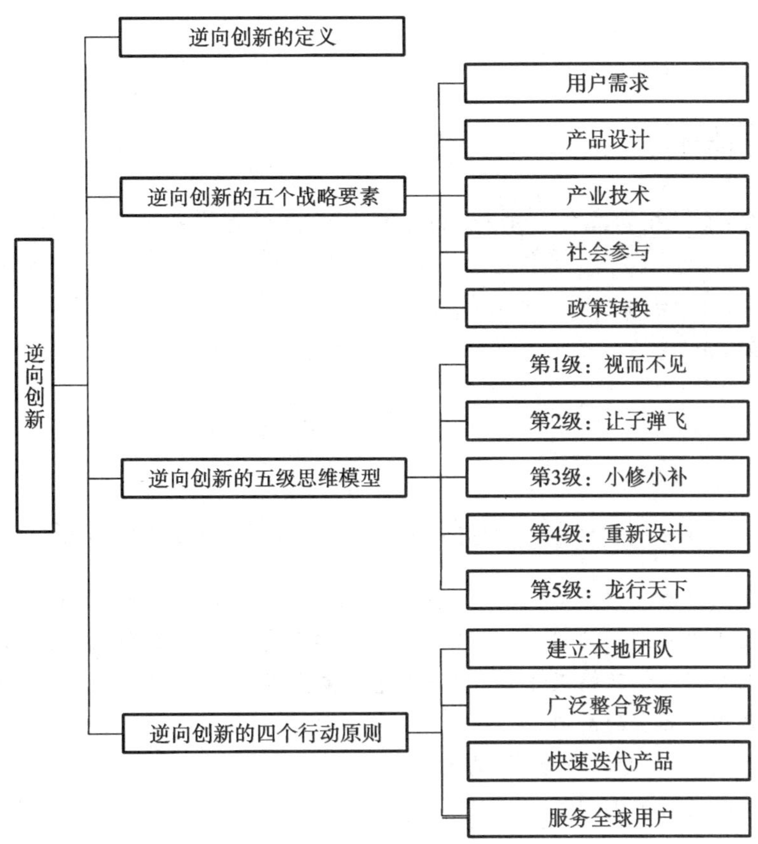

第10章

朴素式创新

学习目标 ……

☆ **知识层次**:了解朴素式创新的概念;掌握朴素式创新的基本特征;掌握朴素式创新的应用。

☆ **能力层次**:培养学生在逆境中寻找机会、辨识机会的能力。

☆ **情感层次**:培养学生节俭的创新价值观。

第一个用卫生巾的男人:如何在逆境中创新

摘要:阿鲁恰纳拉姆·穆卢甘南塔姆是一名普通的电焊工,因为看到周围女性用不起昂贵的卫生巾,而心生想要制造出便宜、质量又好的卫生巾的想法。本案例描述了穆卢甘南塔姆在资源稀缺、亲人朋友不理解的情况下,一步一步克服重重困难,最终创造出廉价又优质的卫生巾制造机,帮助无数印度妇女的故事。

关键词:朴素式创新,资源整合,低端市场

(案例全文请参见附录E)

案例思考题:

(1)穆卢甘南塔姆是如何突破有限的资源和条件,成就了一款物美价廉的产品的?

(2)目前,该产品已经进入其他发展中国家市场,你认为能否继续进军发达国家市场?如果可以,该怎么进入?如果不可以,请说明原因。

(3)请结合本案例说明创新者应如何整合资源?

一、朴素式创新的概念

1. 朴素式经济的崛起

全球近40亿消费者的年消费额低于1800美元,他们主要存在于技术与市场条件低下的发展中国家，低收入与低购买能力严重弱化了这一部分群体对于产品设计与功能的需求，高性价比产品能博得他们的青睐。同时，在一些资源匮乏的地区，没有生产与使用某些产品的条件，例如，据世界银行等国际机构发布的报告显示，截至2017年，全球无电人口仍有8.4亿，其中印度独占9900万。

在《朴素式创新：如何少花钱多办事》(*Frugal Innovation*：*How to Do More with Less*)一书中，咨询专家Navi Radjou和剑桥大学贾奇商学院的学者Jaideep Prabhu指出，朴素式创新不仅在新兴国家中生根发芽，也在积极进军发达国家。过去几十年里，美国、加拿大、欧洲、日本、澳大利亚和其他国家与地区的中产阶级经历了收入的萧条以及购买能力的缩水。2009年以来，美国95%的收入进入了1%的上层阶级；在法国，人均收入从2008年到2012年下降了24%，生活成本却上升了30%；在日本，贫穷率在2012年达到了16%的峰值。发达国家的消费者开始从高档品牌转向零售店购买价格亲民的小众产品，越来越注重有价值地花钱，并且愿意购买更平价的产品，朴素生活与朴素消费的概念成为主流。

不仅消费者更加看重购买成本，发达国家的政府也开始看重自己的每一笔支出。人口老龄化严重，随之不断上升的医疗成本和养老负担，让欧美国家政府意识到朴素精神的重要性。在美国，奥巴马提出了"个人可支配收支冻结计划"，为期三年；在英国，保守党领导的政府也对国防预算、地方政府花费以及警局预算等进行了缩减。

除了简朴，发达国家的消费者越来越关注社会和谐与生态的可持续发展，超过80%的欧洲人在购买产品时非常关注产品对环境的影响，正如爱德曼社会商业实践部的负责人卡罗尔·科恩(Carol Cone)所说，公民消费者会把他们的钱当作选票，投给那些具有社会包容性和环境保护性的品牌。这一点也说明，朴素式创新与绿色创新在企业的社会责任方面具有共通的理念。下一章将详细介绍绿色创新的相关知识。

面对新型朴素消费者的消费观念，朴素式创新成为一种颠覆性的商业模式，为企业提供了一种新的视野，帮助企业把资源限制当作机会而非不利条件，通过将发展中国家的朴素智慧和发达经济体先进的研发能力相结合，企业就能创造出朴素的、可持续的、对人类有利的高质量产品和服务。

2. 朴素式创新的定义

朴素式创新理念源于20世纪50年代的"适用技术"(appropriate technology)运动。E. F. 舒马赫在《小的是美好的》(*Small Is Beautiful*)一书中，依据"适用技术"的理念，批评将发达国家技术直接转移到发展中国家的行为，批评大规模生产，认为这会阻碍经济的可持续发展。依据客户需求和地区经济与环境条件开发适合的产品是"适用技术"理念的核心。

朴素式创新的思想可追溯到印度传统哲学思想中强烈的实用主义倾向，即jugaad。jugaad是印度当地的口语，可以理解为"一个创新性的方案，突破各种限制条件，源于天才和智慧用有限资源即兴设计有效的解决方案"，其传达的主要思想是在逆境中寻找机会，用更少的资源、采用简单的方式获得更多的利益。作为一个发展中国家，印度资源条件有限，人口基数大，且大部分人口都处于贫困水平。就印度国内市场而言，其国内的企业面临着上游资源有限、下游客户购买能力有限的窘境。因此，扎根于"jugaad"文化思想，印度企业以当地的用户需求和市场特征为出发点，通过重新构架产品概念和减少不必要的产品设计，减少产品的资源使用，降低生产成本，生产消费者能买得起的实用产品。

2010年，《经济学人》刊载《朴素式创新的魅力》一文，以美国通用医疗集团面向印度市场的便携式心电图仪(Mac400)和印度塔塔公司开发的净水器为例,提出朴素式创新的概念,强调朴素式创新面向低收入人群,同时保证产品质量与功能需求,形成自下而上的创新范式转移,使经济欠发达地区与发展中国家的市场创新产生了重要的思想转变。

所谓朴素,就是一种面对难题时独特的思考方式与行动方式,是在不利的情况下发现机会并且用简单灵活的方式临场解决问题的大胆艺术,是关于用更少的资源做更多事情的智慧。显然,朴素式创新意味着最大限度地利用自己所拥有的资源,即"就地取材"。这既包括发现日常用品的新用途,也包括利用日常用品发明新的实用工具,以及任何巧妙的"利用规则"的方法。总的来说,朴素式创新是一种在投入更少的能源、资金和时间等资源的情况下,产出更多的商业和社会价值的创新方法。

二、朴素式创新的基本特征

朴素式创新具有以下几个基本特征。

首先,朴素式创新定位"金字塔底端"(bottom of pyramid,BOP)市场。BOP 的概念是普拉哈拉德(C. K. Prahalad)在《金字塔底层的财富》(*The Fortune at the Bottom of Pyramid*)一书中首次提出的。他根据消费者年消费额的不同,将全球的消费市场划分为一个金字塔结构。金字塔底端的 40 多亿消费者包括大多数中国、巴西、印度和其他新兴国家中刚脱离贫困的群体。这个群体刚感受到现代繁荣,但收入水平又不足以支撑消费发达市场上的产品。他们的消费倾向于产品的基本功能,且支付能力有限,朴素式创新解决的正是这部分消费者的消费需求。另外,不可忽视的是,发达经济体也存在着这样一个金字塔的底部。根据跨国管理咨询公司埃森哲(Accenture)的调查,低收入的欧洲人代表着一个 2800 亿美元的未触及市场。西方企业曾经习惯性地忽视了他们,并且把精力都放在了高收入和中产阶级的消费者身上。金融服务创新中心(Center for Financial Services Innovation,CFIS)的数据显示,未能得到充分金融服务的美国人的年收入加起来可能达到一万亿美元,他们代表着一个 900 亿美元的未触及市场。通过朴素式创新,这些消费者是可能被触及的。

其次,朴素式创新生产的是兼具质量、功能且价廉的产品。成本原则和客户利益是朴素式创新内在的一部分,贯穿于整个创新过程,但朴素式创新寻求的是减少不必要的成本和不必要的产品设计。发达国家市场上传统的创新模式倾向于提供具有丰富功能的产品,朴素式创新产品的功能较少,其前提是满足基本的功能要求,并且坚固耐用。

最后,朴素式创新是对产品重新设计的过程,而不仅仅是对发达国家市场上的产品进行简单改造。发展中国家市场的消费者对产品的要求与发达国家不同,因此朴素式创新旨在构建新的商业模型、重构价值链、重新设计产品,用一种弹性的、可持续的方式为那些支付能力有限的消费者提供产品和服务,重构涉及设计、研发、制造、分销等各个方面。

朴素式创新的产品并不是必然低价或者质量最好的,但一定是经过精心设计且品质优良的产品,这些产品将会在最有效利用成本的情况下,以亲民的价格销售,从而传递最高的用户价值。而低成本创新仅仅是一种帮助生产普通质量商品的企业进行低成本研发和营销的策略。因此,应当将朴素式创新与低成本创新区分开。

朴素式创新的核心是简化,是产品创新过程中低输入成本(面向研发)与低输出成本(面向消费购买)的过程,整合生产、质量、分销、服务、功能、适合性等产品创新基本要素。朴素式创新的发展模型,如图 10-1 所示。

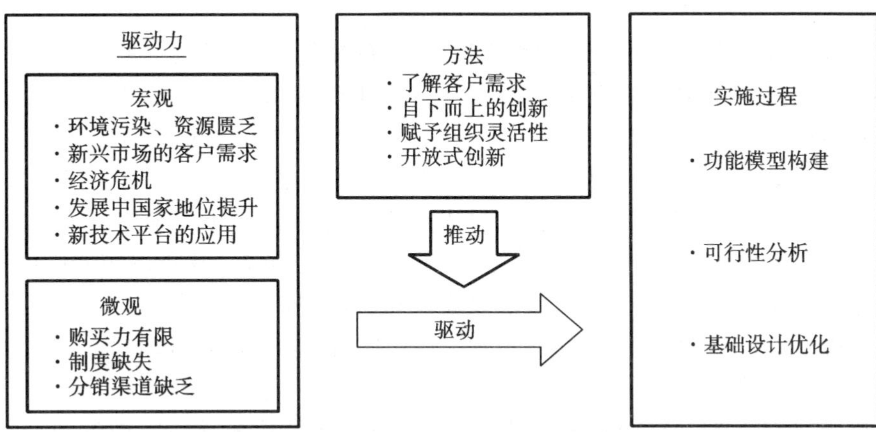

图 10-1　朴素式创新的发展模型

（资料来源：陈劲，王锟，等.朴素式创新：正在崛起的创新范式[J].技术经济，2014，33(01)：1-6+117.）

三、朴素式创新的应用

随着朴素式创新的发展与市场需求的变化，发展中国家与发达国家的企业都在积极进行朴素式创新。朴素式创新的典型案例如表 10-1 所示。

表 10-1　朴素式创新的典型案例

国　　家	典 型 案 例
中国	海尔小小神童洗衣机；比亚迪锂离子电池
加纳	Toyola 炭炉
印度	Nano 汽车；微型冰箱；通用医疗便携式心电图仪；35 美元平板电脑
埃及	便携式住房
多哥	电子废弃物 3D 打印机
南非	神奇袋；莫拉蒂住房（廉价房）；Eskom 预付电费量表
肯尼亚	M-PESA 货币体系
荷兰、美国、加纳、肯尼亚	TAHMO 气象站
荷兰	联合利华奥妙洗涤小袋
荷兰、肯尼亚	飞利浦自动呼吸速率监视器
美国	25 美元火狐 OS 智能手机

那么，企业应该怎样进行朴素式创新呢？为了从成本、效率、速度和灵活度中获得可观的收益，企业需要重新打造自己的创新引擎。根据不同的行业和职能，这样的改变必然会带来不同的挑战，但是有六个总原则普遍适用于各行业和组织的朴素式创新：在逆境中寻找机会、以少博多、灵活思考和行动、保持简单、服务边缘客户、遵从内心。

1. 原则一：在逆境中寻找机会

弱小者不仅需要在逆境中发展出强大的适应能力，而且需要及时转变思维模式，用发展的眼光看问题，从反方向解构当前的极端条件，从而让制约条件反过来为自己服务，一旦实现这种反转，发现创新机会，就要快速响应。

2001年，印度西部发生了一起重大地震，以“穷人的冰箱坏掉了”为标题并配有一张被打碎的瓦罐的报纸引起了正在灾区做救援工作的黏土工匠 Prajapati 的注意，那里的村民通常用瓦罐取水并保持水的清凉。他发现许多家庭缺少食物和水，即使有食物，也因为没有冰箱或者电而无法贮藏，由此激发了他的灵感：“为什么不用黏土来为村民制造一个看起来跟普通冰箱一样，却更便宜而且不用电的冰箱呢？”结合自己的技能，Prajapati 设计了一种用便宜的黏土制成的“不插电冰箱”，并命名为“Mitticool”，就是与陶土一起冷却的意思。这种冰箱的原理是：水从箱子的一边往下流动，内部热量随着水分的蒸发逐渐降低，使箱子冷却。最上面的箱子用来贮藏水，水箱前面的水龙头也可以用来提供饮用水。这种冰箱成本低廉，不需要其他维护，给许多农村家庭减少了一笔长久的开支。

Prajapati 曾说：“我的目标是制造穷人也能买得起，不会损害任何人的健康产品。”因此，Mitticool 冰箱的售价介于40到60美元之间。现在有来自世界各地的订单，甚至还获得了印度总统奖，也得到了多个国际安全认证。Mitticool 黏土冰箱的出现正是朴素式创新的完美展现，是一个在逆境中出现的想法，并将匮乏的资源转换为机遇。

2. 原则二：以少博多

弱小者的创新往往面临资金、资源、人才以及基础设施等各方面的短缺与匮乏，迫使他们更加高效地重复利用现有技术或寻求现有技术与资源（如基础设施）的重新组合，从而降低成本，提供更有价值的解决方案。

世界范围内每年有2000多万名婴儿早产或以低体重出生，其中有400多万名因为没有妥善照顾而早夭，而这其中大部分都在发展中国家。在印度、非洲等贫穷地区，由于市立医院较少，许多幼小的生命在去往医院的长途中无法得到应有的照顾，又或者因为父母无法支付传统保温箱的使用费用而去世。

为了保住这些早产儿，还在斯坦福上学的华裔女孩 Jane Chen 决定，用传统保暖箱百分之一的价格，制造最低成本的婴儿保温箱。她和团队带着原始模型前往印度，然而他们带来的设计模型，根本就是几个雄心勃勃的学生纸上谈兵的作品。短暂的考察让 Jane Chen 意识到现实的艰难，状况百出，改变谈何容易。他们将市场上几乎所有的婴儿保暖产品买回来研究，只为找到最适合早产儿的安全材料，终于他们成功研发了一款便携式的育婴保温袋，比起传统保温箱，它的使用更简单、安全，并且只需要间歇性的充电，一次充电可使婴儿的体温维持在37℃长达4～6小时。它的价格大约是25美元，仅仅是传统保温箱的1%。除此之外，这种育婴保温袋还能循环利用，也符合当下环保的理念。

面对资源的限制，Jane Chen 团队制造了最低成本的产品，以少量的成本满足了人们的需求，这便是“以少博多”。

3. 原则三：灵活思考和行动

借助灵活的思考和行动来应对经济上遇到的看似不能克服的难题，不断尝试并即兴想出一些方案去解决面前的障碍，以便快速地从这一条路转向另一条路，这种敏捷的反应是应对发展中国家市场中那些极端不可预测情况的必要条件。

印度的糖尿病患者有70%居住在农村，这给患者就诊增加了很大的困难。于是，莫汉（Mohan）博士想：“假如我能设计出一种让病人不用去找医生，而医生又能远程了解病人情况的设施会怎样呢？”在此启发下他成功建立了远程移动医疗门诊，技术人员乘一辆面包车探访患者，车上有远程医疗技术设施，莫汉博士和其他医生可以通过视频实时与患者沟通，同时在车上进行检测，可在几秒内将检测扫描结果传输到城市即时诊断。同时，招募小城镇的一些年轻人，进行集中培训，使他们拥有操作面包车设备的能力，由此解决了医生和护士不愿意到农村工作的问题。

朴素式创新者不断地借助灵活的思考和行动来应对他们遇到的看似不能克服的难题。他们不断尝试并且即兴想出一些方案去解决面前的障碍，当有突发事件时，他们就马上调整自己的策略。

4. 原则四：保持简单

以“够用”为原则，向用户提供简单易用且能满足用户基本需求的产品，通过满足最广大用户的基本需求来响应更多的消费者，而不要提供过度设计的复杂产品，即便是西方国家的大企业也在努力将简单性注入产品、服务和组织结构中以适应时代的变化。

诺基亚曾雇用人种学者，让他们长期与消费者生活在一起，以便了解他们的潜在需求。其间，人种学者研究了印度贫民窟的移民工人、加纳的棚户区和巴西的贫民窟。他们发现，常规的手机对贫困人群来说很贵、很复杂，且这些设备并不能很好地适应灰尘、无电的环境。由此，诺基亚开发了一款简单的设备拥有呼叫、短信功能，能够阻挡灰尘且充电速度快的1100手机。同时他们发现，很多用户会使用手机的亮屏当作光源，因此他们为1100手机设计了一个手电筒，使得诺基亚1100手机非常畅销。

新兴市场资源十分紧缺、昂贵，缺少足够的熟练工人来安装和维护复杂产品。在印度，26%的成年人是文盲，看不懂基本的使用手册，更不用说复杂的使用手册了。因此，简单化的产品体现出制作成本低、安装和维护方便、满足更多的用户三大优势，“保持简单”成为企业在竞争中立于不败之地的另一宝贵财富。

5. 原则五：服务边缘客户

近年来，边缘消费者的数量在以下几个方面快速增长。

(1)年龄：未来15～20年美国超过65岁的人口数量翻倍，85岁人口增长两倍；欧盟国家的人口结构变化更加剧烈，据估计到2030年，欧盟劳动力将减少14%，消费人群将减少7%。

(2)种族：穆斯林占全欧洲人口的5%，预计2050年将达到20%。

(3)收入：西方经济衰退使更多人加入贫困人口行列。比如，占美国消费市场70%的中产阶级正在不断减少。

由此可见，被忽视的群体“长尾”(缝隙市场)正在快速变成“胖尾”(主要消费群体)。

年龄超过65岁的人往往被认为已经“没有生产能力”了。然而波音公司和礼来制药公司意识到虽然65岁的员工头发已经发白，但是他们仍然有着巨大的价值。由此，YourEncore.com网站面世，它是一个可以连接退休科学家和机械工程师的创新性社区，充分利用他们的专业知识来解决具有挑战性的技术问题，也为那些退休科学家提供了一个从事自己喜欢工作的平台。

学会将边缘化群体包容到主流社会之中，为他们提供有价值的产品。这类自下而上的创新不仅有利于促进社会的良好发展，还能创造更大的商业成功。

6. 原则六：遵从内心

经营决策要回归本土消费市场和消费行为的“常识”，以加快创新的速度，而不是简单照搬西方企业的经营策略。这种基于直觉的决策，其前提是尽可能通过调查获取并快速处理大量信息。

基肖尔·比亚尼(Kshare Bian)拥有印度最大的食品和家用商品零售连锁超市“大集市”。和西方企业的CEO不同,比亚尼从不花费大量的金钱让那些管理咨询师告诉他下一步战略该怎么走。当大集市在印度开第一家店的时候,有人建议他采用传统的西式零售方式,拥有整洁的通道并播放舒缓的音乐。但这一套方式并不受印度消费者的欢迎,他们认为过度的井然有序会显得不够自然。印度人已经习惯了在嘈杂、混乱的街边市场购物。比亚尼意识到,大集市的店铺应该和它的名字一样,必须看起来像一个集市,甚至闻起来像一个集市。“最初,我们听取了管理咨询顾问的建议,采用了沃尔玛的模式。但很快发现,这在印度根本行不通,我们必须按自己的方式来做,跟随我们的直觉。”比亚尼很快重新布置了他的店铺,让它和印度街边的市场一样看起来乱糟糟的,有凌乱的走道,有穿着随意的店员,几大筐蔬菜中还特意加了一些残次品。这样一来,当顾客购买洋葱时,他们会为自己挑选到一个好洋葱而欣喜。他没有让所有的连锁店提供标准化产品,而是确保每家店里的产品组合都符合当地的需求。比亚尼把这种以顾客为中心的方法称为“用常识做零售”,目前看来非常有效,大集市已经成为印度最大的超级市场。

在新兴市场这样高度复杂、充满不确定性、难以预测的环境中,朴素式创新更依赖于直觉而非分析。创新者利用本能和先天的同理心来发现消费者的需求,超越传统的智慧进行创新。他们激情不断,激励自己努力为社区做贡献。

虽然朴素式创新的思想起源于发展中国家,但发达国家的企业也开始不同程度地展开了这类尝试。其中的原因是多方面的,包括在过去三十多年的信息通信技术导入期中,发达国家的贫富差距日益拉大,这使得西方的低收入人群也逐渐“扩容”,从过去的“长尾”(缝隙市场)变成了“胖尾”(主要消费群体),也为西方企业的朴素式创新提供了本土市场。由美国企业家萨尔曼·可汗(Salman Khan)创立的可汗学院(Khan Academy)在YouTube上免费提供数学和科学课程(全球首富比尔·盖茨鼓励他的子女在此接受教育)。房屋租赁社区爱彼迎(Airbnb)提供平台鼓励人们将空余房间出租给注重节约的旅行者以补贴收入。

在这里需要说明的是,朴素式创新并不是在所有情况和语境下都是有效的。所以,朴素式创新不能取代现代大型工业企业发展起来的成熟的结构化创新方法;相反,朴素式创新的定位应当是对结构化方法的补充。归根结底,在全球化的技术竞技场上,主流市场的主流技术轨道仍然是由西方企业以结构化方式定义的高沉没成本的发展道路。

本章总结

• 面对新型朴素消费者的消费观念,朴素式创新成为一种颠覆性的商业模式,为企业提供了一种新的视野,帮助企业把资源限制当作机会而非不利条件,通过将发展中国家的朴素智慧和发达经济体先进的研发能力相结合,企业就能创造出朴素的、可持续的、对人类有利的高质量产品和服务。

• 朴素式创新是一种在投入更少的能源、资金和时间等资源的情况下,产出更多的商业和社会价值的创新方法。

• 朴素式创新的基本特征:定位于“金字塔底端”;生产的是兼具质量、功能且价廉的产品;是对产品重新设计的过程。

• 朴素式创新的应用原则:在逆境中寻找机会,以少博多,灵活思考和行动,保持简单,服务边缘客户，遵从内心。

关键术语

朴素式创新　金字塔底端　以少博多　简化　长尾市场　边缘化客户　同理心

思维导图

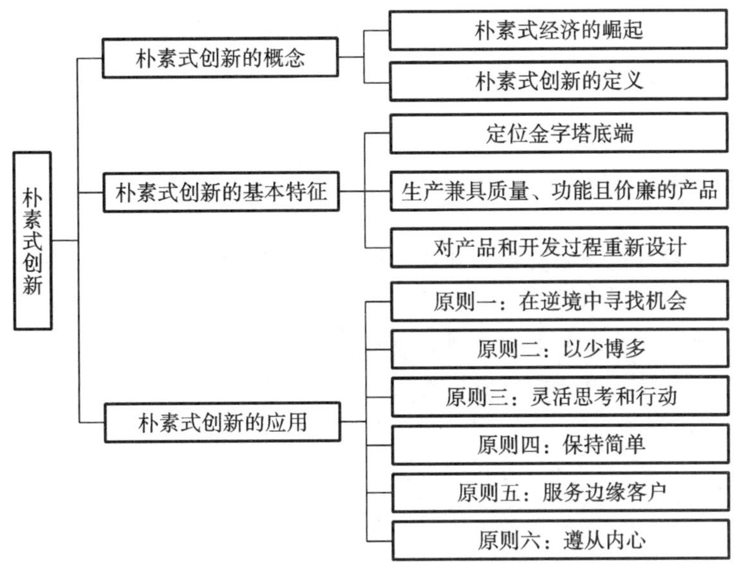

第11章

绿色创新

学习目标

☆ **知识层次**：了解绿色创新的困难所在；掌握如何建立和谋求绿色创新的合法性；理解绿色创新的应用情境。

☆ **能力层次**：培养学生从生态中发现创新机会的意识。

☆ **情感层次**：培养学生责任式创新的价值观。

案例导入

案例导入

乾承科技——最缺哪一抹绿？

摘要：大连乾承科技开发有限公司是致力于节能、环保产品的研发、生产、营销为一体的高科技企业，其研究开发的乾承陶瓷合金修复技术是针对机械磨损自动修复的专利技术。本案例回顾了该公司从发现生态创业机会、树立生态理念到创立公司、遭遇发展瓶颈、寻求突破的生态创业历程。案例内容适用于讨论和分析创业与生态创业的特征、影响因素，以及基于制度学的创业合法性角度思考生态创业所遇到的问题及未来的发展方向。

关键词：生态创业，绿色创新，创业的合法性

（案例全文请参见附录F）

案例思考题：

(1)曲董为什么会选择生态创业？

(2)乾承公司的技术已经获得专利，可为什么还要给自己的产品买保险，进行绿色认证？

(3)乾承公司在获得政府资本方面很不顺利，这一事实背后的原因是什么？为什么非要获得政府资本？

(4)如果你是曲董，面对专利技术“卖”与“不卖”的两难境地会如何抉择？

(5)乾承公司要想有美好的前程，当下最缺的是哪一抹“绿”？

一、绿色创新的定义

绿色创新

伴随经济活动对环境的负面影响越来越大，全球越来越重视环境与生态议题及其危害所带来的挑战。以中国为例，改革开放30年的高速经济发展产生了越来越多的环境污染、发展不平衡等社会问题，国家创新驱动发展与制度转型正在面临经济发展与生态环境保护的双重挑战。

与绿色创新相关的概念(green innovation)包括可持续创新(sustainable innovation)、生态创新(ecological innovation)与环境创新(environmental innovation)。

可持续创新强调现代人的发展需要不应当以牺牲后代人的利益为代价，应通过创新的手段实现社会可持续发展与人类需求的满足。与之相近，生态创新是那些与产品、生产工艺、服务、管理手段、商业模式相关的生产、吸收、开发行为，这些行为在其整个生命周期中能够显著降低对环境的危害和污染，减少资源使用的负面性。与生态创新相近，Oltra和Jean最早提出环境创新的概念，认为环境创新包含新的与改进的工艺流程、创新实践活动、创新系统以及产品，它们最终有利于环境的可持续发展并对环境产生价值。由此引入绿色创新，Driessen和Hillebrand认为，绿色创新的本质不在于面向可持续发展的创新活动降低环境压力，而在于创新活动本身对于环境创造的积极意义与价值，比如由技术创新所产生的能源节省、污染保护、废弃物循环利用、绿色产品设计或公司环境管理改进等。

对于绿色创新的定义，学术界还没有统一的说法。近年来，绿色创新在学术界与企业实践方面颇受关注，它可以追溯到20世纪90年代，Fussler和James在其《绿色创新驱动：创新和可持续发展的学科突破》一书中提到该词，之后Kemp等将绿色创新定义为“包括因避免或减少环境损害而产生的新的或改良的工艺、技术、系统和产品”，这是目前学术界较为流行的一个定义。国内学者刘薇将绿色创新概括为“绿色技术创新、绿色制度创新与绿色文化创新”。绿色创新也涉及相关的制度与管理创新，绿色文化是实现绿色技术创新的引导和支持，其核心内容是倡导以人为本的发展观、不侵害后代生存发展权的道德观、人与自然和谐相处的价值观。

企业绿色创新是指企业开展的一系列有助于减少环境负面影响的创新活动的总称，它包括企业为避免和减少环境损害而开发新产品、应用新工艺以及实施新的或改进了的污染控制技术和管理制度等。可持续创新、生态创新、环境创新、绿色创新四个概念的出发点和具体表述有所不同，但其核心理念并没有本质的差别，在多数情况下它们可以相互替代。

二、绿色创新的基本内涵

环境是企业生产和发展的前提条件，一个企业必须认真对待生存环境。企业对环境的责任主要体现在：产品实现绿色设计，使产品及其制造过程对环境的负面影响降到最小；保护与治理环境并重，企业必须建设循环经济，把企业生产中所产生的“三废”资源化，同时要积极投入到环境污染的治理中。

可从狭义与广义两个视角理解绿色创新的基本内涵。狭义的绿色创新主体为企业，包括单一企业的行为和多企业的协同，创新的内容从以生产过程和产品或服务为主要创新对象的技术创新逐步扩展为包括针对组织架构、管理方式、商业模式以及营销手段的非技术创新。广义的绿色创新主体不局限于企业本身，还涉及整个经济体系的所有参与者，包括政府、各种非营利性组织甚至家庭和个人，创新的内容扩大到思想文化和社会经济制度领域。绿色创新可以涉及多个领域、多个主体，绿色创新的内涵具有复杂性。

还可从微观与宏观两个层面来理解绿色创新的基本内涵。微观层面的绿色创新通常是指企业在一个相当长的时期内，持续不断地推出、实施旨在节能、降耗、减排、改善环境质量的绿色创新项目，并不断实现创新经济效益的过程，而宏观层面的绿色创新则指人类社会关注环境、经济、社会协调发展，并使之得以实现的创造性活动。有学者指出，绿色创新的本质在于创新活动给环境创造的积极意义与价值，比如由技术创新所产生的节能环保、废弃物循环利用、绿色产品设计或是环境管理改善等。

绿色创新是一次全方位的变革，它既包括低能耗的绿色产业，也包括“黑色产业”的“绿化”，既包括研发和利用新能源，也包括节能减排技术的开发和推广。绿色创新主要表现为以下几个方面：

(1)信息技术、新能源技术等绿色技术将在绿色创新中得到更为广泛的运用；

(2)第二次工业革命中产生的“黑色”或“褐色”技术，可以在绿色工业革命中得到“绿化”；

(3)在参与组织方面，将有各种类型的经济组织广泛参与到绿色创新中来，除了跨国公司、中小企业等传统经济组织之外，网络企业、虚拟公司等新兴组织也将参与其中；

(4)许多非营利性社会组织也将在绿色创新中发挥重要作用。

因此，绿色创新不是对原有创新理论和方法的单纯总结和延伸，而是对原有的基于机械观的线性的创新思维方式的改变，以生态观、复杂系统理论为其理论依据和出发点。绿色创新是企业创新过程观的重要转变，要求企业在实施产品与工艺创新，提升竞争优势的同时，关注创新活动对环境的影响，绿色创新的基本过程如图 11-1 所示。

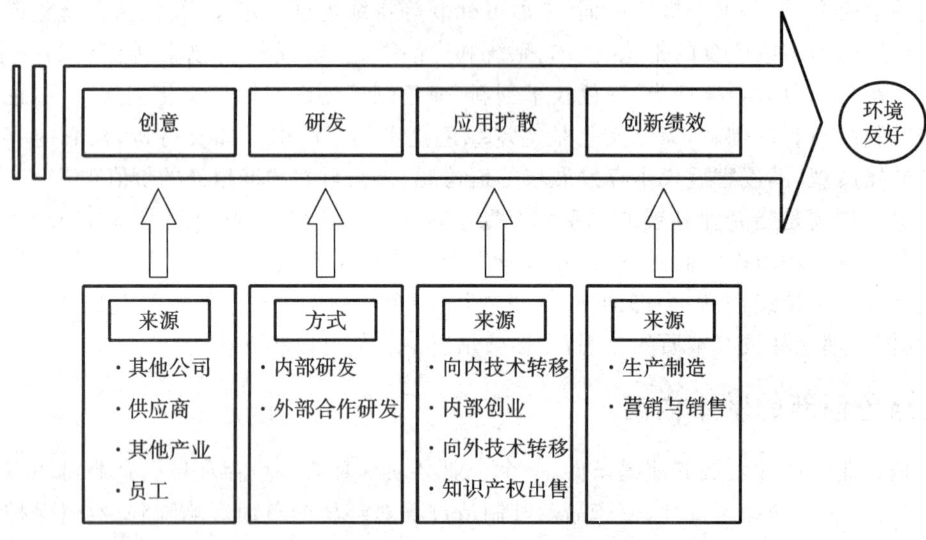

图 11-1 绿色创新的基本过程

三、绿色创新的应用

企业绿色创新是应对当前生态环境日益恶化的重要途径，实施绿色创新战略能使企业培育新的能力，以适应不断变化的外部环境，赢得未来的优势竞争地位。

1. 绿色战略创新

绿色战略是企业在绿色经营观指导下，对企业进行绿色开发、实施绿色生产、开展绿色营销和培育绿色企业文化的总体规划。制定绿色战略要树立绿色品牌，并争取获得绿色标志，积极引导绿色消费。实施绿色战略创新既可使企业获得综合的环境效益，又可减少来自社会和政府的压力。

作为全球领先的IT产品及解决方案厂商，戴尔公司积极地将“绿色”理念融入产品的整个生命周期中，力求从产品设计的诞生阶段到最终的产品回收阶段，均实现绿色管理，达到保护环境的目的。2009年，戴尔公司成为首先实现了竹制包装生产的企业之一；2011年，戴尔公司利用蘑菇为原材料生产新型的包装；2016年，戴尔公司制定了至2020年全部采用无废弃包装的目标，以进一步向更环保的企业转型；2017年，戴尔公司回收海洋垃圾再利用为笔记本产品的外包装材料。戴尔公司绿色战略创新的实施帮助其节省了包装材料，同时也帮顾客实现了绿色消费。

2. 绿色价值创新

绿色作为一种价值有两种形态，即物质形态的绿色价值和精神形态的绿色价值理念，经济发展的绿色化必然影响企业的经营和市场竞争，绿色价值创新是企业实现可持续发展的新动力。

越来越多的手机生产厂商开始重新审视失控的创新所造成的危害，因此环境友好、人道主义的产品问世。Fairphone是一家来自荷兰的创业公司，通过众筹在2013年成功推出首款产品，并在2015年推出了全球第一款模块化手机。该公司严格审核供应商渠道，坚决杜绝来自血汗工厂及含有害物质的组件，生产环保耐用的生态手机。以该公司的第二代产品为例，其模块化设计让用户可以自由更换和升级重要部件，确保手机不需要频繁更换，手机不再是一次性产品，当手机废弃时也可以选择参与该公司的回收项目。

企业为了减少环境影响而改变经济行为模式和价值实现模式会造成生产成本的提升，与生产同一产品的其他企业相比在价格竞争上处于劣势，但是如果基于绿色创新建立市场竞争规则，非绿色产品由于不符合绿色标准而丧失竞争机会，绿色化竞争优势就能够逐渐形成。

3. 绿色技术创新

绿色技术是指减少污染、降低消耗和改善生态的技术体系，绿色技术创新是环保和生态知识的应用。绿色技术创新使环境获得改善，有利于环保操作，例如艾默生的清洁能源生产技术，可以帮助电力生产降低碳排放。

从创新活动过程中的不同环节来考察，提高企业的绿色技术创新能力就必须提高企业对市场机会，特别是环境机会的辨别和把握能力，提高绿色技术的研究与开发能力和对外技术资源、技术成果的选择、消化和吸收能力。此外，还必须完善企业的系统创新能力。企业的绿色创新能力是一个动态的复杂系统，伴随着一系列相关技术、组织、管理方式和制度环境的变迁，所以还应努力做到“技术经济范式”绿色化，从而保证企业绿色技术创新成果的顺利转化。绿色技术创新要真正让市场来主导，有针对性地开展绿色技术创新和技术推广，既可确保技术创新的环境效能，又能获得更高的环境价值。

4. 绿色产品创新

近年来，绿色冰箱、环保彩电、绿色电脑等绿色产品不断涌现，消费者也越来越崇尚绿色产品。各大品牌都争当环保先锋，塑料瓶制作的包、海洋垃圾制作的鞋，还有食物残渣T恤等进入大众视野。那么，带有环保理念的品牌会增加消费者的购买率吗？2017年，阿迪达斯全球销售额大涨了16%，其中包括100多万双由海洋塑料垃圾制作的运动鞋。这些球鞋平均每双耗费11个塑料瓶，而鞋带、鞋垫、鞋跟、鞋舌等部分都是由回收的废弃塑料加工而成的。除了以海洋垃圾为原材料的鞋，阿迪达斯还推出了名为"无限运动"的计划，通过利用破旧的运动产品和其他产业的剩余材料来研发一切可能的运动产品原材料。

绿色品牌是一种消费者的体验，将"健康、和平"的绿色理念深入地融合在品牌经营和推广过程中，让消费者心中形成关于品牌的直接印象是"健康、和平"，从而给品牌拥有者带来绿色体验溢价、产生绿色体验增值等无形资产。它与环境保护和可持续发展商业实践相关联，但并不局限于生态环保范畴。树立绿色品牌是提升企业形象、增加商业利润、建立与消费者的关联并与竞争对手建立区别的一种重要方法。

5. 绿色供应链

2017年9月，德国汽车零部件巨头舍弗勒唯一的滚针供应商因环保问题被上海政府勒令停产，导致滚针供货缺口超过1500吨，造成300多万吨汽车减产，产值损失超过3000亿人民币。由此可见，在环境问题日益严峻，社会对高污染企业零容忍的大背景下，企业为保证产品顺利推向市场，对绿色供应链的管理迫在眉睫。

绿色供应链包括绿色采购、绿色制造、绿色销售和绿色物流。首先，绿色采购一方面从供应商管理上着手，选择能够提供环境友好型原材料的供应商，或采取措施帮助供应商改善绿色绩效；另一方面从原材料的利用效率上着手，在采购行为中考虑环境因素，实现资源的循环利用，尽量降低原材料的耗费和减少废弃物的产生。苹果公司将产品管理延伸至上游供应链，推动数百家供应商节能减排。在原材料利用上，苹果公司还以行业领先的标准引进新的化学材料，以更环保的工艺实现固体废弃物的零填埋。其次是绿色制造，主要体现在产品制造过程中如何降低能源消耗，减少污水、废气排放，例如招商局重工（深圳）有限公司为实现绿色制造，2015年推出"天然气分布式能源系统项目"，通过建设节能系统、使用高效清洁能源，实现厂区能源的梯级高效利用。再次是绿色销售，企业在销售过程中充分满足消费者需求的同时，注重环境保护和资源节约。例如苏宁针对不同产品的客户接受度情况制定了不同的包装方案，合理减少包装纸箱的消耗。最后是绿色物流，在整个物流活动过程中，尽量减少有害物质产生或不可回收物品的消耗，例如菜鸟网络全面推行电子面单替代传统的纸质面单。

绿色供应链是目前的发展趋势，由于消费者对绿色产品的偏好以及政府的硬性环保要求，企业只能加大环保方面的投入，而随着政府对环保补贴力度的加大，又会促进企业进行绿色供应链创新，实现环境保护。

6. 绿色创新的过程管理

从创新的过程来看，绿色创新是企业创新过程观的重要转变。以汽车生产价值链为例，旧有的封闭观点下，汽车生产面向"零部件供应商—企业生产制造—分销—用户使用"的价值链，传统汽车企业关注汽车制造过程中是否存在有毒有害物质、大气污染、环境法律问题等，如图11-2所示。而在绿色创新的理念下，环境创新嵌入于创新价值链的全过程，延伸了生产者等其他行为主体的环境责任。从汽车零部件供应商与材料制造商、汽车制造商、分销商、用户消费终端都实施了环境要素的全程监控与管理，如图11-3所示。

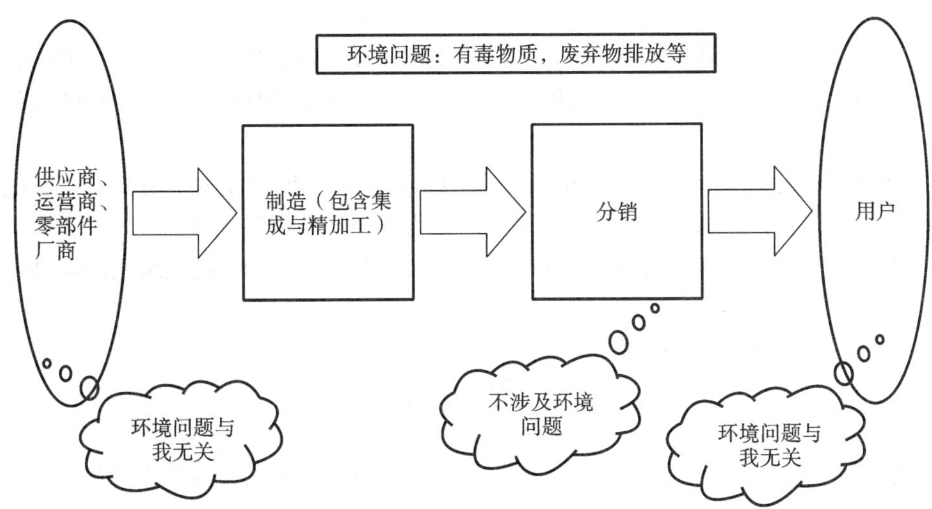

图 11-2　旧有封闭观点下汽车生产企业的管理观念

（资料来源：Daniel Esty，Andrew Winston. green to Gold：How smart companies use environmental strategy to innovate，create value，and build competitive advantage[M]. New Haven：Yale University Press，2009：168.）

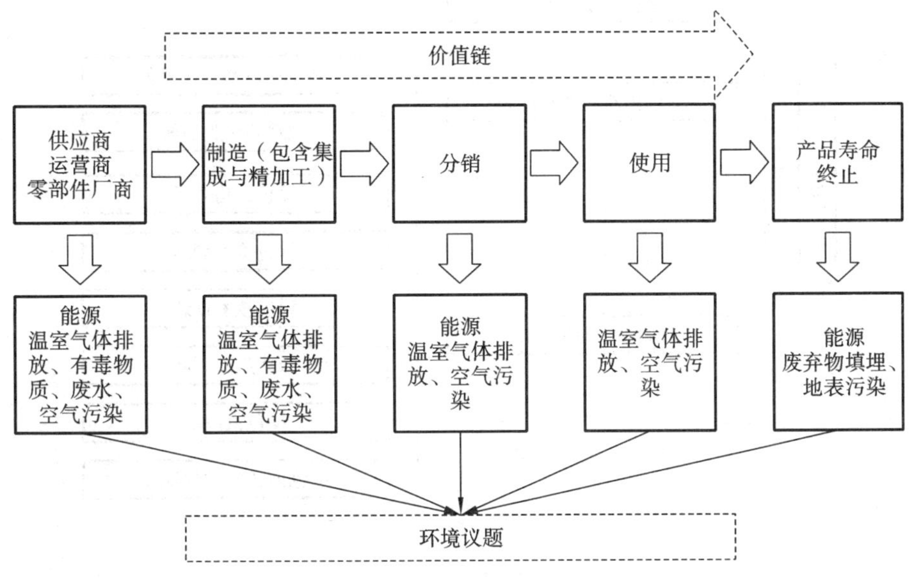

图 11-3　绿色创新理念下汽车生产企业的创新管理

（资料来源：Daniel Esty，Andrew Winston. Green to gold：How smart companies use environmental strategy to innovate，create value，and build competitive advantage[M]. New Haven：Yale University Press，2009：169.（有修改））

本章总结

• 企业绿色创新是指企业开展的一系列有助于减少环境负面影响的创新活动的总称，它包括企业为避免和减少环境损害而开发新产品、应用新工艺以及实施新的或改进了的污染控制技术和管理制度等。

• 狭义的绿色创新主体为企业，包括单一企业的行为和多企业的协同。广义的绿色创新主体不局限于企业本身，还涉及整个经济体系的所有参与者，创新的内容扩大到思想文化和社会经济制度领域。

• 绿色创新不是对原有创新理论和方法的单纯总结和延伸，而是对原有的基于机械观的线性的创新思维方式的改变，以生态观、复杂系统理论为其理论依据和出发点。

• 企业绿色创新主要从绿色战略创新、绿色价值创新、绿色技术创新、绿色产品创新与绿色供应链几个方面进行应用。

关键术语

绿色战略创新　绿色价值创新　绿色技术创新　绿色产品创新　绿色供应链

思维导图

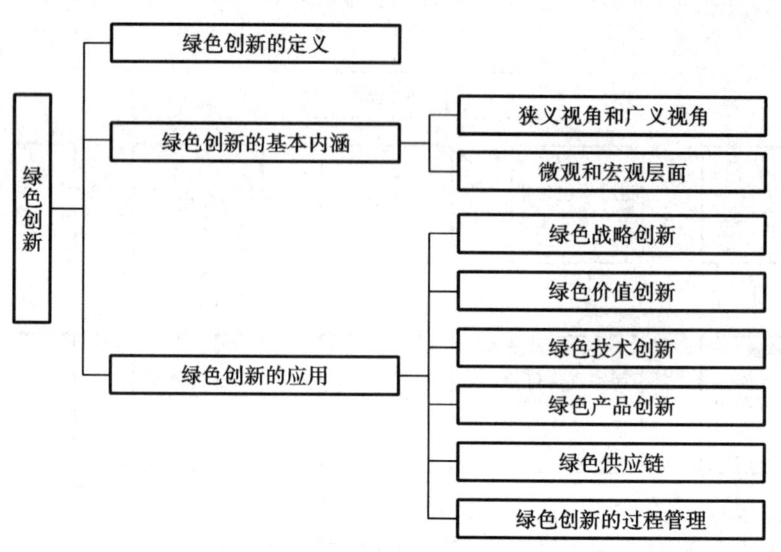

第12章 整合式创新

学习目标 ……

☆ **知识层次**：理解整合式创新的定义与内涵；了解整合式创新的实际应用。

☆ **能力层次**：培养学生整合性思维的能力。

☆ **情感层次**：培养学生整合式创新的全局视野与素养。

案例导入

吉利跨国并购的整合式创新之路

摘要：本案例通过描述吉利集团从 2002 年实施国际化战略开始，依次并购英国锰铜、澳洲 DSI、沃尔沃、宝腾、路特斯、美国 Terrafugia 的过程，重点介绍了吉利并购沃尔沃从准备期、谈判期到整合协同期的全过程，探讨了吉利在并购后实现整合式创新、跨文化管理、协同创新等突破的过程，旨在剖析吉利成功并购的关键要素，帮助国内其他企业打开成功并购整合的“黑箱”。

关键词：并购，整合式创新，跨文化管理，协同创新

（案例全文请参见附录 G）

案例思考题：

(1)简述吉利发展战略的阶段性，收购沃尔沃汽车的背景与战略意义？在并购之前，吉利与沃尔沃汽车各有什么优劣势？

(2)并购沃尔沃汽车前，吉利进行了哪些方面的准备，有什么基础？李书福在并购沃尔沃汽车的初期采取了哪些措施使其复活？又是如何引导“两兄弟”的互动？其间有哪些矛盾与冲突？

(3)进入快速整合的初期，双方做好了哪些准备？快速整合阶段双方协同创新的过程如何？整合的关键环节与措施是什么？

(4)吉利成功并购和整合沃尔沃汽车，对后续我国汽车制造业有哪些借鉴意义？吉利的数次并购是怎样促进其全球业务整合及产业升级的？其成功的关键是什么？

一、整合式创新的定义

整合式创新是指战略视野驱动下的全面创新、开放式创新与协同创新。基于整合式创新的创新管理范式，称为整合式创新管理。整合式创新是顺应人类文明发展、全球和平与可持续发展时代背景，满足企业技术创新战略管理需求和支撑科技强国战略实施的新兴理论范式，也是促进我国企业构建全球创新领导力的实战思维。

总体来讲，整合式创新包含四个核心要素："战略"、"全面"、"开放"和"协同"。四个要素相互支撑，缺一不可，有机统一于整合式创新的整体范式中。

"战略"，是指具有战略视野观(strategy view)。企业战略绝非仅仅是一套理念、宗旨、使命、目标、指标和进度的综合体，战略视野观要求企业根据全球经济社会和科技的大趋势，秉持"战略引领看未来"的理念，将技术创新内嵌于企业发展的总体目标和企业管理的全过程，借助跨文化的战略思维，确定企业的发展方向。

"全面"，是指全面创新(total innovation，TI)。其内涵是以价值增加为目标，以培育和增强核心能力、提高核心竞争力为中心，以战略为导向，以各创新要素（如技术、组织、市场、战略、管理、文化、制度等）的协同创新为手段，通过有效的创新管理机制、方法和工具，力求做到人人创新、事事创新、时时创新、处处创新。企业全面创新的五边形模型如图 12-1 所示。

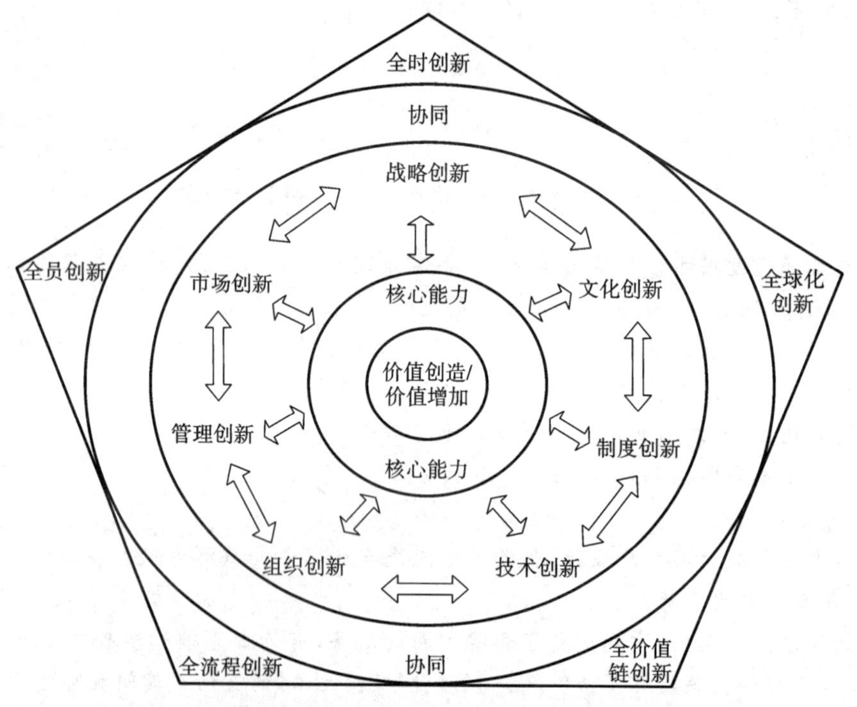

图 12-1　企业全面创新的五边形模型

"开放"，是指开放式创新(open innovation，OI)。开放式创新概念由哈佛大学学者亨利·切萨布鲁夫(Henry Chesbrough)在其专著《开放式创新——进行技术创新并从中赢利的新规则》中首次提出，是指有目的地利用知识的流入和流出加速内部创新，并且通过内部和外部渠道市场化来实现创新的价值。在开放式创新中，企业以其内外部资源的交互为聚焦点，突破封闭式创新，力求实现“从外部获取资源(内向开放)”和“从内部输出资源(外向开放)”两者的有机融合。随着经济全球化的不断深入，企业不再是一个孤立的系统，企业之间的界限以及企业与环境之间的界限变得模糊。在开放式创新理念下，研究成果能够跨越企业的边界进行扩散，如图 12-2 所示，企业的边界(虚线)被打破了，在获得许可的前提下，企业内部的技术扩散到其他企业发挥作用，外部的技术同样被企业接受、采用，这些技术尽管不是企业自己研究开发的，但是已经应用于企业。

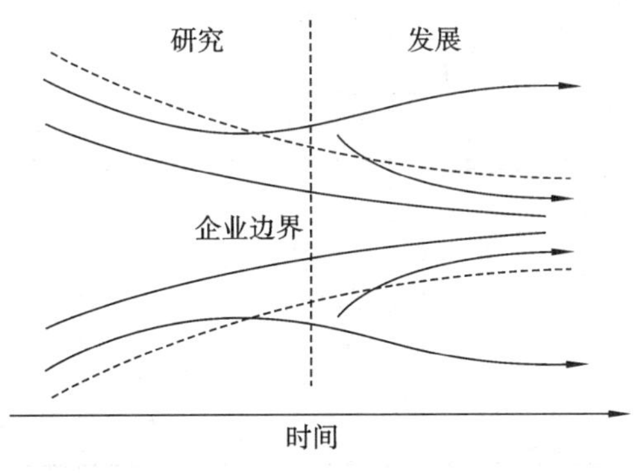

图 12-2　开放式创新

“协同”，是指协同创新(collaborative innovation，CI)。作为科技创新的新范式，其内涵是：企业、政府、知识生产机构(大学、研究机构)、中介机构和用户等为了实现重大科技创新而开展的大跨度整合的创新组织模式。协同创新建立在参与各方需求相匹配、能力优势互补的基础上，通过国家意志的引导和机制安排，促进企业、大学、研究机构发挥各自的能力优势，整合互补性资源，实现优势互补，加快技术推广应用和产业化，协作开展产业技术创新和科技成果产业化活动。

二、整合式创新的基本内涵

作为战略视野驱动下的全新创新范式，整合式创新的基本内涵包括以下三个方面：

第一，整合式创新是战略视野驱动下的全面创新、开放式创新和协同创新的综合体，它强调以创新战略为导向，开放式创新和全面协调的高效有机统一，纵向整合、动态发展。在整合式创新范式下，企业的创新之路包括战略引领、组织设计、资源配置和文化营造四个方面，具体可细化为“战略引领看未来”、“组织设计重知识”、“资源配置优质化”和“文化营造为基础”。只有将战略、组织、资源与文化进行有机整合，着眼长远，实现动态创新，企业才能构建稳定、柔性和可持续的核心竞争力。

第二，整合式创新在战略引领的哲学全局视野下，将自然科学的聚合思维与社会科学的发散思维进行有机整合，既体现了东方文化的价值，也结合了中国特色的创新实践经验，顺应了中国企业创新的战略需求。

第三，整合式创新是一种总体创新、大创新的创新思维范式。它提供了基于整体观、系统观及重大创新工程为基础的创新范式，突破了传统的研发管理、制造管理、营销管理和战略管理相互独立的思维范式，通过战略引领和战略设计，将企业管理的多个方面进行有机整合，为企业和国家实现重大领域、重大技术的突破和创新提供支撑。整合式创新框架如图 12-3 所示。

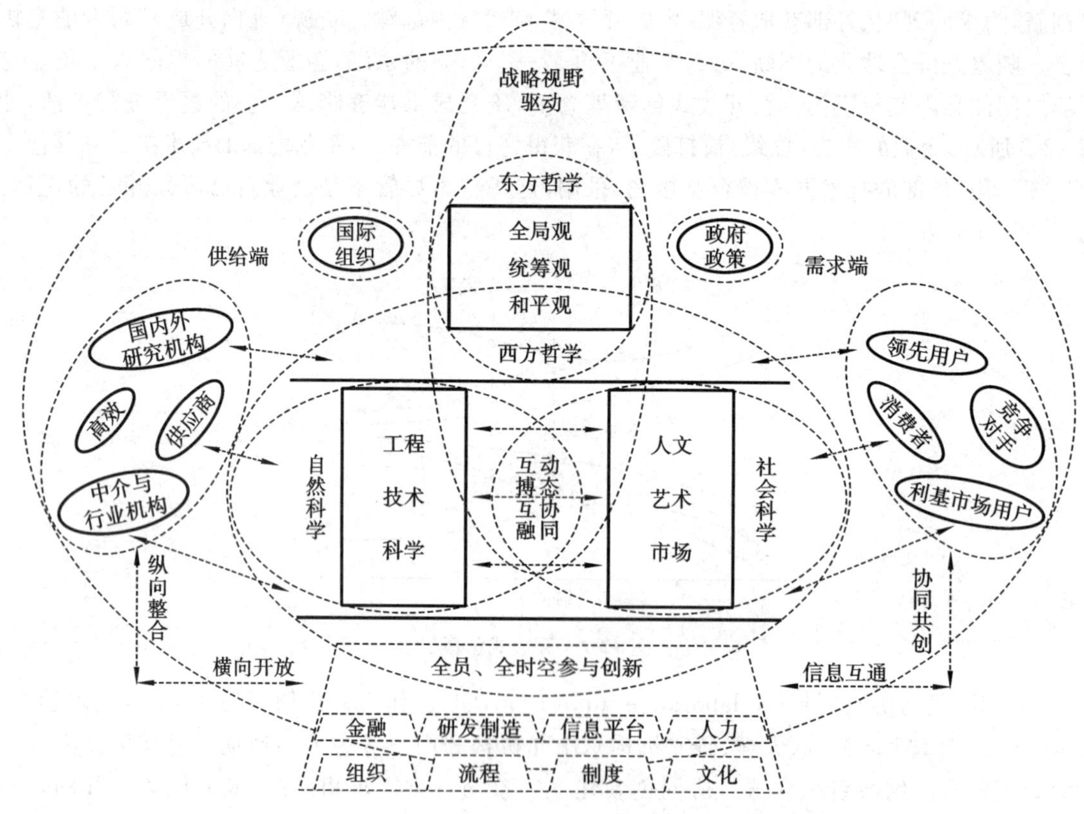

图 12-3　整合式创新框架

三、整合式创新的应用

1. 中广核:创新发展的探索之路

中国核电产业从无到有,从核电技术输入国发展壮大成为核电技术输出国,最重要的是充分发挥了中国传统文化和中国哲学智慧中的整体观、系统观和统筹思想,将国家经济发展战略需求、民族产业培育与全球先进技术相结合,实现了中国核电产业的高起点和高水准建设。

中国广核集团(简称"中广核")的创新探索之路带有鲜明的新型举国体制特色——面向世界前沿、面向国家经济社会发展主战场和国家重大战略需求,将国家责任、产业发展趋势与企业使命愿景统一于社会主义市场经济条件下的企业创新发展全过程。中广核持续创新、铸就"国家名片"的创新之路,正是整合式创新理论和思想的最佳实践,也即"使命与战略引领、科技创新筑基、管理创新赋能"三位一体,实现动态提升,整体突破,并朝着世界一流不断迈进。中广核整合式创新模式如图 12-4 所示。

2. 中集集团:战略驱动下的整合式创新架构

中国国际海运集装箱(集团)股份有限公司(简称"中集集团")作为一家为全球市场服务的多元化跨国产业集团,通过不断的组织和技术变革应对不断变化的外部环境,于 2010 年发布了《中集集团升级纲要(2010 版)》,全面启动战略驱动下的创新升级,横向整合各层面的子模块以及外部信息和合作资源,纵向集成金融、人力资源、文化和信息平台等运营和技术创新的支持系统。战略驱动下的中集集团整合式创新架构如图 12-5 所示。在整合式创新战略理念的指导

图 12-4　中广核整合式创新模式

下，中集集团实现了对遍布全球的 300 多家成员企业和 100 多个国家的客户与销售网络的管理服务优化，全面提高了全球综合竞争力，巩固和强化了在物流装备和能源装备供应领域的世界领先地位。

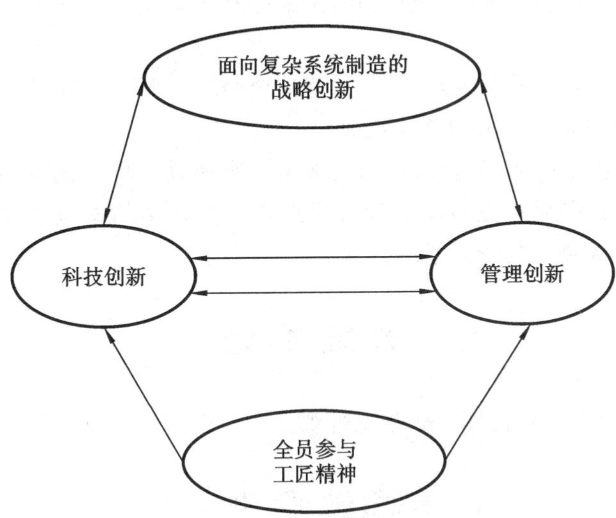

图 12-5　中集集团：战略驱动下的整合式创新架构

3. 阿里巴巴：基于“城市大脑”战略的整合式创新生态系统

阿里巴巴集团基于东方全局观的哲学智慧，依托达摩研究院，逐步形成了以阿里云大数据技术为基础架构、以商业生态圈（包括淘宝、天猫、聚划算、阿里出版和阿里全球购等的电子商务集团）和科技生态圈（包括支付宝、微贷和在线保险等的蚂蚁金服集团，以及以菜鸟物流为核心的智能物流骨干网）为主体的“合纵连横”创新生态系统，逐步在中国各地构筑了基于数字经济的“城市大脑”，如图 12-6 所示。以推动创新生态协同和管理协调为基础，阿里巴巴搭建了整合式创新生态系统，为个体创业者、中小企业和社会创造了商业价值共赢机会，极大地推动了生产效率和经济效益的提升，同时促进了中国和世界的反贫困事业，在商业价值和社会价值创造方面做出了积极贡献。

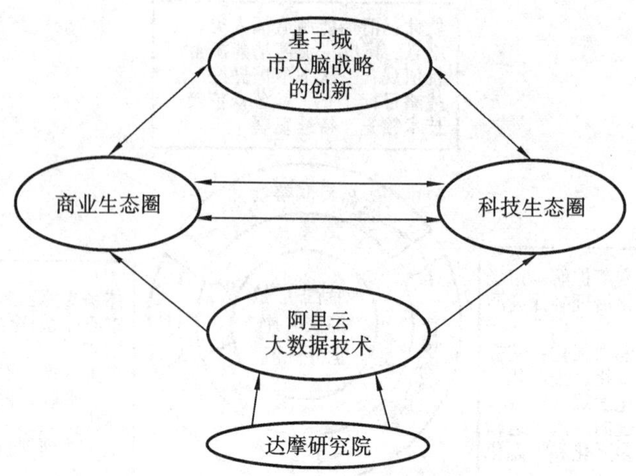

图 12-6 阿里巴巴：基于"城市大脑"战略的整合式创新生态系统

本章总结

• 整合式创新作为一种新兴的创新范式，是战略视野驱动下的全面创新、开放式创新与协同创新的综合体。

• 整合式创新包含四个核心要素——"战略""全面""开放"和"协同"。四个要素相互支撑，缺一不可，有机统一于整合式创新的整体范式中。

• 整合式创新的基本内涵：整合式创新是战略视野驱动下的全面创新、开放式创新和协同创新的综合体；整合式创新是自然科学的聚合思维与社会科学的发散思维的有机整合；整合式创新是一种总体创新、大创新的创新思维范式。

关键术语

整合式创新　整合式创新管理　战略视野观　全面创新　开放式创新　协同创新

思维导图

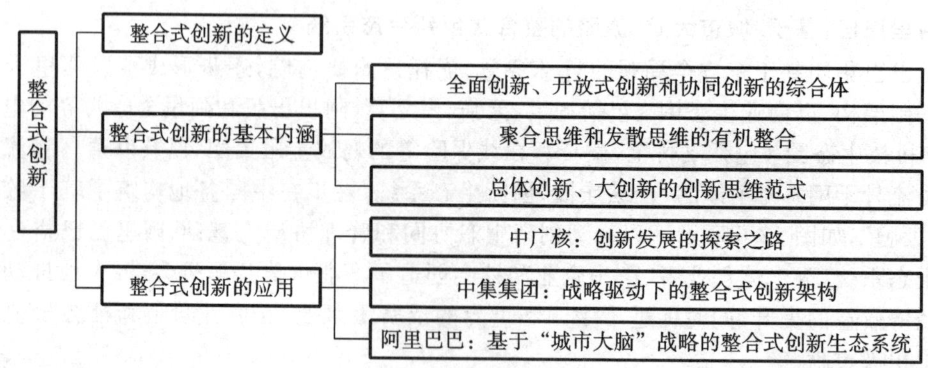

第四篇

管理创新

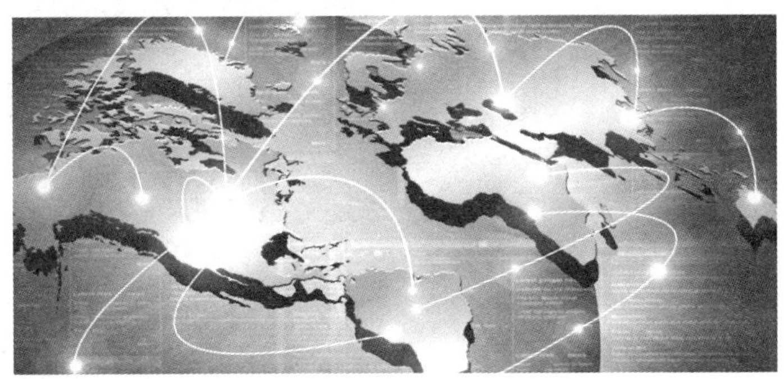

QIYE CHUANGXIN GUANLI

第13章 创新战略

学习目标……

☆ **知识层次**：了解创新战略的定义；掌握创新战略的方法与工具；学会创新战略的组合。

☆ **能力层次**：构建创新战略与企业战略相匹配的观念。

一、创新战略的定义

创新战略(innovation strategy)是企业依据多变的环境，积极主动地在经营战略、工艺、技术、产品、组织等方面不断进行创新，从而在激烈竞争中保持独特优势的战略。所谓战略就是明确自身所处的地位，知道发展的目标，并清楚达到这一目标的方法，创新则是一种战略选择，战略创新是创新的前提和关键。企业在实施技术创新战略时，为了保证技术的发展方向与公司的主要生产力以及增值方式相匹配，能够促进公司战略各个维度的发展，必须考虑什么是可能做到的和什么是值得做的。

创新战略与企业战略的关系是：创新战略是企业战略的关键组成部分，应该与企业战略总体保持一致；创新战略应该服务于企业总体战略，同时创新战略对企业总体战略有能动作用。两者关系如图 13-1 所示。

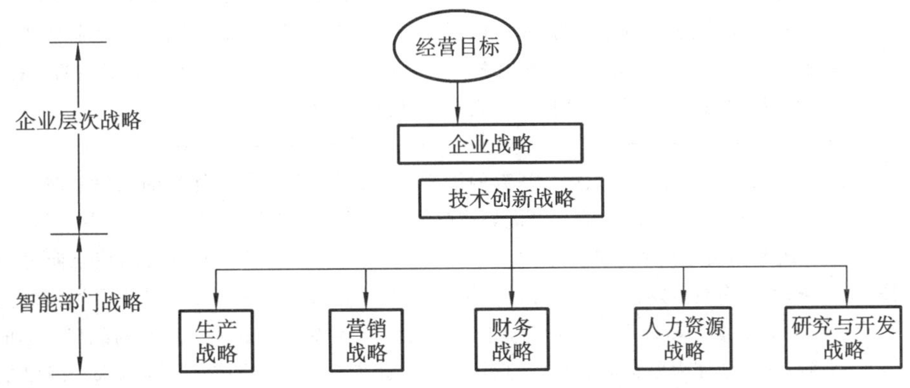

图 13-1　创新战略与企业战略的关系

例如，英特尔公司完全有能力发展牙膏生产的业务，宝洁公司也完全可以生产发光二极管。但是，这些发展方向与公司的战略是不相匹配的。对于英特尔而言，为自己生产的芯片设计新的功能才是既有可行性又符合公司战略定位的方向。若不考虑公司战略和创新技术上的选择，公司的研发投入、提升自动化水平上的努力、在新产品和过程创新中的活动可能无法对改善财务绩效有所贡献，相反却成为一种资源浪费。

在市场竞争激烈的环境下，贯彻好立足于创新的战略，能使企业最大限度地从所采用的创新中获取价值。企业需要制定与长期目标相匹配的创新战略，使其能自觉地实现创新以提高经营业绩，随着技术不断更新换代，推出技术含量更高的产品。同时，企业需要选择与企业战略相匹配的技术战略，以此保证企业的技术能力和技术资源在实现企业战略制定的长期目标过程中发挥最大的效用，从而使企业建立持续的竞争优势，提高企业的财务绩效。

二、创新战略的方法与工具

整合战略管理与创新管理的相关方法与模型，表 13-1 对常见的创新战略的方法与工具进行了简单梳理。

表 13-1　常见的创新战略的方法与工具

方法与工具	介绍与解释
4P 模型	主要关注创新相关的产品（product）、工艺（process）、地理位置（position）以及模式（paradigm）
波特五力模型	主要进行行业竞争者、供应商、购买者、潜在进入者、替代者分析
SWOT 分析	主要进行优势、劣势、机会与威胁分析
PEST 分析	主要进行环境分析，即涉及的政治、经济、社会及技术环境要素分析，明确战略定位的环境条件
创新扩散分析	创新扩散依据“创新—信息发布—渠道—信息接收—效果”五个环节的基本过程，扩散速度与扩散效果遵从“S”形曲线规律
标杆分析	又称战略竞标，即将企业经营的各项活动与最佳活动者进行比较，找到不足，并以此寻找提升策略、优化竞争能力的过程；通常分为战略层次的标杆分析（本企业战略与对照企业战略比较）、运营管理层次的标杆分析（营销、人力资源、信息系统等职能的标杆对照）及操作层次的标杆分析（面向产品、成本与收益的比较对照）
能力地图	能力地图是企业知识资源基础的图谱，表示引导企业竞争优势的知识领域以及所具备的战略优势，并反映企业竞争优势获取的能力缺陷与瓶颈； 通常能力地图的分析包含几个步骤：①追溯历史，明确企业过去的核心能力与运作领域；②确定企业发展的战略方向与领域；③梳理战略目标引导下企业发展所需的能力与知识；④根据步骤①和②明晰企业自身的优势与劣势，以及优势和劣势对战略目标的潜在影响；⑤评估能力要素对于绩效的影响，确定能力要素的重要性；⑥确定未来战略发展的核心能力要素及其提升途径；⑦确定提升核心能力要素的实践方案

续表

方法与工具	介绍与解释
风险评估矩阵	对不同创新项目的潜在收益与实施风险进行评估，主要步骤：①首先制作表格，划分象限，两个坐标轴分别代表项目的潜在收益（高或低）与实施风险（高或低）；②将公司的创新项目依据潜在收益与实施风险放入评估矩阵中；③根据结果对比潜在收益与实施风险，选择创新项目
核心竞争力分析	分析识别企业核心资源基础上的核心竞争力，包含四个评价标准：有价值、稀缺性、不可替代性、难以模仿性； 一般认为，企业拥有的与竞争对手相似或者比较容易被竞争对手模仿的资源为必要资源，相对应的能力为基本能力；相反，企业拥有的比竞争对手好的或者不容易被竞争对手模仿的能力为核心能力
创新地图	以企业创新需要的技术能力（利用现有的技术能力或需要新的技术能力）与商业模式（利用现有的商业模式或需要新的商业模式）为标准，形成颠覆性创新（新商业模式与现有技术能力）、结构创新（新商业模式与新技术能力）、常规创新（现有商业模式与现有技术能力）、激进创新（现有商业模式与新技术能力）四种战略
技术路径图	用简洁的图形、表格、文字等形式描述技术变化的步骤或技术相关环节之间的逻辑关系；它能够帮助使用者明确该领域的发展方向和实现目标所需的关键技术，厘清产品和技术之间的关系；最终的结果和指定的过程具有高度概括性、综合性和前瞻性等基本特征
技术预测	预测某一技术在一定时间内的进展并估计其实现的可能性，是根据以往的趋势和某种限定条件预测某一技术未来特性的定量评价方法；常见的预测方法：数学外推、计量经济模型、模拟预测、专家意见、前景预测法

三、创新战略的组合

随着经济发展和竞争的日益激烈化，企业已开始注意到组合创新的重要性。我国学者郭斌等曾在对产品创新和工艺创新关联模式研究的基础上，提出组合创新是企业为长期稳定的发展而进行的与企业环境、资源和组织变化相适应的产品与工艺的协同创新。以下介绍两种创新战略的组合：

（一）产品创新与工艺创新的组合

关于产品-工艺组合创新模式的研究，学界将产品创新与工艺创新的组合创新模式归纳为四种：A-U 创新过程模型；工艺导向持续创新模式；基于创新过程的源头、基础的创新模型；二次创新动态模型。

1. A-U 创新过程模型

美国哈佛大学的阿伯纳西（Abernathy）和麻省理工学院的厄特拜克（Utterback）通过对以产品为主的持续创新过程进行研究，发现企业的创新类型和创新程度取决于企业和产业的成长阶段。他们把产品创新和工艺创新及产业组织的演化划分为三个阶段：不稳定阶段、过渡阶段和稳定阶段，并与产品生命周期（PLC）联系起来，提出以产品创新为中心的产业创新分布形式的A-U创新过程模型。

第一，不稳定阶段。在不稳定阶段，在重大创新的引导下，企业抓住潜在需求进行一系列的产品创新，重点探索产品的完善功能。在此阶段，产品设计变动频繁，进入市场的产品类型、功能差异性较大，制造工艺和产业组织不稳定，工艺创新较少，企业对市场尚处于试探阶段。在这一阶段，创新研究支出较高，但经济效益往往不显著。

第二，过渡阶段。在过渡阶段，经过大量技术和市场实践后，产品技术趋于成熟，建立起主导设计和产品标准，市场逐渐明朗，产品创新频率大大下降；企业为追求规模效益，工艺创新成为创新重点，创新频率迅速上升。

第三，稳定阶段。在稳定阶段，产品和工艺技术都已成熟，市场需求稳定，产品和工艺创新频率都较低，创新的重点是降低成本、提高质量以及为细分市场提供某些产品功能的渐进性创新。

A-U创新过程模型的研究揭示了在产品生命周期发展过程中产品创新与工艺创新的相互关系。这一规律性的研究，为企业在产品生命周期的不同发展阶段内从事技术创新的内容和重点指明了方向，也为企业揭示了在产品生命周期不同发展阶段的竞争策略和重点，并且指出了企业组织技术创新工作应采取的有效组织形式和管理方式。

2. 工艺创新导向的持续创新模式

建立在产品生命周期理论基础上的A-U创新过程模型描述的是产品创新导向的持续创新过程。然而，A-U创新过程模型并不适合于描述钢铁、建材和化工原料等一些重要产业的创新规律。这类产业的产品生命周期长，表现出了不同于A-U创新过程模型的工艺创新导向的持续创新模式。仿照A-U创新过程模型，分三个阶段描述工艺创新导向的持续创新模式。

第一，不稳定阶段。工艺创新的初衷是克服某些重大技术障碍，创新工作的重点是技术原理的工程实现，试验性工作较多，工艺技术本身处于发展和变动状态，工艺的主导设计尚未出现，技术的潜在市场尚未完全明朗，但工艺创新使许多产品创新成为可能。

第二，过渡阶段。主导工艺设计产生，以工艺创新为基础的产品创新大量出现，工艺创新的重点转向以适应产品创新和实际生产中的原材料为中心。在这一阶段，产品逐渐标准化，企业开始增加专用设备，使用专供材料，规范生产过程的组织管理。

第三，稳定阶段。工艺技术日趋成熟，生产设备逐渐专门化和自动化，企业组织和生产工艺呈现出越来越大的刚性，企业技术转换成本增大，对重大技术变化的适应能力下降。在这一阶段，虽然仍可能存在渐进性的产品创新，但大部分是渐进性的工艺创新。这种渐进性的工艺创新具有极大的累积效应，有时能使成本降低50%以上。

在工艺创新导向的持续创新模式中，工艺创新是产品创新的先导和必要条件，工艺创新导致产品创新。根本性工艺创新引发产品创新，渐进性工艺创新导致产品质量的提高和生产成本的降低，根本性工艺创新还常常伴随着生产所用原材料的变化和生产规模的变化。钢铁业的持续创新过程是工艺创新导向持续创新过程的典型。如19世纪50年代，一种大规模、高效率和低成本的炼钢方法——贝西莫炼钢法出现，炼钢成本只有原来的十分之一，炼钢时间也大大缩短，是一项根本性的工艺创新，这项工艺创新提供的新型廉价工程材料使许多产品创新成为可能。

3. 基于创新过程的源头、基础的创新模型

技术创新的模式可以从多种角度去理解。我国学者王伟强从创新过程的源头、基础和动态过程来分析，认为技术创新过程有两种基本模式：基于研究与发展的技术创新模式；基于技术引进的技术创新模式。

基于研究与发展的技术创新模式主要用于重大的、系统的技术创新。基于技术引进的技术创新模式，一般来说，把重点放在渐进性创新。可见技术创新模式的选择同一个国家的竞争地位和一个企业的竞争实力有非常密切的关系。与国外（或其他企业）技术差距越大，技术创新模式的自主性越低，产品创新和工艺创新受制于国外技术主导设计程度越大，工艺创新就越倾向于、先导于产品创新。反之，与国外技术差距越小，技术创新模式越接近"自主创新"模式，则创新分布就倾向于产品创新、先导于工艺创新，即符合 A-U 创新过程模式。

我国企业由于技术能力和条件的限制，大部分采用以技术引进为基础的技术创新模式。其中不少企业随着技术创新能力的提高，逐步走上自主技术创新的道路，也相继过渡到两种创新模式并用的格局。

4. 二次创新动态模型

技术创新的不同模式不仅可按创新的源头与基础来划分，还可进一步按不同模式创新进程中产品创新与工艺创新的相互关系做进一步的动态分析。学者吴晓波在其关于"二次创新"的论文中充分论述了这种技术创新模式的动态过程。他认为，在发展中国家采用基于技术引进的技术创新模式时，在整个创新过程中产品创新与工艺创新的先后关系与基于研究与发展的技术创新模式恰恰相反，表现为先集中于工艺创新，后集中于产品创新的特征。图 13-2 简要列出了二次创新动态模型的演化过程及特征。

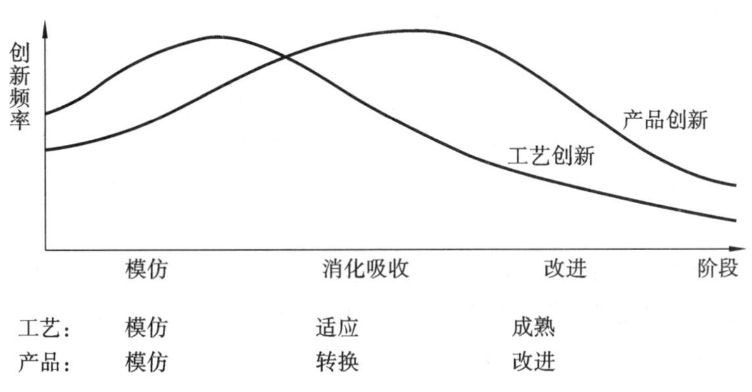

图 13-2　二次创新动态模型

二次创新动态模型是对"基于创新过程的源头、基础的创新模型"的进一步深化，而 A-U 创新过程模型和工艺创新导向的持续创新模式是"基于创新过程的源头、基础的创新模型"的两种形式，前者属于研究与发展的技术创新模式，后者属于技术引进的技术创新模式。这四种创新模式体现出企业技术创新模式的选择和企业技术能力之间的密切关系，即企业要实现有效的创新战略组合，必须以企业的技术创新能力为前提。

（二）渐进性创新与根本性创新的组合

对技术创新分类影响较大的观点是由英国苏塞克斯（Sussex）大学科学政策研究所于 20 世纪 80 年代提出的技术创新 SPRU 分类。该分类将技术创新按其重要性分为根本性创新

(radical innovation)和渐进性创新(incremental innovation)。根本性创新的特点是在技术观念上有根本性突破,通常是研究开发部门大规模研究的结果,而渐进性创新则是一种渐进的、连续的小创新。

根本性创新能对社会经济活动产生重大的影响,导致以往的技术创新管理往往把注意力集中在根本性创新上,而对渐进性创新的重要性及其在经济上的积极作用相对认识不足。Enos曾指出,技术的经济贡献主要体现在对各种生产要素的节约和通过现有技术的改进降低生产成本两个方面。在此基础上,J. Z. Yin 提出现值指数模型,以测量渐进性创新与根本性创新的经济效果。他用此模型对美国石油精炼工业 1900 年至 1960 年间五个重要工艺创新的经济效果进行定量考察,结果表明,渐进性创新的经济收益要大于根本性创新。

渐进性的产品开发从经济效果而言具有极其重要的意义,主要是因为:

(1)技术角度:由于产品开发基于已有产品技术,其在技术方面较为成熟;而且由于以往产品开发积累的技术经验、技术知识和技术能力,大大节省了产品技术开发的资源投入。

(2)生产制造角度:渐进性的产品开发往往采用相同或相似的生产设备和生产工艺,且往往存在相对较多的通用零件,对生产成本的降低亦有一定作用。

(3)市场因素:产品在功能上往往是相似的,存在一定的可替代性。

以上阐述表明,渐进性的产品开发在经济效果上具有显著的重要性。但企业在制定产品开发战略时,不能忽视全新产品开发对企业发展的不可替代性,必须对新产品开发有综合性考虑,以达到渐进性创新与根本性创新的组合,使企业的新产品开发活动能有效地促进企业发展战略的实现。

本章总结

• 创新战略(innovation strategy)是企业依据多变的环境,积极主动地在经营战略、工艺、技术、产品、组织等方面不断进行创新,从而在激烈竞争中保持独特优势的战略。

• 创新战略与企业战略的关系是:创新战略是企业战略的关键组成部分,应该与企业战略总体保持一致。

• 创新战略常用的方法和工具有:4P 模型、波特五力模型、SWOT 分析、PEST 分析、创新扩散分析、标杆分析、能力地图、风险评估矩阵、核心竞争力分析、创新地图、技术路径图、技术预测等。

• 创新战略的组合实质上可认为是在企业发展战略引导下,受组织因素和技术因素制约的系统性协同创新行为,包括产品创新与工艺创新的组合、渐进性创新与根本性创新的组合。

关键术语

创新战略　创新战略与企业战略的匹配　创新战略的组合

思维导图

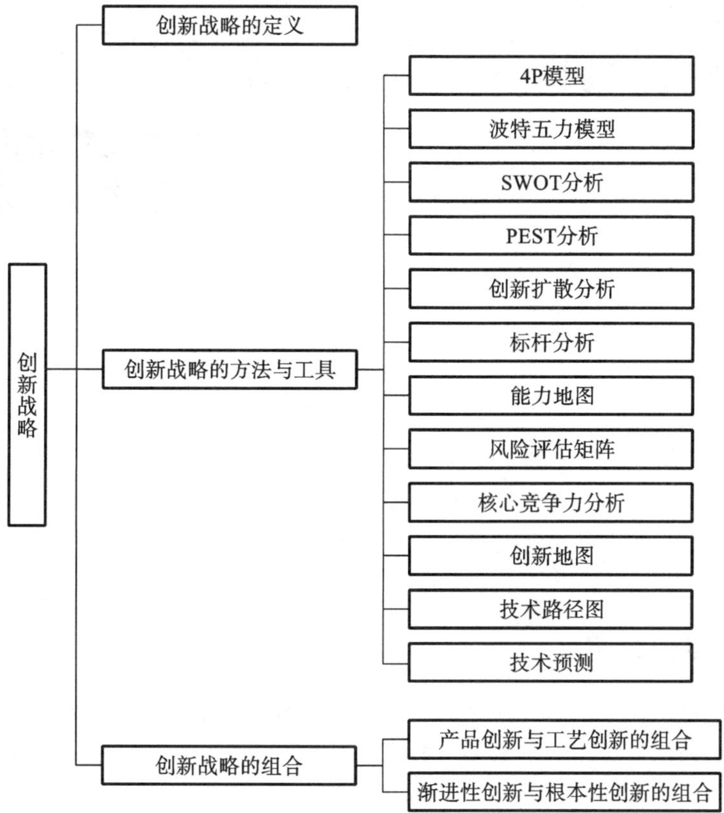
创新战略
创新战略的定义
创新战略的方法与工具
4P模型
波特五力模型
SWOT分析
PEST分析
创新扩散分析
标杆分析
能力地图
风险评估矩阵
核心竞争力分析
创新地图
技术路径图
技术预测
创新战略的组合
产品创新与工艺创新的组合
渐进性创新与根本性创新的组合

第14章 创新型组织

学习目标

☆ **知识层次**:了解创新型组织的定义,掌握创新型组织的常见形式。

☆ **能力层次**:培养学生的批判性思维能力。

☆ **情感层次**:培养学生用发展的观点看问题的哲学观。

一、创新型组织的定义

创新型组织(innovative organization)指的是能够源源不断地进行技术创新、组织创新、管理创新等一系列创新活动的组织。其显著特征为:企业在其所涉及的领域持续不断地寻求新的突破,从而降低成本、提高质量、增强灵活性,最终将价格、质量和性能各方面都较为突出的产品提供给市场。

20 世纪 90 年代最成功的企业大多通过同时降低成本、提高质量和增强灵活性而实现成功。但随着世界经济全球化和竞争的进一步加剧,近年来有些企业已不满足于对质量和灵活性等方面的精益求精。为了与竞争对手拉开距离,抢占市场,许多企业把创新放在了突出的位置,从而成为创新型组织。创新型组织具有鼓励创新的文化,有促进有效沟通和加速创新的组织结构和激励机制,创新成为组织的核心价值观和关注焦点。组织通过整合包括全体员工在内的国内外创新资源,在全球范围内实现技术及战略、文化、制度、市场、组织与流程等方面的全方位创新,从而赢得持续的竞争优势。

二、创新型组织的常见形式

创新的效率与创新型组织的形式显著相关。创新型组织的常见形式主要有:线性组织模式、并行开发组织模式、小组制组织模式和矩阵组织模式。

1. 线性组织模式

线性组织(也称"串行"或"职能型组织")是早期常见的技术创新组织形式,适用于基于科学原理的产品和工艺创新。一般来说,线性的产品创新活动过程通常可概括为三大阶段和十个环节,如图 14-1 所示。

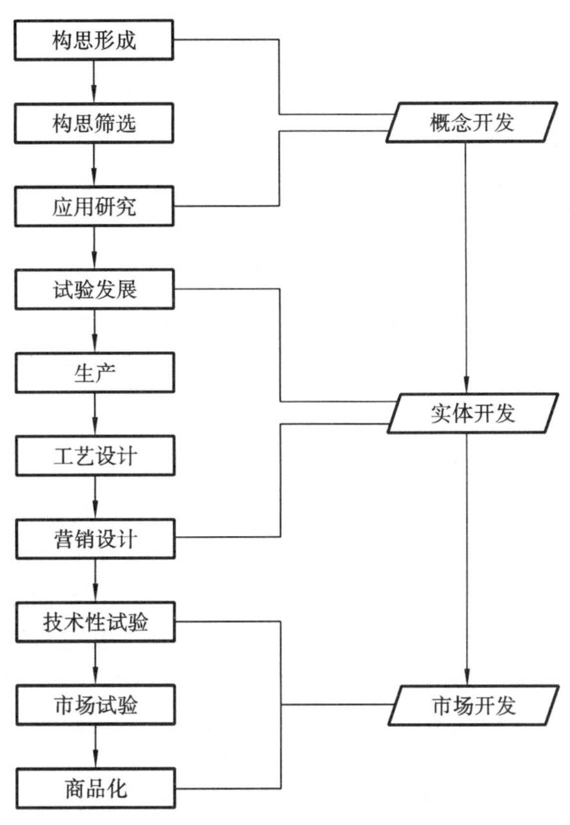

图 14-1　创新的线性组织模式

由于产品创新活动的高风险性，企业在产品创新活动过程中必须始终遵循步步为营、循序渐进的开发思想，对每个过程中的每个环节都必须加以深入的研究。在线性组织模式中，不同环节存在前后关联的逻辑联系，共同组成产品创新活动系统。任何一个环节的失败，都会导致整个创新活动的失败，即产品创新活动的成功，取决于创新过程中每个环节的成功。线性组织模式的主要优点是专业分工明确、过程简单明了。其弊端在于：第一，部门独立工作，造成各部门之间工作的大循环，严重影响产品的上市时间、质量和成本；第二，后一阶段工作对前一阶段依赖性强，对前一阶段工作成果要求严格；第三，需要较大数额的创新投入以及高薪资吸纳较高素质的创新人员；第四，循序渐进的阶段性开发，需要较长的开发周期，难以适应产品开发的新需求。

2. 并行开发组织模式

为改变线性组织模式的弊端，20 世纪 80 年代初，人们开始寻找新的方法。1986 年美国国防部防御分析研究所（The Institute for Defense Analyses，IDA）提出了并行工程（concurrent engineering，CE）的概念，“并行工程是集成地、并行地设计产品及其相关过程（包括制造过程和支持过程）的系统方法。”这种方法要求产品开发人员从设计一开始就考虑产品整个生命周期中从概念形成到产品报废处理的所有因素，包括质量、成本、进度计划和用户的要求。

并行开发组织模式简单来说就是打破创新过程中不同环节的前后逻辑关联，各环节可以并行作业，不同的专业人员（包括设计人员、工艺制造、销售维修、市场营销人员等）组成一个多专业开发组协同工作。在先进信息通信技术支撑下，开发组还可实现异地设计，如图 14-2 所示。

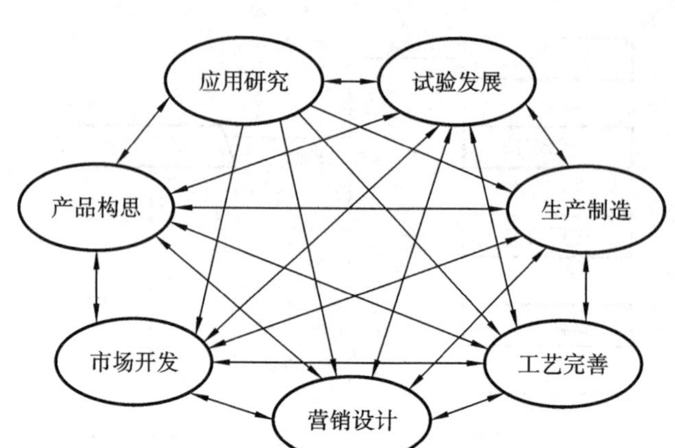

图 14-2　创新的并行开发组织模式

并行开发组织模式的信息流动是双向或多向的，使创新过程犹如一个纵横交错的网络。这样可以保证在产品设计阶段尽可能消除不必要的重复，大大缩短开发周期，提高创新效率。

并行开发组织模式的另一个优势体现在通过信息多向流动，不同专业间可以密切合作，有利于产生新的思想和概念。运用这一模式，日本的一些企业尤其是汽车生产企业，确实明显缩短了产品开发周期，大大提高了产品开发效率，从而使日本汽车业形成与欧美同行竞争的又一优势。但同时，并行开发组织模式对不同环节开发设计人员的沟通合作的要求也会大大提高，需要一种高度协作精神，更需要一个强有力的管理与协调组织。这个组织的管理者必须具有迅速决策和协调的能力，在重大产品创新活动中，甚至有必要对企业的整个结构及员工的工作方式进行重点改变。因此，并行开发组织模式有一定的管理难度。

3. 小组制组织模式

这种模式的主要特征是涉及创新的主要人员，如研究与发展人员、生产人员、营销人员等在一个小组内工作，目的是进一步加强工作沟通和责任感，提高产品创新速度。小组制组织模式需要有一个素质好的项目经理从设想的产生推动其进入市场，其具体运作如图 14-3 所示。

小组制组织模式的优点是可以加快创新速度，应对迅速变化的市场。但需要项目经理有足够权限，小组成员的团队精神较强。长期在小组制组织模式中工作的创新人员，虽然可以拥有快速开发产品的能力，但会影响其在专业上对新知识的获取，从长远看可能会导致创新的后劲不足。

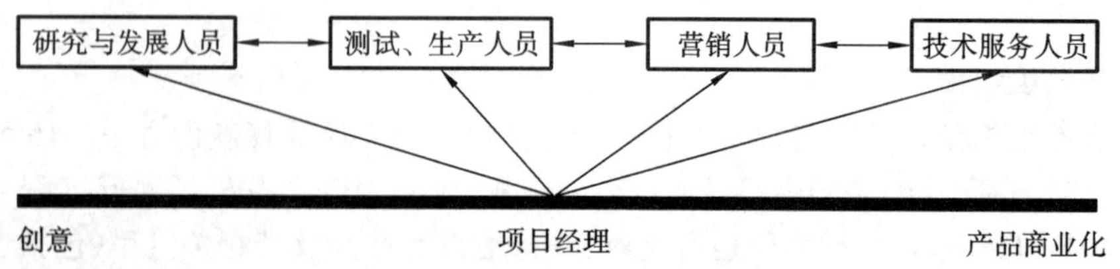

图 14-3　创新的小组制组织模式

4. 矩阵组织模式

矩阵组织模式的出现，一方面解决了项目进度的问题，另一方面则可以充分利用专业组织（职能组织）的业务带动一个管理完善的矩阵组织，可以是一个兼顾知识更新与项目进展速度的完美组织，因此在创新型组织中被广泛采用。创新的矩阵组织模式如图 14-4 所示。

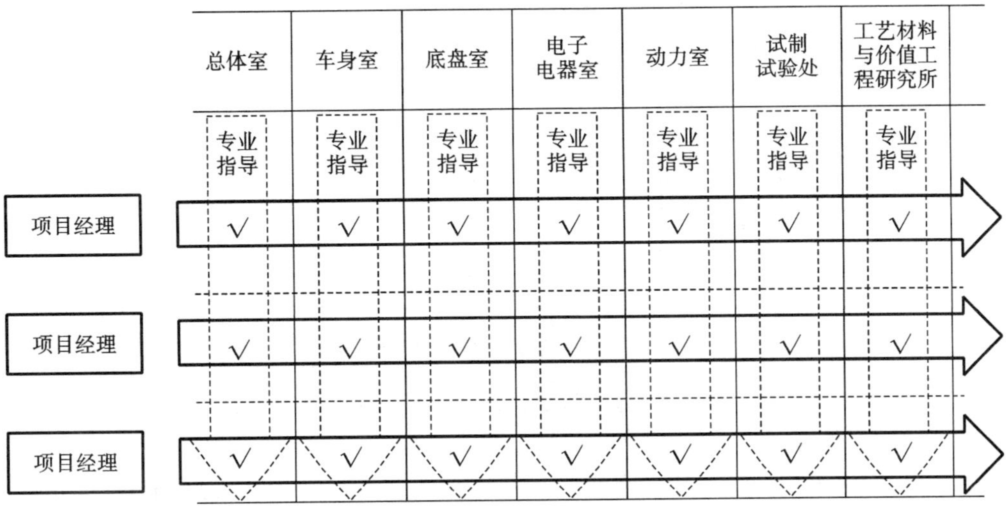

	总体室	车身室	底盘室	电子电器室	动力室	试制试验处	工艺材料与价值工程研究所
	专业指导	专业指导	专业指导	专业指导	专业指导	专业指导	专业指导
项目经理	√	√	√	√	√	√	√
项目经理	√	√	√	√	√	√	√
项目经理	√	√	√	√	√	√	√

图 14-4　创新的矩阵组织模式

一个优秀的创新企业，其组织结构应该根据企业的自身特点进行及时的动态调整。当市场压力大、创新的速度是获得竞争优势的关键时，可考虑将矩阵组织模式转向以小组制组织模式为主，实行强矩阵管理。此时，产品经理或项目经理的权限要大于职能经理的权限，如图 14-5 所示。在企业面临的竞争压力不大，处于较为平稳的发展时期，可考虑将矩阵组织模式适当转为弱矩阵管理进行运作，此时，职能经理的权限大于项目经理的权限，如图 14-6 所示。因此，企业创新常见的四种组织形式，究竟采取哪种最合适，应该根据企业自身情况进行决策，并应根据企业需要进行及时变革，以形成柔性的创新型组织。

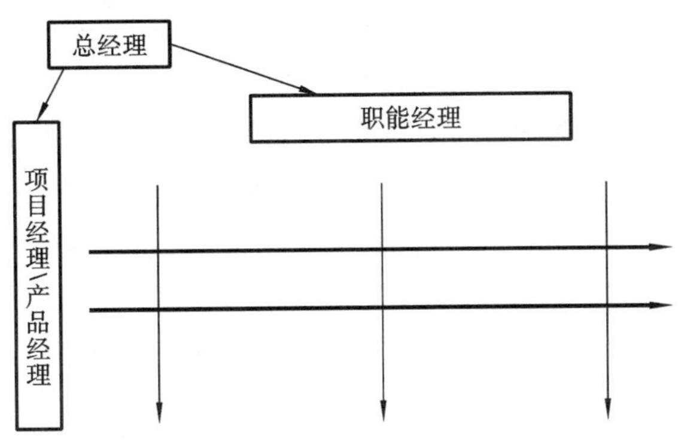

图 14-5　创新的强矩阵管理

三、创新型组织的构建

一个企业能否构建为创新型组织，关键在于企业文化中是否有促进创新的要素和相应的组织规范。创新型组织的发展受制于许多关于企业文化的要素，要建立创新型组织，必须重视企业文化方面的要素，如图 14-7 所示。

第一，企业家创新精神。企业家创新精神对于创新型组织的建立具有决定性作用。

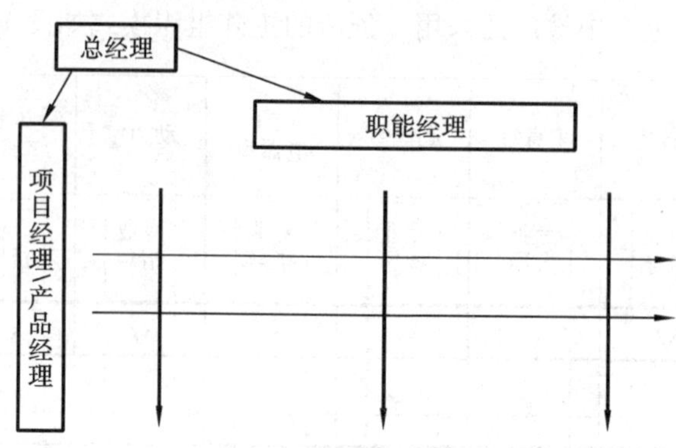

图 14-6 创新的弱矩阵管理

第二，共同的创新愿景。愿景为组织的创新指明方向，给员工带来创新的动力，为企业带来凝聚力。共同的愿景有利于全员参与创新，加强团队的协作。

第三，合适的组织结构。合适的组织结构使得创造、学习和互动成为可能，使全员参与创新、参与整个组织的持续改进活动。

第四，创新带头人。人才资源是组织创新的基本保证。

第五，创新的氛围。创新的氛围为组织持续创新提供不竭动力。

第六，创新导向考核体系。创新需要对失败的容忍及相关激励系统的支持。

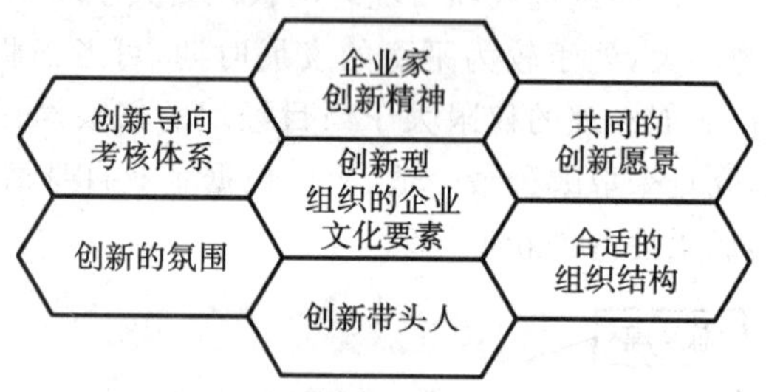

图 14-7 创新型组织的企业文化要素

如今，成为创新型组织是大多企业追求的目标。要想成为创新型组织，必须从组织环境、创新投入、创新产出等环节入手，形成创新的文化氛围，让创新成为企业全体成员的共同目标。

1. 企业内部要形成创新文化氛围，向学习型组织转变

企业要以“创新”作为核心价值观之一，形成共同愿景，加强向学习型组织的转变；将成功的、先进的理念和方法引入企业，提升企业文化建设的水平，培育有利于提升自主创新能力、推进创新型组织建设的企业内部管理体制。

2. 企业需要建立更加扁平化的组织结构形式

高层管理者必须改变传统的管理方式，有效地授权，使基层专业人员在项目决策和执行中有充分的自主权，有效发挥每一位技术员工的优势和潜能，通过搜集整理，将知识融进内部作业流程中以实现知识管理，从而将静态的组织架构与动态的组织过程有机结合，为持续创新提供不竭动力。

3. 企业要建立自主创新组织保障机制和技术创新体系

一是有条件的企业，要建立专门的科研机构，配备足够的人员和资金，专门从事科技创新活动，努力形成集研究、开发、设计、制造于一体的技术创新体系，创造一条适合企业既发展又赚钱的自主创新之路。二是掌握并运用好国家的各项政策，把握好国家的产业政策和科技创新政策，积极争取将企业科技创新活动纳入国家创新整体规划之中。三是根据市场需求，对产品进行原始创新。四是紧盯科技前沿，尽可能抢占制高点，要强化与高校和科研院所的合作，优势互补，构成产学研相结合的技术创新体系。

4. 加强国际交流与合作

在创新领域，加强国际交流与合作是加快企业技术升级、提高经济效益的有效途径，也是获得持续发展的重要手段。一是企业要加大国际技术合作力度，提高产业技术创新能力和核心竞争力；二是企业要走出去，实现企业自身和当地经济的共同发展；三是吸引跨国公司加大产业链高端的投资与合作，提升产业发展层次；四是积极开展多层次的国际科技与经济合作，与大型跨国企业和国外科研院所联合，发挥企业优势，形成跨地区、跨产学研不同行业的自主创新体系的联盟组织。

5. 构建创新文化

创新型文化是组织在创新活动中所创造和形成的创新精神财富以及创新物质形态的综合，包括创新型的价值观、准则、制度、规范、物质文化环境等。创新文化是与创新活动相关的文化形态，是企业创新能力和习惯的表现。创新文化在实践中形成，又反作用于实践，对组织和组织中的个体起着导向作用。值得注意的是，创新文化建设不能限定在某一个时间段，创新文化应该长期作用于企业。创新文化建设不能是前期鼓励创新，后期扼杀创新；创新文化建设也不是在生产方面鼓励创新，在生活方面阻止创新。

本章总结

• 创新型组织的常见形式有：线性组织模式、并行开发组织模式、小组制组织模式和矩阵组织模式。

• 随着市场竞争愈演愈烈和市场需求变化等市场环境特征的日益明确，线性组织模式具有的循序渐进的阶段性弊端逐渐显露，过长的开发周期难以适应产品开发的新需求。为改变这种弊端，并行开发组织模式应运而生，它打破创新过程中不同环节的前后逻辑关联，各环节并行作业，不同的专业人员组成一个多专业开发组协同工作。此外，小组制组织模式可以加快创新速度，应对迅速变化的市场，虽然可以拥有快速开发产品的能力，但会影响创新人员在专业上对新知识的获取，长远看来可能会导致创新的后劲不足。而矩阵组织模式的出现，一方面解决了项目进度的问题，另一方面可以充分利用专业组的业务带动一个管理完善的矩阵组织，在创新型组织中被广泛采用。

• 在构建创新型组织方面，关键在于企业文化中是否有促进创新的要素和相应的组织规范，必须以企业文化改革先行为基础，结合实际，遵循有效方法实施创新型组织的构建。

关键术语

创新型组织　线性组织模式　并行开发组织模式　小组制组织模式　矩阵组织模式

思维导图

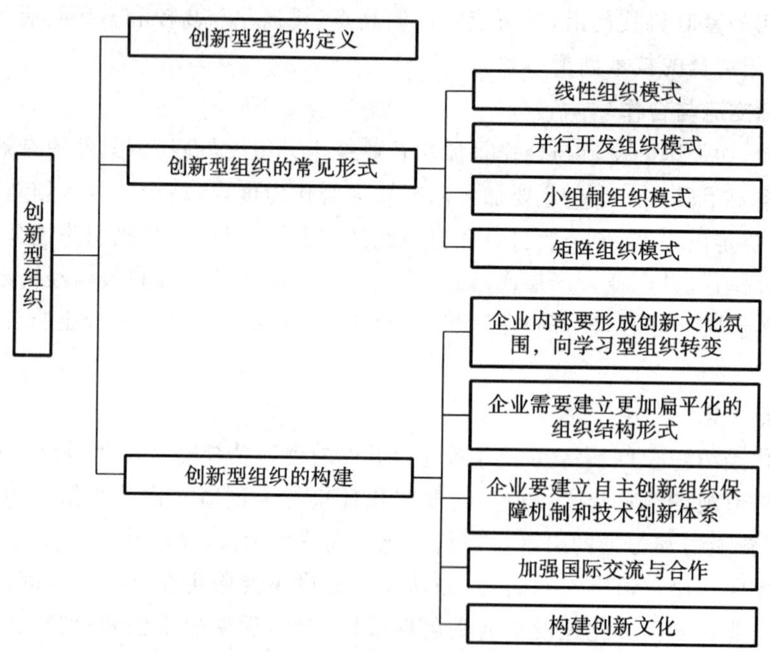
创新型组织
创新型组织的定义
创新型组织的常见形式
线性组织模式
并行开发组织模式
小组制组织模式
矩阵组织模式
创新型组织的构建
企业内部要形成创新文化氛围，向学习型组织转变
企业需要建立更加扁平化的组织结构形式
企业要建立自主创新组织保障机制和技术创新体系
加强国际交流与合作
构建创新文化

附录

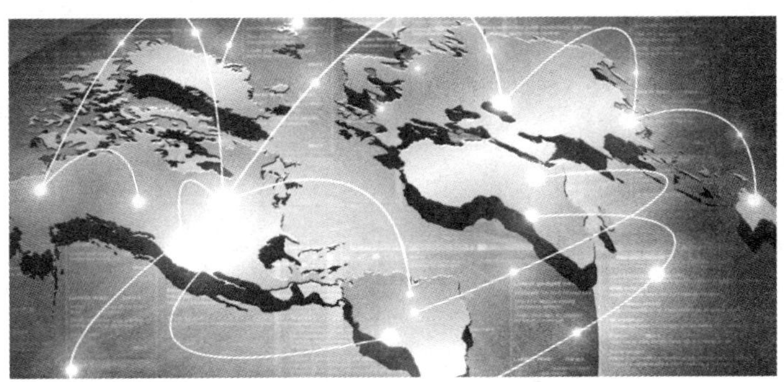

QIYE CHUANGXIN GUANLI

附录A　第6章配套案例

剑指新能源，能否救长安？[①]

摘要：本案例叙述了中国四大汽车集团之一的长安汽车，面对互联网公司进军造车行列的威胁，面对后进车厂的逆势反超，面对自身业绩的持续下滑，开启了以新能源汽车事业为焦点的第三次兴业之路。从目前发展情况来看，新能源战略好似并未扭转长安汽车在业绩上的颓势，2018年其营收进一步下跌，合资业务也纷纷“爆雷”。在这种情况下，长安汽车该何去何从？本案例所描述的“在面对市场或技术的变化时，曾叱咤风云的企业可能无法继续保持领头羊的地位”的问题，是很多企业可能面临的问题。曾经的“自主王者”、四大汽车集团之一的长安汽车无疑是成功的，但面对新市场和技术的变化，是否能利用新能源契机，转亏为盈？这一问题具有典型性，且值得深入探讨。

关键词：破坏性创新，组织兴业，新能源战略

2019年4月30日，中国长安汽车集团有限公司（以下简称“长安汽车”）发布第一季度财报。报告显示，自2017年成长趋缓、2018年销量萎缩利润下跌之后，2019年长安汽车仅第一季度便亏损近21亿。面对其他车企的快速发展，面对互联网公司进军造车行列的威压，面对近两年营收的大幅下滑，长安汽车已经到了危及存亡的紧要关头。

早在2017年下半年，面对新能源汽车的趋势，长安汽车在全国车企中第一个喊出了“2025年后全面停售传统燃油车”的口号，并将大量资源用于发展正处于培育期的新能源事业[②]。现如今，面对业绩的接连下滑，一个重大的抉择摆到了长安汽车的面前，是否继续把重心放在发展新能源汽车事业上，还是把握旧有优势重回燃油车市场，以便快速挽住颓势？

一、长安汽车历史

长安汽车的历史可追溯到1862年洋务运动中从事兵器研发与制造的上海洋炮局，即之后的金陵制造局，以及对日抗战期间国民政府第二十一兵工厂的军工武器生产基地。20世纪70年代，军工产品订单的减少让长安人开始寻求新的发展出路。石油钻头、摩托车发动机、零部件以及风冷发动机，甚至绞边器、溜冰鞋、木钟都曾是长安挽救亏损的尝试[③]。但这种“漫天撒网”的发展方式无法解决业绩的衰退。1981年4月，长安开始把目光转向汽车行业，并与日本铃木

---

① 本案例由重庆交通大学经济与管理学院董梦杭老师、重庆交通大学经济与管理学院学生胡斌、台湾大学管理学院教授吴学良（通讯作者）撰写，作者群拥有著作权中的署名权、修改权、改编权。本案例授权中国工商管理案例中心使用，中国工商管理案例中心享有复制权、修改权、发表权、发行权、信息网络传播权、改编权、汇编权和翻译权。

② 新车评，长安新能源计划：2025年后全面停售传统燃油车，深圳市新车评信息咨询股份有限公司，2017年10月19日，https://baijiahao.baidu.com/s?id=1581684456460847239&wfr=spider&for=pc，2020年2月28日访问。

③ 经济日报，军转民谱写长安传奇，2012年1月7日，http://www.ccag.cn/news.do?action=detail&id=201201070720454464，2020年2月28日访问。

汽车开始接触；1982年初，首台微车发动机点火成功；1983年，首款微型汽车SC110下线；1984年初，长安开始引进日本铃木微型汽车和发动机关键技术①。

20世纪90年代末，长安汽车在全国率先实施了“自主研发、自主品牌”的发展战略。此后，无论是引进外资、组织协同还是文化变革均以自主品牌为发展导向。2009年初，国务院办公厅发布《汽车产业调整和振兴规划》，在“全国范围内实施兼并重组”的四大汽车集团中出现了长安的名字。同年，长安汽车以142.5万辆的自主品牌汽车产销量位列中国车企第一位、全球车企第13位②。

之后几年，长安汽车发展迅速，在重庆、北京、河北、合肥、意大利都灵、日本横滨、英国伯明翰、美国底特律和硅谷逐渐构建了“五国九地”各有侧重的全球协同研发格局③。其中，意大利研发中心的定位是整车造型和总布置；英国负责动力系统、传动系统和变速系统研发；日本主要是内饰设计和精致工艺设计；美国主要解决底盘问题。长安汽车每年将销售收入的5%投入到研发，目前已拥有涵盖振动噪声、碰撞安全、制动性能、底盘试验、驱动系统等16个领域、194个国际先进实验室④。

研发实力的增强也伴随着营收的增长，营收方面，仅2012到2016年五年间营业收入翻了2.7倍，净利润翻了7.1倍(参见附表A-1)；2016年，长安汽车乘用车销量达到百万规模，是长安汽车历史发展进程中的高光时刻；2017年，长安汽车结束了延续多年的快速增长，乘用车销量仍居百万，但下降趋势初现端倪；2018年，中国车市整体出现负增长，长安销量下探幅度也进一步扩大，同比跌幅达19.17%，销量定格在85.9万台，被吉利和长城超越⑤。

附表A-1　长安汽车2012—2017年财务简表

报告日期	2017/9/31	2016/12/31	2015/12/31	2014/12/31	2013/12/31	2012/12/31
年销量/辆	2 058 231	3 063 403	2 776 514	2 544 055	2 120 023	1 741 479
营业收入/亿元	514.311	785.42	667.72	529.13	384.82	294.63
净利润/亿元	58.11	102.85	99.53	75.61	35.06	14.46
销售毛利率/(%)	11.78	17.89	20.02	18.23	17.05	18.4
营业利润率/(%)	−1.89	12.04	14.36	13.56	8.14	3.13
总资产/亿元	1043.79	1065.1	894.14	696.87	533.65	461.18
总负债/亿元	582.23	631.57	552.4	442.32	347.25	307.27
净资产报酬率/(%)	44.22	45.95	53.31	56.54	47.82	36.65

①　重庆日报，“军转民”的成功典范，搜狐媒体，2012年11月23日，http://roll.sohu.com/20121123/n358412661.shtml，2020年2月28日访问。

②　里风，新长安，新锐掌门人——长安汽车董事长徐留平，经济视角，2011年第1期，第84-91页。

③　本刊编辑部，“长安汽车简介”，中国长安，2017年，http://www.ccag.cn/about.do?action=detail&type=1&id=201101100154364877，2019年10月2日访问。

④　网易新闻，长安汽车研发体系再注新动力，长铃研究院正式成立，网易，2018年11月14日，http://news.163.com/18/1114/15/E0J744IT000189DG.html，2020年2月28日访问。

⑤　自媒体综合，长安何以“安”?，新浪汽车，2019年9月23日，https://auto.sina.cn/news/hy/2019-09-23/detail-iicezueu7696320.d.html，2019年10月5日访问。

续表

报告日期	2017/9/31	2016/12/31	2015/12/31	2014/12/31	2013/12/31	2012/12/31
应收账款周转率/(%)	1.91	5.44	4.41	3.87	3.83	5.77
流动比率/(%)	120.41	1.1	1.03	0.91	0.75	0.78
资产负债率/(%)	55.78	59.3	61.78	63.47	65.07	66.63

(数据来源:整理自长安汽车 2012—2017 年报。)

二、剑指新能源,蓄势待发

(一)中国汽车产业

中国汽车工业始于 1953 年,以长春第一汽车制造厂的兴建为标志。此后,政府又于南京、上海、北京、济南建立了四个汽车制造厂,形成了“一大四小”的产业布局[①]。改革开放后,长期被计划经济束缚的汽车需求得以解放,市场开始供不应求。此时,技术与管理的问题亟待解决,1983 年中国汽车工业仓促走上了“以市场换技术”的合资办厂之路。

1986 年,在中国政府正式把汽车工业列为支柱产业后[②],上汽、一汽、东风等大型汽车企业,纷纷决定与国外汽车公司展开合作。于是,以欧、美、日车企为代表的大众、通用、丰田等相继进入中国汽车市场。但这些车企巨头十分“花心”:大众在中国南、北各有合作伙伴(一汽、上汽);丰田则分别联手一汽、广汽;就连进入中国比较晚的韩国现代也是一边与东风悦达生产千里马,一边与北汽制造索纳塔。

2001 年中国加入 WTO 后,中国政府意识到,如果中国汽车工业没有自己的产品开发能力,无论引进多少外国企业也改变不了依附的地位,逃脱不了被国外车企鱼肉的命运。于是,中国政府开始鼓励国内车企发展自主品牌。但在巨大利益面前,多数车企还是选择了轻松路线,甘心作为国外车企在中国的 OEM(原始设备制造商)。仅少数车企,比如长安汽车在 20 世纪 90 年代末转换跑道,开始发展自主品牌。

2009 年,国务院办公厅发布《汽车产业调整和振兴规划》文件[③],推出几大任务。第一,实施自主品牌战略,在技术开发、政府采购、融资管道等方面制定相应政策,引导汽车生产企业将发展自主品牌作为企业战略重点。第二,鼓励新能源汽车发展。第三,推动汽车产业重组,扩大国内车企规模。鼓励一汽、东风、上汽、长安等大型汽车企业在全国范围内实施兼并重组。支持北汽、广汽、奇瑞、重汽等企业实施区域性兼并重组。期待能形成 2～3 家产销规模超过 200 万辆的大型车企集团,4～5 家产销规模超过 100 万辆的车企,而市场份额的 90%能够由当时的 14 家减少到 10 家以内的车企集团掌握。自此,昌河、哈飞并入长安,广汽联姻奇瑞;东风重组福建汽车等接踵而至。也是在这一年,中国汽车销量首度超越美国,成为全球第一大车市[④]。

---

① 毛和业,中国汽车工业的过去、现在和未来,经济研究导刊,2012 年第 36 期,第 201-202 页。

② 腾讯汽车,激荡车市 30 年,腾讯网,2012 年,http://auto.qq.com/zt2012/autoage/,2019 年 10 月 3 日访问。

③ 国务院办公厅,汽车产业调整和振兴规划,中国政府网,2009 年 3 月 20 日,http://www.gov.cn/zhengce/content/2009-03/20/content_8121.htm,2019 年 10 月 3 日访问。

④ 本刊编辑部,去年大卖 2800 万辆　中国汽车销量连续 8 年全球第一,羊城晚报,2017 年,http://www.caam.org.cn/hangye/20170216/0905204999.html,2019 年 10 月 3 日访问。

(二)转型在即

近年来,节能、减排成为世界关注的重点议题。2017 年,工信部表示我国已启动传统能源车停产停售时间表研究。2017 年 9 月 28 日,工信部发布消息:新能源汽车"双积分"政策于 2018 年 4 月 1 日正式实施。按照政策要求,所有年销量 3 万辆以上的汽车制造企业和汽车进口商,都要满足平均燃料值积分和新能源汽车积分这两项积分政策①。中国乘用车市场信息联席会秘书长崔东树表示,双积分政策是一个创举,把传统车节油和新能源车发展两个重要方向有机结合,是中国引领国际乘用车发展新趋势的重要一步②;中国汽车工程学会理事长付于武认为,汽车产业发展战略从顶层上看,一定要跟国家的能源战略相契合③。

长安汽车清楚地意识到国家政策的引导势必催生整个汽车行业向新能源汽车转型,意识到新能源车才是车企的未来,于是开启了以新能源汽车为主攻产品的"第三次兴业"之路,期待由布局新能源汽车实现另一次跨越发展。

(三)积极布局

从 2016 年开始,长安汽车便对组织结构进行了调整。2017 年 4 月到 7 月底,长安汽车进行了大范围的销售区域调整,通过撤销大区制度,建立直达客户、快速响应的矩阵化、扁平化、柔性化组织,实现机构精简 20%以上④。

2017 年 10 月 19 日,长安汽车提出"香格里拉计划"新能源战略,宣布 2025 年全面停售传统燃油车,实现全谱系产品的电气化,并制定了千亿行动、万人研发、伙伴计划、极致体验等"四大战略行动"⑤。

为增强研发水平,长安汽车每年坚持投入利润的 5%用于研发。2018 年,长安汽车宣布在智能化领域的投入达到 16 亿元;未来 10 年,将累计投入 200 亿元,组建超过 2000 人的智能化研发团队,并于 2020 年完成三大新能源专用平台的打造⑥。

除了自主研发投入,长安还积极跨界合作,以期构建新能源汽车生态圈。在资本层面,与平安银行、民生银行展开合作,为新能源全产业链的布局提供资源保障;整车领域,与蔚来开展战略合作;电池领域与宁德时代合作;混合动力领域参股科力远;车联网平台领域则与科大讯飞、英特尔、百度、腾讯、阿里巴巴、华为、恩智浦、中国移动等展开合作(参见附表 A-2)。

---

① 王亚菲,"双积分"政策明年 4 月起实施,新京报,2017 年 10 月 9 日,http://epaper.bjnews.com.cn/html/2017-10/09/content_697560.htm? div=0,2019 年 10 月 3 日访问。

② 王亚菲,"双积分"政策明年 4 月起实施,新京报,2017 年 10 月 9 日,http://epaper.bjnews.com.cn/html/2017-10/09/content_697560.htm? div=0,2019 年 10 月 3 日访问。

③ 段思瑶,赵成,"禁售燃油车"成汽车圈热词 部分车企先行明确时间表,每日经济新闻,2017 年 11 月 16 日,https://baijiahao.baidu.com/s? id=1584153079743774249&wfr=spider&for=pc. 2019 年 10 月 5 日访问。

④ 新浪资讯,新董事长张宝林的长安使命,新浪网,2017 年 8 月,http://auto.sina.com.cn/j_kandian.d.html? docid=fynmvuq8154460&subch=iauto,2019 年 10 月 4 日访问。

⑤ 郑雪芹,长安汽车的"新蓝图",汽车纵横,2018 年第 6 期,第 30-32 页。

⑥ 华铮,长安汽车启动第三次创业,与华为战略合作将迎来高速发展,搜狐网,2018 年 7 月 5 日,https://www.sohu.com/a/239312630_183083,2020 年 2 月 28 日访问。

附表 A-2 长安汽车跨业合作一览表

跨业合作对象	合作领域	合作项目
科力远混合动力	混合动力总成系统	2016.2.18,长安宣布与科力远混合动力技术有限公司展开合作,该公司由科力远股份和吉利控股共同出资设立,目标在于整合企业在电池、混动技术上的优势,吸引更多成员参与,构建国家级深度混合动力系统平台,打造国内技术领先的混合动力总成系统
科大讯飞	智能语音,车联网平台	2017.3.14,长安汽车与科大讯飞在重庆长安汽车工程研究总院共同签署战略合作协议,双方在智能语音、人工智能领域展开合作;科大讯飞是中国智能语音与人工智能产业领导者,在语音合成、语音识别、口语评测、自然语言处理等多项技术上具备国际领先水平
蔚来汽车	电动车,人工智能	2017.4.9,蔚来汽车与长安汽车签署战略合作协议。此次合作,蔚来汽车将在电动汽车研发、自动驾驶和无人驾驶技术等领域,及以全程使用者体验为核心的商业模式上与长安汽车的全球研发能力、制造和供应链体系对接
英特尔	智能驾驶,车联网平台	2017.4.19,长安汽车在上海车展公布与英特尔的战略合作,双方签署了战略合作备忘录,并将在车联网、人工智能、数据中心以及未来无人驾驶等领域一起进行探索与研究
百度	智能车量产,自动驾驶运营示范建设	2017.6.6,长安汽车宣布加入 Apollo 生态,此次长安汽车与百度的合作围绕分阶段实现智能驾驶汽车量产和共建自动驾驶运营示范区两部分展开;长安汽车加入 Apollo 生态并不突然,而是水到渠成,事实上,两家企业早已在智慧驾驶的发展之路上成为长期合作伙伴,早在 2016 年 3 月,长安汽车成为首个与百度达成“智慧汽车”战略合作的中国汽车品牌,在智慧互联、智慧地图、智慧服务等方面开展合作;2017 年,长安汽车加入 Apollo 生态,双方确定在汽车智慧化领域开展全面深入的合作,为用户提供智能化场景应用体验
腾讯	车联网平台	2017.6.22,长安汽车与腾讯云宣布展开合作,此次合作主要集中于车载场景下的位置、社交、娱乐、支付等车联网服务、智慧网联汽车云平台以及车联网运营服务等平台
恩智浦	车载娱乐,信息平台	2017.8.25,长安汽车在成都国际车展上宣布与安全互联汽车解决方案的全球领导者恩智浦半导体建立战略合作伙伴关系;长安将在现有大量采用的恩智浦 i.MX6 应用处理器的基础上,规模化升级采用恩智浦信息娱乐整体解决方案,共同致力于打造具有行业持续竞争力的长安车载娱乐信息平台
阿里巴巴	车联网平台	2017.10.13,长安汽车公告与阿里巴巴在杭州·云栖大会上签署战略合作协议,双方将联合阿里巴巴在智慧车联网平台、车联网服务以及企业社交领域三大方面展开战略合作,为用户提供极致的车联网服务;此外,双方将建立联合实验室,进行人工智能、车载应用以及信息安全等相关领域的研究和开发工作

续表

跨业合作对象	合作领域	合作项目
宁德时代	动力电池	2017.10.31,长安汽车公告,为保障自身发展,加强与宁德时代新能源科技股份有限公司的合作,拟以收购镇江德茂海润股权投资基金合伙企业(有限合伙)基金份额的方式投资宁德时代。此次战略投资,将有助于公司动力电池产品技术推广和产业化应用,提供更多满足未来油耗标准的新能源汽车产品;宁德时代是一家具备国际竞争力的动力电池制造商,连续两年年产量位于全球前三,并承担了多个国家级项目
平安银行、民生银行	汽车金融	2017.11.28,长安汽车与平安银行、民生银行在重庆签署战略合作协议,根据协议内容,长安汽车将与平安银行、民生银行开展战略合作,融合产业资本和金融资本,以"共同发展、平等互惠、资源共享、优势互补"为宗旨,拟共同建设投资平台,发起千亿级汽车产业基金,布局新能源、智能化、共享出行、后市场、汽车金融等新型汽车产业链,为长安汽车"香格里拉计划"中的"千亿行动"提供资金支持
华为、中国移动、中移物联网	车联网平台	2018.1.11,华为、中国移动、中移物联网、长安汽车在重庆签署战略合作协议,将全面开展LTE-V以及5G车联网联合开发研究,打造新的车联网生态圈
滴滴出行	共享汽车平台	滴滴出行发起共享汽车平台,2018.2.7长安汽车加入,共同建设新能源共享汽车服务体系,该平台也计划对汽车企业的分时租赁服务开放,车厂可提供共享汽车车源,并为平台和合作伙伴提供金融和保险等服务;滴滴出行还表示,未来平台成员将扩大至汽车交通能源和售后市场服务商合作,整合车辆、资金、停车场、加油站、维保等资源

附表A-2的资料来源

①Carman,长安与吉利合作 联手科力远云内动力打造混动车,盖世汽车资讯,2016年2月22日,http://t.cn/RGSWn7U,2020年3月1日访问。

②Joy,长安与科大讯飞达成战略合作,10年投入200亿开发智能汽车,车云网,2017年3月15日,http://www.cheyun.com/content/15301,2020年3月1日访问。

③盖世汽车综合,蔚来与长安汽车签订战略合作协议,盖世汽车资讯,2017年4月10日,http://t.cn/RRwtK97,2020年3月1日访问。

④搜狐公众平台,牵手英特尔,长安对智能汽车的底气原来是从这儿来的,搜狐网,2017年4月26日,http://t.cn/REZb6fC,2020年3月1日访问。

⑤中国网,Apollo生态再添高手加盟 百度与长安汽车携手推进自动驾驶量产,新浪汽车,2017年7月4日,http://t.cn/Rok0lGH,2020年3月1日访问。

⑥搜狐公众平台,长安牵手腾讯,长安欧尚A800引领MPV智能革命,搜狐网,2017年6月23日,http://www.sohu.com/a/151394986_115460,2020年3月1日访问。

⑦电子工程专辑,恩智浦携手长安汽车共同打造高竞争力车载娱乐平台,电子工程专辑,2017年8月25日,http://t.cn/REZbizy,2020年3月2日访问。

⑧中国证券网,长安汽车与阿里巴巴签署战略合作协议,凤凰网,2017年10月13日,http://t.cn/REZbgiM,2020年3月2日访问。

⑨于留新,长安,上汽、东风相继"牵手"宁德时代,动力电池大军分层明显,搜狐网,2017年11月1日,https://www.

sohu. com/a/201684816_269464,2020 年 3 月 2 日访问。

⑩搜狐公众平台,长安汽车联手中国平安、民生银行发起千亿产业基金计划,培育世界级先进汽车产业生态体系,搜狐网,2019 年 8 月 4 日,https://www. sohu. com/a/331468991_157536,2020 年 3 月 2 日访问。

⑪辛巴,华为、长安等四大企业签署 5G 车联网战略合作协议,IT 之家,2018 年 1 月 12 日,http://t. cn/RQ4fQnj,2020 年 3 月 2 日访问。

⑫搜狐公众平台,北汽、比亚迪、长安汽车等 12 家都跟滴滴联姻了,这次要搞啥? 搜狐网,2018 年 2 月 8 日,https://m. sohu. com/a/221658971_803842/,2020 年 3 月 2 日访问。

(四)转型受限

事实上,发展新能源汽车对长安汽车来说并非没有挑战。

首先,尽管目前中国车企的新能源汽车销量增幅快,但是市场份额却很少。数据显示,2018 年销量约 125.6 万,对比中国年销量 2800 万辆的规模,新能源汽车销量仅占所有汽车销量的 4%[①]。据估计,中国 2025 年的新能源汽车年销量目标为 600 万辆[②],这说明此后相当长一段时间,即使有国家政策引导,但燃油车依然占据绝对主导地位。

其次,中国新能源车市场销售中,长安汽车的新能源车销量并不算高。数据显示,长安汽车旗下新能源汽车 2018 年度销量为 8.68 万辆[③];而比亚迪、北汽新能源、上汽乘用车、奇瑞等车企的新能源车型销量都高于长安(参见附表 A-3)。若长安汽车把主要精力放在新能源汽车领域,势必会抢占其在传统燃油车领域的相关资源投入。对比其他自主车企,长安汽车恰恰是在燃油车领域占据着绝对优势地位,若将资源倾斜至新能源领域,燃油汽车的累积优势将难以发挥。

在新能源汽车方面,目前长安汽车主要专注于电动车领域,在燃料能源汽车或太阳能汽车领域涉猎较少。事实上,国家政策倾斜的新能源汽车并不仅仅指纯电动车。专家指出,目前,很多人将新能源汽车等同于电动汽车,事实并非如此,新能源汽车涵盖范围很大,除电动汽车外,还包括甲醇、乙醇等其他形式的燃料能源汽车,甚至包括太阳能汽车。[④]

三、危机四伏,何以破局

对比前两年的国家财政大力补贴新能源汽车、对比以往竞争对手主要来自“圈内”的事实,2019 年开始,不管是国家政策补贴、还是汽车产业竞争状况都出现了一些新动向,这为发展新能源汽车举步维艰的长安汽车带来了更大的压力。

(一)政策补贴收紧

2019 年,国家补贴新能源汽车的政策虽仍在持续,但力度却进一步减轻。2019 年 3 月 26 日,财政部第四部门发布《关于进一步完善新能源汽车推广应用财政补贴政策的通知》称,符合 2019 年技术指标要求的销售上牌车辆按 2018 年对应标准的 0.6 倍补贴;过渡期期间销售上牌

---

① 明艳,中汽协:2018 年新能源汽车产销均超 125 万辆,同比增长 60%,第一电动,2019 年 1 月 14 日,https://www. d1ev. com/news/shuju/85937,2019 年 10 月 5 日访问。

② 本刊编辑部,长安汽车“大败局”,朱华荣多重难题待解,买车网,2018 年 1 月 3 日,http://www. maiche. com/news/detail/1266918. html,2019 年 10 月 5 日访问。

③ 余文娟,长安汽车 2018 年新能源汽车销量达 8.68 万辆,车质网,2019 年 1 月 14 日,http://www. 12365auto. com/news/20190114/372889. shtml,2020 年 3 月 1 日访问。

④ 段思瑶,赵成,“禁售燃油车”成汽车圈热词 部分车企先行明确时间表,每日经济新闻,2017 年 11 月 16 日,https://baijiahao. baidu. com/s? id=1584153079743774249&wfr=spider&for=pc. 2019 年 10 月 5 日访问。

的燃料电池汽车按 2018 年对应标准的 0.8 倍补贴①。政策补贴的下降不仅直接导致消费者购买欲望的降低，也让新能源车企的盈利进一步变少。

（二）前后强敌紧逼

除了国家政策补贴收紧之外，互联网公司进军汽车制造业也使汽车产业竞争更加激烈。对传统车企而言，互联网企业造车可谓“门口的野蛮人”。姑且不论 2003 年才成立的特斯拉；随后几年，苹果、谷歌、百度、阿里巴巴、腾讯等互联网公司也纷纷表态将跨界汽车业。虽然传统车企在制造工艺、技术研发以及供应链管理上保有优势，但互联网车企更擅长创新理念设计、宣传造势、洞察需求以及提升用户交互体验。

互联网公司进军造车行业为长安汽车带来压力，而行业内其他车企也给长安汽车带来不小的压力。部分车企因提前布局新能源领域，逐渐迎来了自己的红利期。如比亚迪、北汽新能源、上汽乘用车、知豆等企业在新能源汽车市场表现突出，奇瑞、江铃、江淮、吉利公司的新能源汽车也在快速发展（参见附表 A-3）。在汽车行业分析师看来，中国汽车市场现在处于高质量竞争阶段。在这个阶段如果产品跟不上，马上就会进入下行道，之前的产品换代周期可能十年，现在也就是一两年。②

附表 A-3　2017—2018 年新能源车销量排行

排名	品　　牌	2017 年/万辆	2018 年/万辆	增　长　率
1	比亚迪	11.36	24.78	118.13%
2	北汽新能源	10.3	15.8	53.40%
3	上汽乘用车	4.4	9.6	118.18%
4	奇瑞汽车	3.68	9.05	145.92%
5	长安汽车	2.9	4.24	46.21%
6	众泰汽车	3.69	3.38	−8.40%
7	知豆	4.2	1.53	−63.57%
8	江铃汽车	3	5	66.67%
9	江淮汽车	2.82	6.36	125.53%
10	广汽新能源	0.66	2.66	303.03%

（数据来源：新能源汽车行业月报（2017 年 12 月、2018 年 12 月）。）

四、荆棘满途，何去何从

2017 年，长安汽车增速开始放缓，长安汽车内部有人认为这与整个汽车行业的波动有关。长安汽车相关品牌负责人在接受采访时表示，从当前来看，中国车市已经走过了高速发展的黄金十年，汽车年产销逼近 3000 万辆大关，保有量也超过了 2 个亿，当前中国车市已经进入了微

① 郑雪芹，长安汽车的“新蓝图”，汽车纵横，2018 年第 6 期，第 30-32 页。

② 中国经营报，昔日自主品牌“霸主”长安汽车“鏖战”守擂，中国经营网，2018 年 1 月 27 日，http://www.cb.com.cn/xinqiche/2018_0127/1222265_2.html，2019 年 10 月 3 日访问。

增长阶段。[①] 也有人认为，销量下滑的原因是品牌力不足[②]。

2018年，长安汽车营收进一步下跌，达近三年最低值。合资业务也纷纷“爆雷”，数据显示，2018年全年，长安汽车旗下的重庆长安、河北长安、合肥长安、长安福特、长安马自达、江铃控股等销量都有所下滑，销量同比分别减少21.38%、5.51%、22.69%、54.38%、13.41%、8.86%；其中合资品牌长安福特更是“腰斩”[③]。企业净利润同比下降90.47%，加权平均净资产下降14.2个百分点(参见附表A-4)。2019年，根据长安汽车公布的第一季度财务报告显示，长安汽车第一季度实现营收160.08亿元，同比下滑20.00%；净利润亏损20.96亿元，上年同期盈利13.92亿元，同比下滑250%[④]。

新能源战略并未扭转业绩上的颓势，长安汽车的未来该何去何从？

附表A-4　长安汽车2018年度财务简表

	2018年	2017年	同比增减	2016年
营业收入/亿元	662.98	800.12	−17.14%	785.42
归属于上市公司股东净利润/亿元	6.81	71.37	−90.46%	102.85
经营活动产生现金流量净额/亿元	−38.87	−11.23	−246.02%	22.86
基本每股收益(元/股)	0.14	1.49	−90.60%	2.19
稀释每股收益(元/股)	不适用	不适用	不适用	不适用
加权平均净资产收益率	1.45%	15.65%	−14.20%	26.81%
	2018年末	2017年末	本年末比上年末增减	2016年末
总资产/亿元	934.88	1061.25	−11.91%	1065.1
归属于上市公司股东的净资产/亿元	462.44	475.98	−2.84%	435.73

(数据来源：长安汽车，财务数据，https://www.changan.com.cn/investor-jbqk-cwsj.shtml?whereid=103，2020年3月10日访问。)

① 新浪资讯，新董事长张宝林的长安使命，新浪网，2017年8月，http://auto.sina.com.cn/j_kandian.d.html?docid=fynmvuq8154460&subch=iauto，2019年10月4日访问。

② 车宇世界，长安重回颓势，品牌力不足，全系官降无力脱困！搜狐网，2017年8月17日，https://www.sohu.com/a/165235158_121444，2020年3月10日访问。

③ 张延陶，净利暴跌80% 长安汽车怎么了，英才，2019年2月，第32-33页。

④ Tom，长安汽车第一季度财报显示，其净利润亏损20.96亿元，汽车中国，2019年4月30日，https://www.qi-che.com/rp/201904301668694.html，2019年10月5日访问。

附录B　第7章配套案例

拨开云雾见天日，守得云开见月明
——海尔开放式创新发展之路[①]

摘要：传统企业如何与互联网深度融合，加速企业创新升级？这是当前许多传统企业关注的问题。本案例真实地再现了海尔开放创新平台的发展过程，按时间顺序从海尔面临的困境、开放创新战略的确定、线下全球渠道网络的布局到海尔开放创新平台的设计、建构、多方资源对接及运营等，进行了系统的描述。旨在从海尔企业"互联网＋"的商业实践中，引导MBA学员运用开放式创新及其商业模式等理论对开放创新平台的要素、技术转移方式、商业架构、战略目标等展开分析，对众创、众筹模式在平台的应用进行探讨，同时对大数据、物联网等新技术在海尔平台中的应用前景进行展望。

关键词：互联网＋，开放创新平台，商业模式，技术转移

一、引言

在上海某互联网公司工作的艾果果刚刚建起了自己的小家，为了给心爱的小窝配备家电，她跑遍了国美、苏宁，浏览了京东、亚马逊，都没有找到自己心仪的家电，因为艾果果想要的不是普通的电器，她要的是色彩样式与家具配套的空调器、能自动检测洗衣液是否漂清的洗衣机、能过滤杂质的水杯、能体验到智能互联感觉的家电。总之，一切的一切既要符合她的审美，又要满足她各种"苛刻"的功能要求。从事技术工作的丈夫建议她到即将开幕的中国家电博览会看看，那里有最新最炫的家电产品，或许有能够满足她要求的家电。于是，艾果果兴冲冲地直奔上海新国际博览中心寻宝来了。

一到会场，艾果果就被海尔的展台吸引住了，海尔2300平方米的大展区上搭建了一个"有远见"的智慧之家，不管是贴心的干湿分储冰箱、创新性的双滚筒洗衣机、小巧的净水机，还是全球首台3D打印的空调器，一个个超酷的外观设计、实用的功能开发，都给艾果果带来了前所未有的智能体验。看着一台台不再冰冷而彰显人性化的智能产品，"苛刻的"艾果果也不由地感叹：生活变得简单了！

除了像艾果果这样的普通消费者以外，海尔展台还吸引了许多同行前来观摩与体验。真可谓，外行看热闹，内行看门道。伴随着海尔家电产业集团副总裁、超前创新研发总经理王晔的解释，同行们终于发现了海尔创新产品层出不穷背后的"惊天"秘密——海尔的开放创新平台，这

---

① 本案例由华东师范大学商学院袁毅、胡安慈、许鑫、陈小健、任雅婷、唐亮撰写，他们拥有著作权中的署名权、修改权、改编权。案例授权中国管理案例共享中心使用，中国管理案例共享中心享有复制权、修改权、发表权、发行权、信息网络传播权、改编权、汇编权和翻译权。由于企业保密的要求，在本案例中对有关名称、数据等做了必要的掩饰性处理。本案例只供课堂讨论之用，并无意暗示或说明某种管理行为是否有效。

才是海尔产品创新的动力与源泉。

二、家电之王遭遇天花板

1. 海尔面临的忧与患

海尔，从一家资不抵债、濒临倒闭的集体所有制小厂，发展成全球最大的家用电器制造商之一，在新时代一步步发展壮大的同时，也深刻地意识到企业及行业面临的巨大危机。

第一，市场变化。海尔快速发展的阶段，正是中国从计划经济向市场经济转型的阶段，是伴随着城市化迅速发展、房地产市场快速扩张而带来的对家电巨大的需求而发展起来的。但2008年以后，市场已出现了产能过剩现象，当时正处于全球金融危机，政府为拉动消费，推出了家电下乡、以旧换新、节能惠民政策，该政策不仅阻止了家电行业严重下滑的态势，还促使家电行业在2010年、2011年出现新的增长高峰。2010年以后，中国在内需刺激政策效应递减、房地产市场低迷和由国际经济环境导致出口受阻等因素的共同作用下，家电行业的发展受到了10年来最严峻的考验。

第二，用户变化。用户对产品的个性化需求增加。海尔快速扩张的过程中，已经形成了大规模、标准化的生产线，形成了固定的零部件供应商及销售渠道，通过这种大规模的标准化生产才能提高单位产品的边际效应，降低产品的成本。而用户个性化产品生产需求必然会带来生产成本的大幅度提升。早在2005年，海尔就嗅到了用户个性化需求的趋势，坚信企业应该从大规模制造变为大规模定制，于是开始尝试以模块化自选满足个性化需求，如统帅空调及电视，已具有了模块化自选功能，用户选择自己需要的功能及服务，按需定制产品，取得了一定的效果。但是随着用户日益增强的各种个性化需求及同行的竞争，仅仅模块化定制是不够的，还需要从以模块化自选满足个性化需求阶段，过渡到云计算（如3D打印等）满足网络时代全流程无尺度的个性化需求。如空调，像艾果果这样有想法或有设计能力的用户，都可以设计出自己想要的空调，用3D打印出来，其他的人看到设计不错，就买这个设计也打印一个，这就会形成很大的客户群。

第三，技术创新及研发模式的变化。随着互联网技术的应用，技术创新及研发模式都在悄然发生变化。技术创新速度更快，对企业技术创新要求更高，企业不能快速技术创新，就可能瞬间失去市场。技术创新模式也更趋于全球共创共享，而不仅仅是企业或个人独立研发，因为封闭的系统很难创造复杂度越来越高的技术。研发模式打破了原来单向的研发模式，即企业研发产品卖给消费者，或者获取用户的需求后，再由企业研发产品卖给消费者的模式，转变为让用户直接参与产品研发过程的并联研发模式。这样生产出的产品才可能是用户真正想要的产品。互联网技术为技术创新及研发提供了潜在的支持，但企业如何更好地利用互联网，构建高效的技术创新及研发模式则是需要进一步探索的。

第四，行业竞争加剧。虽然海尔从1998年就开始国际化战略，2005年又开始全球化品牌战略，但在品牌认知方面与国外的高端品牌仍有一定差距。因此，在国内外市场都存在与国外高端品牌的竞争。此外，格力、美的、格兰仕等国内家电企业的崛起，也在很大程度上削弱了海尔白色家电市场占有率的领先地位。为了维持对竞争对手的压力，必将导致成本的不断增加，这给海尔的运营带来了非常大的压力。

第五，互联网企业的进入。传统家电产业利润来源本来就比较单一，仅仅是依靠销售硬件产品赚取差价。互联网的发展改变了原有家电行业的利润分配机制，上游供货商和整机制造厂商的利润正逐步向更接近用户的运营转移。未来，随着这一趋势的不断深入，家电终端销售价格将持续下降，硬件销售的利润被压缩。像苹果、谷歌、小米这样“硬件＋内容”的厂商才能获得更大的利润，而海尔这一类不做内容的传统企业则面临着互联网企业进入的挑战。

2. 转变从“开放式创新”起步

海尔始终认为创新是企业生存发展的源泉。在新的挑战面前，海尔再次将命运押在创新。但是，现在的创新已不是过去传统意义上的创新。在知识经济时代，企业仅仅依靠内部的资源进行高成本的创新活动，已经难以适应快速发展的市场需求以及日益激烈的企业竞争。在这种背景下，“开放式创新”逐渐成为企业创新的主导模式，也就是说，企业把外部创意和外部市场化渠道的作用上升到和封闭式创新模式下的内部创意以及内部市场化渠道同样重要的地位，均衡协调内部和外部的资源进行创新，不仅仅把创新的目标寄托在传统的产品经营上，还要积极寻找外部的合资、技术特许、委外研究、技术合伙、战略联盟或者风险投资等合适的商业模式，尽快把创新思想变为现实产品与利润。

正是这种对创新的认识，海尔提出了“世界是我们的研发中心”的口号，并于2010年在海尔集团技术研发中心基础上，成立了以开放创新、资源整合为宗旨的新部门——开放创新中心，通过开放的模式吸引全球一流资源与海尔一起为用户提供超值的家电解决方案，实现各相关方的利益最大化，实现所有资源和技术方案的共享。

三、开放创新的坎坷之旅

人才是关键，开放创新中心成立后，广纳良才，在海尔内部召来了工作经验丰富的W和S经理，从外部引进了英国留学回国的小A、韩国工作归来的P经理、有着丰富海外工作经验的C博士以及项目运作经验丰富的H经理等，在开放创新中心滕东晖部长的带领下，这支国际化、年轻化、充满激情的团队分兵两路，一路人马叫GRI(global resource integration)，负责在全球范围内寻找与对接技术资源，另一路人马叫TTB(technology to business)，负责搜集海尔产品部的需求信息并推进项目合作。两支年轻的队伍由此开始了摸着石头过河的开放创新之旅。

1. GRI——周游列国寻求技术

开放式创新是一条全新的道路，虽然有理论知识，但没有实践经验借鉴，GRI团队历经坎坷摸索出了五大主要的寻宝路线。

第一条线：专利挖宝。理工科出身拥有研发经验的P经理，首先想到了专利，读研与工作时期的科研经历让他深知专利分析的重要性，因此寻找技术与合作伙伴必然首选专利。当P经理在专利库中查找到一条条与集团内部用户需求相符合的专利时，对成功的向往使他心情激动。但当他花了大量时间逐条分析专利的可行性、可靠性与实用性时，却发现绝大多数专利是无法应用于企业的——有的专利内容过于前沿，有的专利技术不适合家用产品，有的技术偏离了用户需求，还有的技术符合需求但转化产品的成本过高，有的技术转化成的产品过于小众……实践的挫折让P经理明白，专利是发现新技术的有效渠道但不是最佳途径。在当前各种利益驱动下，专利库中存在大量低质量、无法产业化甚至是虚假的专利，导致从专利中发现可转化的技术的时间成本太高。

第二条线：与高校、科研院所合作。C博士毕业于中科院，在英法企业从事过研发和技术转移工作，深知高校、科研院所积累着大量的科技成果，也因此一直关注着重点高校、科研院所的研究动态。但C博士在与高校、科研院所的教授交流之后，发现在合作中存在两方面的问题：一是高校及科研院所有些成果具有国内甚至国际领先水平，但往往过于超前，与实际应用有相当大的距离，商业化周期长、成本高；二是部分具有实用推广价值的优秀成果埋藏太深，很难被发现，教授或研究人员的技术推广宣传意识不强，经过多次交流之后才能找到这些有价值的成果。

第三条线：会展信息搜集。GRI 团队梳理了与家电产品相关度较高的国内外知名展会，在会展期间，亲临现场搜集第一手技术信息，与技术拥有者面对面交流，洽谈合作可行性。

第四条线：海尔全球渠道网络。开放创新中心借助海尔全球五大研发中心平台，搭建了与之相适应的技术与情报搜集网络，在全球主要技术高发地设有代理人，搜集当地技术情报和企业信息。实践证明，这个办法很有效，但是人力成本很高。

第五条线：与政府及民间的各类协会、学会合作。部门成立之初，滕部长争取到了去英国实地考察的机会，但不知道该如何规划这次珍贵的技术寻源之旅。对英国比较熟悉的小 A 经理根据自己的留学经历，提议从政府部门切入，请当地协会、学会牵线搭桥与技术公司对接。事实证明这是一个非常正确的思路，英国政府相关部门积极配合，帮 GRI 团队联系了英国皇家学会、英国标准协会、英国零售商协会以及英国进出口贸易促进委员会，使滕部长一行在英国接触了大量企业，并带回了众多优秀项目。

2. TTB——围绕用户深挖需求

为了在开放创新过程中有的放矢，避免浪费资源的盲目寻找新技术和合作伙伴，TTB 团队深耕海尔产品线的内部用户，在 W 经理的带领下以“服务者”的角色场与内部用户一起办公，协同工作。了解内部用户在产品开发和技术研发过程中的需求，与内部用户一起分析研究消费者对于家电的反馈和意见。

“冰箱里有的食物存放时间长就干了，有的食物还变质了，怎么不保鲜呢?”，“家里衣服太多，一起洗怕掉色，分开洗又麻烦，怎么办呢?”。面对消费者众多抱怨，TTB 团队与产品部工程师将各种需要记录下来，分类整理，用创新方法和工具挖掘与分析用户抱怨背后的真正需求，并将其指向特定的技术领域，在进行多轮技术评估和规划之后，为 GRI 团队提供了创新技术寻找的方向。在内部团队协作和外部资源合作的基础上，创新的干湿分离冰箱、双滚筒洗衣机最终呈现在消费者面前。

3. HOPE——平台构想浮出水面

几年的摸索，开放创新中心由最初几个人的小团队发展为拥有三十余人的大团队，从最初不被产品部认可，成长为产品部创新研发的坚实伙伴，从没有外部资源到聚合了数千家合作资源，为海尔创新产品研发提供了技术资源保障。尽管在开放创新的道路上取得了一些成绩，但滕部长却不满意，因为他深深认识到目前创新技术发现和项目对接过程之艰难，周期之漫长、进度之缓慢、成本之高昂。有什么办法可以提高技术资源寻找和对接效率，变被动为主动呢？为此，滕部长召开了头脑风暴会。

“我们找到的资源，真正被海尔内部所采用的仅仅占很少一部分，造成严重的资源浪费，其中很多技术资源对于国内其他企业来说可能是非常有价值的资源，我们能不能作为技术资源的提供商呢？也许这是海尔新的盈利点呢。”小 A 抛出了大胆的设想。

“从技术研发到测试，再到产品进入市场，有很长的周期，过去是设计师根据自己想象的用户需求设计产品，面向市场时，发现用户需求根本不是这样的，或者用户需求改变了，能不能建立一个平台，让用户从设计阶段就参与进来，设计什么样的产品、制造什么样的产品，由用户说了算。”P 经理补充道。

“我国企业自主创新能力不足，原创性技术成果大多依赖大学、研究机构及国外机构供给。想要在技术上有新的突破来提高自己的竞争力，就需要寻求外部技术方案进行对接。而大学、研究机构的科研成果远离市场，因此需要技术转移中介机构来促进国内外大学、研究院所与企业的有机结合。但我国缺少既专业又权威的技术转移服务组织，能从事国际间技术转移的机构更是少之又少。开放创新中心这几年积累了技术资源获取的渠道，积累了技术创新、技术转化的经验，我们能不能自己承担起技术转移的责任呢?”C 博士提出了自己的看法。

“虽然线下了解用户需求获得了很多第一手资料，我们的报告也有一大堆，但是我们也消耗了大量的成本，能不能建立一个平台，让用户相互交流，让用户将需求和不满提交上来呢?”H 经理若有所思地说。

“有技术的人没有资金，有资金的人找不到好的技术，有能力生产的企业找不到订单，这都是信息不对称造成的。如果建立一个平台，是不是就可以让三者对接起来呢?”W 经理兴奋地说着。

“我们线下渠道网络非常庞大，需要自己找技术，需要对技术进行可行性评估，怎样才能降低成本呢？我们能不能用互联网思想，一切让用户自己解决呢？比如让用户或专家一起对技术进行评价。我们提供平台、提供指导、提供服务。”S 经理提议道。

平台，平台，还是平台！滕东晖部长意识到：一个真正围绕创新技术和资源开放式服务的平台呼之欲出。他当机立断，呼应集团开启网络化战略，响应用户需求，建设一个打破壁垒、跨越时空的、开放的多边平台，打造海尔创新合作生态系统——HOPE(Haier open partnership ecosystem)，寄予用户和技术资源合作共赢期望的平台，在开放创新中心的每个成员心中开始生根发芽。

4. 开放式创新平台架构

出方案、组团队、建平台、内部测试、外部测试、迭代升级……2014 年 6 月，HOPE 2.0 正式上线。全新上线的 HOPE 2.0 从用户需求出发，以技术对接为宗旨，共设置三个板块：用户交互平台、技术资源平台以及创意社区(见附图 B-1)。力求让技术需求方与技术持有者在平台上无障碍对接。

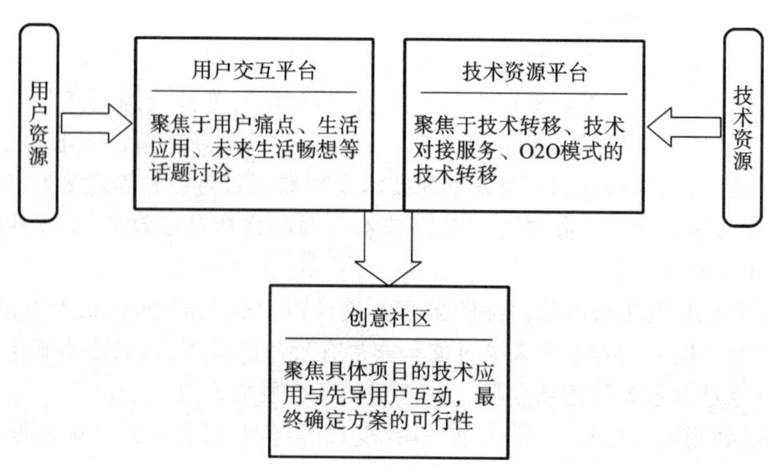

附图 B-1　HOPE 2.0 的基本架构

5. 用户交互平台

由于 HOPE 平台是一个完全开放的平台，它面向的不仅仅是企业集团或者专业技术人员，而且还包含广大的消费者，甚至企业员工，任何人都可以免费注册账号。通过开放创新中心的线上线下运营推广，平台快速吸引了大批用户参与各种活动的交互，在积累了用户流量之后，通过用户对生活应用、未来生活畅想等话题讨论，聚焦于他们的痛点，从而发现其中的创新突破点与需求点。这从根本上改变了过去依赖线下调研获取用户需求的状况，用户的需求及痛点可以实时被研发人员、创客、企业、投资人发现，大家从各自的角度组建项目，针对需求及痛点攻关，产品销售后的市场反馈也可以立即获得。线下调研或者销售等其他渠道反馈的需求及痛点仍可通过线下渠道收集，对线下反馈的问题可以作为话题放到线上讨论，获得更多的观点。线上线下的配合，使用户需求及痛点的获取更为快速和充分。此外，随着平台日益增多的用户交互信息，形成了用户需求的大数据资源，为以后进行用户行为挖掘、新产品研发、产品售后跟踪等提供了数据基础。

6. 技术资源平台

技术资源平台是技术提供者展示技术的平台。目前 HOPE 平台上已有 200 万家全球一流资源网络，超过 10 万家资源在平台注册，这其中包括全球范围内的权威研发机构、研究机构、高校、个人技术专家以及海尔的供应商，除此之外，还可能是任何一个拥有技术的个人或小团队创客。通过填写发布技术表，技术提供者展示可提供的创新产品或服务描述、可能的应用、希望的合作模式、技术所处的阶段等信息。这些信息对于需求方能否正确评估这项技术至关重要。如果有技术需求方对某项技术感兴趣，可以通过平台以私密的方式询问技术提供者，也可以以公开方式讨论，这样不仅技术提供者可以回答，平台其他用户也可以参与讨论。

技术资源平台可以帮助用户评估所需的技术。通过严密的技术评估体系和大数据工具，提供技术评估服务。主要内容有：针对某项技术或为解决某一问题而设计的方案和提出的策略，评估采用或限制该技术时将引起的后果，尽可能客观地对正负影响，特别是非容忍影响做出全面充分的分析报告；研究相关的政策选择，如法律、税收或优惠政策，并提供相应的应对方案。

技术资源平台可以帮助用户进行商业企划，技术资源方帮助用户正确评估现有的技术前景和市场潜力，同时预测各种风险，协助用户完成商业企划。

技术资源平台可以对技术转移全流程进行服务，即便是找到适当的技术，仍面临法律、财务、技术授权等大量问题，这些问题会使双方合作过程变得非常冗长，甚至可能导致合作的破裂。线下服务团队通过使用标准化流程以及线下沟通，使得技术转移过程更加顺利，进而提升技术提供者和技术需求者在这一阶段的合作效率，缩短产品的上市时间。

7. 创意社区平台

创意社区是连接用户和技术资源的重要桥梁，更是实现二者结合所产生的价值的重要驱动力。通过对用户交互平台和技术资源平台的整合，创意社区旨在为两者提供技术和资源的匹配，最终完成从创意到具体消费产品的转化，平台上大量技术方案结构化的数据为大数据匹配提供了良好的数据基础，任何用户需求提交到平台后，通过后台的大数据匹配，能够快速精准地匹配到合适的解决方案。

通过以上三个板块的结合，HOPE 平台构建了一个完整的生态系统，不仅涵盖了最开始的创意诞生到最终具体规模化标准产品各个流程，而且实现了需求与技术的完美对接，以及利用小组合作、话题讨论等形式建立用户与技术人员的密切的交互反馈机制。

8. 通过平台打造产品流程

HOPE 平台通过三大板块构建了五大核心能力，通过五大核心能力支撑平台的快速发展。五大核心能力分别是：

(1)快速精准匹配全流程资源；

(2)持续产出各类创意；

(3)掌握最新的行业技术、前沿动态、技术报告；

(4)建立自己的专业交互圈子，让各行专家、技术提供方参与交互；

(5)创意转化的流程支持(投资、孵化、产业化)。

对于快速精准匹配全流程资源。HOPE 平台的后台拥有强大的搜索匹配引擎，能够快速与后台的资源库、方案库、需求库、创意库进行配对，HOPE 平台的匹配精准度达到了 70%。HOPE 平台大数据爬虫系统可以在全球范围里较为高效地搜索到最新技术信息，并分析入库，为精准匹配提供了数据源。

海尔推行的用户付薪政策和人人创客极大地推动了各种颠覆性创意的产生，在平台上只要是参与交互的用户，都能获得产品的收益，只要你有创意或者资源就可以在 HOPE 平台上尽情施展。HOPE 平台除了大数据爬虫系统之外，还有一支强大的分析团队，将每天接收到的最新技术信息进行分析，第一时间推出技术资讯报告，为研发决策提供第一手资料辅助，为产品开发提供最新行业动态参考。

HOPE 平台最终实现了全流程创新转化与支持，实现线下线上的 O2O 合体：

(1)社区用户在线上吐槽痛点，参与线上话题讨论，同时线下技术团队则密切跟踪用户反馈的信息，进行商业挖掘，组织各种技术研讨会。

(2)线上用户和线下团队可以在线上提交创意或概念进行招标和匹配，线下技术团队或支持部门进行项目可行性研究或技术方案交互。

(3)用户在线上筛选创意，线下团队配合封闭式开发，形成产品样品。

(4)用户线上体验原始的“样本产品”，并以此进一步规避市场风险。然后再返到“线下”进一步进行研发工程的优化，再到最终成型完成产品上市。最后通过迭代进入下一个循环。

可以看到线上与线下工作始终贯穿整个产品的生命周期。正是这样的一种流程方式实现了线上线下的 O2O 合体。

HOPE 平台全流程的创新转化示意图如附图 B-2 所示。

四、小荷已露尖尖角

开放创新平台已初现成效，目前 HOPE 平台已吸引包括 MIT、斯坦福、弗劳恩霍夫协会等众多创新创业团队加入进来。2015 年 5 月 7 日，海尔 HOPE 开放创新平台迎来首家跨界第三方客户——佛吉亚。双方将通过跨界合作，在汽车领域实现优势资源共享，促进跨领域的技术创新合作。5 月 9 日，海尔开放创新周举办了“颠覆性项目对接会”，向全球发布了 20 多个不同领域的创新项目及技术，国内一家创新公司的一番话道出了平台的价值：“在这个平台上，我们公司的创新技术可以迅速找到合适的资源方，并转化为产品，而在此前传统的研发模式中，这个过程会比较漫长”。

随着空气魔方、干湿分离等创新技术和产品的闪亮登场，开放创新平台越来越显示出无穷的魅力。

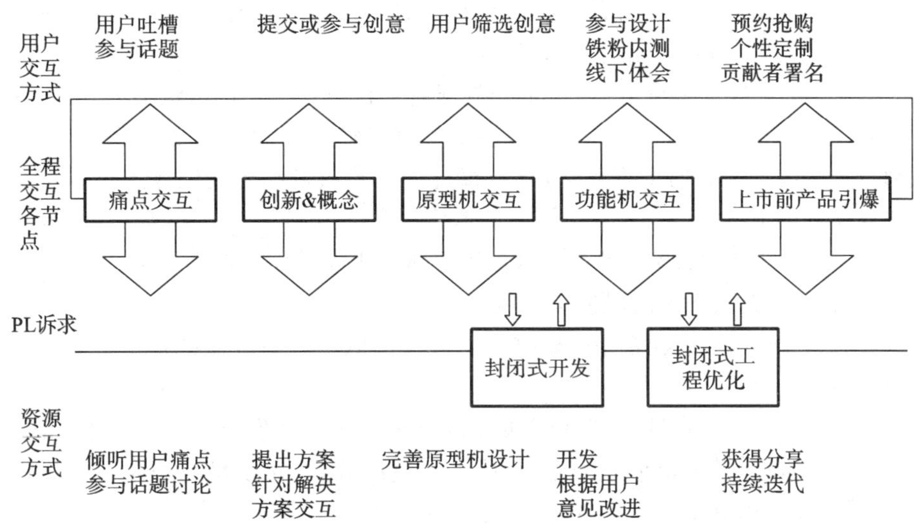

附图 B-2　HOPE 平台全流程的创新转化示意图

1. 互联网思维十足的产品：空气魔方

2014 年 9 月 19 日，海尔在北京五棵松发布了全球首款可以模块化组合的智能空气产品——空气魔方，实现了加湿、除湿、净化、香薰等多个模块的自由组合，为家庭带来了可定制的专属“空气圈”。

海尔空气魔方是一款运用互联网全新思维开发的空气设备，除了自身的功能性诉求外，它还是一个可组合、可延伸的空气平台。通过四大模块、八种组合的创新定制思路，针对室内室外空气环境变化带来的雾霾、甲醛、细菌、异味、干燥、噪声、霉菌等问题提出了八大呼吸主张——无毒呼吸、无菌呼吸、恒温呼吸、静音呼吸、无雾呼吸、清新呼吸、可视呼吸、智能呼吸，用户可根据自身需要购买特定模块并自由组装。

海尔空气魔方还是海尔首次试水众筹的产品，可以说是海尔互联网转型思维的典型产品。2014 年 10 月 29 日 10 时，海尔空气魔方众筹项目在京东全面启动，截止到众筹项目结束时，共有 7563 名支持者，成功突破 1100 万元筹资大关。

海尔空气魔方最大的不同，就在于它不是企业基于自身能力在实验室里规划和研发出来的产品，而是基于海尔开放创新平台组成的来自 8 个国家的内外部专家和学者团队 128 人，历时 6 个月与全球超过 980 万不同类型用户交互意见，利用大数据分析，最终筛选出 81 万粉丝最关注的 122 个具体的产品痛点需求，成为空气魔方核心功能研发的初衷。

因此也可以说，空气魔方是海尔在玩转大数据并转化成创新产品这种新型用户交互概念的一次成功尝试。

2. 高效解决用户生活痛点：干湿分离技术

2013 年 6 月，上班族赵娜娜在其微博上抱怨现在市面上的冰箱在果蔬保鲜方面很难达到理想的效果，并且询问海尔超前家电中心的孙东升工程师。海尔冰箱研发部门开始对怎样让果蔬保鲜的效果更好进行研究，并且经过技术评估后决定进行高湿保鲜模块的研发。

2013 年 8 月，海尔冰箱研发部门在海尔开放创新平台上发布了“可以让菠菜保鲜七天”的技术需求。在收到需求后，海尔开放创新平台首先使用标签自动匹配和大数据技术，检测平台上有没有符合该技术需求的方案。开放创新平台共找到了五家做相关技术研发的资源方，进行分析后选取了三家，将其反馈给冰箱研发部门。

2013 年 9 月，对于这三家资源方，海尔开放创新平台组织了一次洽谈会 & 技术评估会，邀请了五位专家以及冰箱研发部门的同事，通过技术评估确定了可以合作的资源方。技术评估是海尔开放创新平台线下服务的重要环节，针对每一个技术项目都会组织专家团队进行评估，以确保能够选取最好的方案。

2013 年 11 月，A 研究院、B 集团等和冰箱研发部门达成了合作协议。其中 A 研究院进行高湿保鲜的技术研发，B 集团作为高湿模块的供应商。

2014 年上半年，海尔开放创新平台安排线下服务团队跟进高湿保鲜技术的研发，并且进行了中期的研发评估和审核。

2014 年 10 月，“可以让菠菜保鲜七天”的干湿分离技术成功发布。这项技术突破了目前行业食物保鲜的最高水平，并且申请了国家专利。这项技术除了对于果蔬的高湿保鲜外，还研发了干物储藏的技术，可以储藏冬虫夏草、茶叶等贵重干物。

五、创新路远，不懈追求

1. 机遇——站在全民创新的风口上

在国家政策支持层面，海尔开放创新平台的诞生正当时。中国正在进入大众创业的时代。李克强总理指出，要把“大众创业、万众创新”打造成推动中国经济继续前行的“双引擎”之一。“创客”一词进入了政府工作报告，《国务院办公厅关于发展众创空间推进大众创新创业的指导意见》(国办发〔2015〕9 号)提出了“众创空间”。持续的政策火力下，国务院还设立了 400 亿元人民币的“国家新兴产业创业投资引导基金”来支持创业，政府层面的鲜明信号更加激发了全民创业的热潮。大众创业、万众创新靠的是技术，靠的是开放有效的引导、管理及促进，海尔的 HOPE 开放创新平台正好提供了大众创新的技术支持平台。

在企业发展层面，海尔为众多企业提供了资源整合平台，传统制造企业，特别是中小企业面临融资难、独立研发能力不足、在产能过剩的情况下订单不足等多方困境，海尔开放创新平台，使投资人、技术资源及生产企业进行了很好的对接，使各方在平台上都能快速对接、相互匹配、优势互补，为我国大量企业带来机遇。

海尔开放创新平台标志着海尔产业链的延伸，标志着海尔从传统制造企业逐步转型为整合型的轻企业。首先，海尔已经从传统制造企业变为了一个轻制造企业，海尔未来更多的是承担资源整合的角色，平台上激发创意、将创意分解为相关技术、发布技术需求、进行技术对接，吸引投资人投资或众筹，最后与平台上有生产能力的企业匹配，这个生产企业可能是海尔本身，也可能不是。其次，海尔开放创新平台是多方资源的整合，未来可能还有线上交易，通过技术转让收取转让佣金以及提供相关的服务而获取利润。这使海尔成为从一个使用技术的企业，延伸到供应链的上游，同时，海尔自身作为平台的运营者，能更快速地发现新技术，并用于自身企业。最后，平台上积聚大量的投资人、资源方、供应商、创客、企业，积聚了大量用户交互行为数据及需求数据，一旦与产品联通后还将产生大量的产品数据，还有技术交易数据，这些数据未来可能成为海尔更为宝贵的资源，甚至可能成为为大量制造企业服务的数据中心。

2. 挑战——传统企业做互联网的事

HOPE 平台已经在国内外具有一定影响力，在各种创新研讨与论坛上都有 HOPE 团队的成员为开放式创新摇旗呐喊的身影，HOPE平台的案例也被越来越多的企业和学者拿来研究与讨论。在局外人眼里，海尔的HOPE平台已经走在中国制造业转型的前列，作为大型企业创新改革与转型的成功平台，在提升海尔集团企业战略内涵、品牌价值的同时，也为其他许多大型企业提供了样板。然而，滕部长心里明白：HOPE平台从无到有、从小到大，团队的每个成员付出了无数的艰辛与努力，在开放式创新的道路上，HOPE平台还有许多工作要做，它还面临着许多挑战。

首先，传统企业的思维模式如何逐步向互联网思维靠拢。互联网思维，就是在互联网技术不断发展的背景下，对市场、用户、产品、企业价值链乃至对整个商业生态进行重新审视的思考方式。简而言之，就是要用互联网的方式思考问题。互联网不同于层级结构，它是网状结构，没有中心节点，互联网的技术结构决定了它的内在精神，是去中心化，是分布式，是平等和开放，也决定了它的管理结构应该是更为扁平化的。而传统企业管理实行的是自上而下典型的科层结构。传统企业在“互联网＋”时，即使有了互联网网站及网上业务，但是在网站的设计及运营上，仍难以摆脱传统企业管理思想及长期形成的思维定式，导致互联网与传统企业难以融合，往往是生拼硬凑。海尔集团目前正在组织架构上全力打破传统的科层组织架构，实行自组织的、扁平化的组织结构，即企业内部可以随时根据项目产生一个小微企业，小微企业自组织、自管理，项目成功后按市场效果与集团按之前的协商进行利益再分配。但是，在平台的运营及推广中，员工的互联网思维并不是一下子就形成的。而海尔平台的核心就是开放、创新、平等及自组织，这是创新平台运营者需要面对的问题。

其次，以制造业为基础创建的开放创新平台，在吸引用户参与方面存在先天不足，网站推广也有难度。影视、艺术、服务及快销品更容易聚集用户参与讨论，从而形成有效的用户社区。但是，作为目前以家电为主的社区，用户参与的积极性并不高，一般用户买过家电后，多年不再买家电，不容易对家电有持续的关注。这个问题同样影响到平台的推广，它很难像淘宝、赶集网等网站那样吸引眼球。因此，在吸引用户参与、提高用户交互性、获取用户数据以及网站的推广等方面都有局限性。

最后，技术的匹配以及快速对接也比想象中的困难。尽管海尔在这方面也做了不少工作，但实际上仍然面临着这样的问题，一般有以下四种情况，一是存在技术隔阂，即技术应用方与提供方对技术上存在理解差异，无法应用，因此空有技术而无法实践运用；二是技术含量过高，经济效益是否理想难以判断；三是市场需求转变迅速，消费者需求具有很大弹性，也许今天大家都比较喜欢某种炫酷的技术，但明天又可能变为其他的偏好，因此平台从需求的痛点转化为最终产品所用的时间越短越好；四是技术本身涉及的保密性以及知识产权问题的处理，需要平衡好开放分享与技术本身所涉及的产权与保密性的边界，这直接关系到双方的利益，如果处理不好，可能导致合作的破裂以及合作资源的流失，最终可能导致平台的瓦解。如何提高HOPE平台整体的运营效率，保障平台各合作方利益之间平衡与协调发展，是一条漫长的探索之路。

在消费者需求发生巨大变化的互联网时代，单向、闭塞的传统研发模式已经无法满足用户日趋多元化、个性化的需求，海尔HOPE平台开放共享的研发模式为企业技术创新开启了一扇新的大门，随着更多的企业加入“共同创造”中，将加速技术创新的迭代升级，将会有更多的创新产品及服务展现在消费者面前。

附录C　第8章配套案例

换道超车？长安汽车的自主品牌之路①

摘要：此案例描述长安汽车从军工企业转型为车企，并走上自主品牌之路的故事。当其他车企陶醉在挟外自重、合资办厂而带来的快速获利时，长安汽车率先转换车道，通过自主研发，踏上了自主品牌之路。转换车道后的长安汽车在前两任董事长的带领下由一家偏安西部一隅的小微车厂，发展为全国知名、车种齐全的大型汽车企业集团，建立了"五国九地"24小时不间断的全球化研发体系，连续8年名列中国车企技术创新能力之首，自主品牌车款销售连续9年位于全国前列。然而，近两年长安汽车的业绩每况愈下，长安汽车该何去何从？

长安汽车的成长伴随着中国改革开放40年跌宕起伏的历程，本案例时间跨度近40年，反映了和长安汽车一样的众多国有企业的跌宕征程。当初的长安汽车靠着一股劲，从刚开始被外国公司带领，到后来可以管理外国公司，从一个"学生"拼成了"老师"，该案例可以激发学生的自信与自豪感。而其中所呼应的后进企业"技术追赶"的主题，对很多企业具有意义。然而，曾经成功并不代表永远成功，面对外部环境的变化，长安汽车近两年的业绩并不好，如何在新一轮竞争中再次脱颖而出也是每一个企业需要深入思考的问题。

关键词：换道超车，自主创新，自主品牌

作为国家兵工厂转型的企业，中国长安汽车集团有限公司（以下简称"长安汽车"）伴随着改革开放的四十多年不断成长壮大，从汽车代工到拥有自己的品牌，从自主研发到国之栋梁。

在董事长尹家绪主政期间，长安汽车产量由不足8万辆增长到63万辆；销售收入从不足23亿元增长到逾350亿元；发展成为拥有福特、铃木、马自达三家外资合作伙伴，拥有重庆、河北、南京、南昌整车生产基地的汽车集团。而其微车在国内市场占有率为38%，稳坐中国微车老大位置。② 至此，偏安西部一隅的小车厂摇身变为全国知名车企。

前任董事长徐留平领导下的长安汽车，从2006到2016年形成了"五国九地"的研发体系，销量从63万辆增长到277万辆，年增率17.44%；销售收入从350亿元增长到2445亿元人民币，年平均增长率24.44%；利润额从7亿元增长到232亿元人民币，年平均增长率59.64%。③

然而，面对经济不景气以及市场逐渐饱和的大环境，2017年开始长安汽车成长趋缓、2018年销量与利润双双下跌，这让长安汽车开始思考：公司未来该何去何从？

---

① 本案例为"第二届卓越案例开发者大奖赛"全国三等奖作品，由重庆交通大学经济与管理学院老师董梦杭、台湾大学管理学院教授吴学良（通讯作者）、重庆交通大学经济与管理学院学生杨璇，根据图书馆资料撰写而成，旨在提供课堂学习讨论之用，而非指陈个别企业经营之良窳或产业政策之优劣。作者拥有著作权中的署名权、修改权、改编权，案例授权清华案例库使用，并享有复制权、改编权、汇编权和翻译权。

② 凤凰财经，尹家绪简介，http://finance.ifeng.com/people/comchief/yinjiaxu.shtml，2019年9月2日访问。

③ 刘丽鸣，中国品牌汽车的挑战与变局——长安汽车：十年布局之自主创新与国际化战略，汽车纵横，2016年第6期，第44-49页。

一、长安汽车背景介绍

长安汽车的历史可追溯到1862年洋务运动中从事兵器研制与生产的上海洋炮局，即之后的金陵制造局，以及对日抗战期间国民政府第二十一兵工厂的军工武器生产基地。20世纪70年代，军工产品订单锐减，长安人迫切寻找企业出路。石油钻头、摩托车发动机及零部件、风冷发动机，甚至绞边器、溜冰鞋都曾是长安挽救亏损的尝试。但漫天撒网的发展方式无法解决业绩的衰退。[①] 1981年4月，长安开始把目光转向汽车行业，并与日本铃木汽车开始接触；1982年初，首台微车发动机点火成功；1983年，首款微型汽车SC110下线；1984年初，长安开始引进日本铃木微型汽车和发动机关键技术。[②] 此后长安汽车又陆续与福特、马自达、沃尔沃等国际车企展开合作，但本质上长安仅仅是就地生产国外少数车款。[③]

20世纪90年代末，长安汽车在全国率先开始自主研发。此后，无论引进外资、组织协同、文化变革、兴业领导均以自主开发为目标。2009年初，国务院办公厅发布《汽车产业调整和振兴规划》，在全国范围内鼓励实行兼并重组的汽车集团中，第一次出现了长安汽车的名字。[④] 也是在这一年，长安汽车以142.5万辆的自主品牌汽车产销量位列中国车企第一位、全球车企第13位。而此时，中国四大车企集团中的其他三强，上汽、一汽、东风等三家合计自主品牌产量仅170万辆左右。[⑤]

二、汽车产业描述

(一)产业结构与特性

在业界流传着这样的说法，哪个行业产业链最复杂、零件最多，自然是航天军工；哪个行业对安全性要求最高、对质量缺陷容忍度最低，自然是医疗器械；哪个行业发展变化最快，自然是电子信息。但能同时包括这几种特性的却是汽车产业。[⑥] 汽车产业素有“工业的火车头”之称，以产业链复杂、安全性要求高、市场变化快等特点闻名。

从产业链上来说，一台车有上万个零件，鲜少有整车厂愿意或能够全部自行生产，所以大部分零件都外包生产，而且层层外包。因为汽车产业链是全球分工合作，所以任何一个环节的问题都可能导致整车厂在生产组装时发生问题。而国际汽车工作小组(International Automotive Task Force)就是为协调各种标准应运而生的。从安全性上来讲，汽车产业从产品研发开始就有一套严谨流程以保证开发质量。对比事后补救，汽车行业更热衷防患于未然。比如有些零件会漏装，那干脆设计成不用这个零件，或者设计成没有安装这个零件就无法进行后续的装配；有些

---

① 中华工商时报，民营军工“鲶鱼效应”初显，海外网 http://m.haiwainet.cn/middle/352345/2016/0811/content_30188519_1.html，2020年3月18日访问。

② 人民日报海外版，志存高远追求卓越——长安汽车(集团)有限责任公司发展之路，http://www.people.com.cn/GB/paper39/11516/1038687.html，2020年3月18日访问。

③ 搜狐网，合资车企“内战”新解：天平正向中资倾斜，2006年4月10日，http://auto.sohu.com/20060410/n242717006.shtml，2020年3月19日访问。

④ 贾可，刘宝华，长安汽车集团新版图展开 徐留平使命在肩，搜狐网，2009年12月16日，取自 http://auto.sohu.com/20091216/n268997496.shtml，2020年3月18日访问。

⑤ 里风，新长安，新锐掌门人——长安汽车董事长徐留平，经济视角，2011年第1期，第84-91页。

⑥ 新浪网，造个汽车为啥这么难？ http://yd.sina.cn/article/detail-ifxzqnip1133496.d.html? vt = 4&mid = avxeafr3896865，2019年10月2日访问。

零件会装反，那设计成如果装反，就装不进去。[①] 而其他行业后来才开始学习汽车业这种“面向制造的设计(design for manufacturing)”概念。

此外，汽车行业还是一个规模效益十分明显的产业。单一车型至少生产10万辆才能平衡庞大的开发成本，40万辆才算最适规模。[②] 全球性的市场竞争、巨额的研发费用、居高不下的零部件采购成本、制造成本和营销成本，导致了全球汽车产业的大规模重组，从早期成千上万家企业的自由竞争，到最后只剩下少数几家企业的寡头竞争。

（二）中国汽车产业

新中国的汽车工业始于1953年，在这一年，长春的第一汽车制造厂兴建完成。此后，国家又在南京、上海、北京、济南建立了四个汽车制造厂，形成了“一大四小”的产业布局。[③] 改革开放后，长期被计划经济束缚的汽车需求得以释放，形成了供不应求的卖方市场。然而此时的燃眉之急是技术与管理的问题。因此，1983年中国汽车工业仓促走上了“以市场换技术”的合资办厂之路。[④] 1986年，在中国政府正式把汽车工业列为支柱产业后，上汽、一汽、东风等大型汽车企业，纷纷决定与国外汽车公司展开合作。[⑤] 于是欧洲、美国、日本的车企，包括大众、通用、丰田、标致等相继进入中国汽车市场。不过这些车企巨头也十分“花心”：大众在中国南、北各有合作伙伴（一汽、上汽）；丰田分别联手一汽、广汽；就连进入中国比较晚的韩国现代也是一边与东风悦达生产千里马、一边与北汽制造索纳塔。

2001年中国加入WTO后，中国政府意识到，如果中国汽车工业没有自己的产品开发能力，无论引进多少外国企业也改变不了依附的地位，逃脱不了被国外车企摆布的命运。中国政府虽然鼓励自主品牌，但在巨大收益面前，多数车企还是选择了轻松路线，甘心作为国际车企在中国的OEM。2009年，国务院办公厅发布《汽车产业调整和振兴规划》[⑥]，推出三大任务。第一，实施自主品牌战略。在技术开发、政府采购、融资管道等方面制定相应政策，引导汽车生产企业将发展自主品牌作为企业战略重点。第二，鼓励新能源汽车发展。第三，推动汽车产业重组，扩大国内车企规模。鼓励一汽、东风、上汽、长安等大型汽车企业在全国范围内实施兼并重组。支持北汽、广汽、奇瑞、重汽等企业实施区域性兼并重组。期待能形成2～3家产销规模超过200万辆的大型车企集团，4～5家产销规模超过100万辆的车企。自此，昌河、哈飞并入长安，广汽联姻奇瑞，东风重组福建汽车等接踵而至。

十几年的快速成长，中国汽车市场规模已跃居全球第一。2009年中国汽车产销统计，中国以300多万辆的优势，首次超越美国，成为世界汽车产销第一大国，比原先预计的提前了5至6

---

① 史蒂芬，为什么汽车行业能够成为制造业的标杆？世界经理人，2017年1月17日，http://www.ceconline.com/strategy/ma/8800085233/02/0? tag_cloud，2019年9月4日访问。

② 王跃跃，“产业规模论”之四：高档车二线品牌的十万辆拐点，中国经济网，2017年2月14日，http://auto.ce.cn/auto/gundong/201702/14/t20170214_20176350.shtml，2019年10月2日访问。

③ 毛和业，中国汽车工业的过去、现在和未来，经济研究导刊，2012年第36期，第201-202页。

④ 搜狐汽车，以市场换技术，中国制造失去创新能力了吗？2018年9月11日，https://www.sohu.com/a/253275548_642245，2020年3月19日访问。

⑤ 腾讯汽车，激荡车市30年，腾讯网，2012年，取自http://auto.qq.com/zt2012/autoage/，2019年9月12日访问。

⑥ 国务院办公厅，汽车产业调整和振兴规划，中国政府网，2009年3月20日，http://www.gov.cn/zhengce/content/2009-03/20/content_8121.htm，2019年9月23日访问。

年。[1] 巨大的市场潜力也造就了上汽、东风、一汽、长安、北汽等众多年销售量200万辆级的汽车集团(参见附表C-1)。

附表C-1　中国前五大汽车制造厂商近年销售量　单位:万辆

年　份	上　汽	东　风	一　汽	长安汽车	北　汽
2006年	112.4	93.2	116.6	70.9	68.5
2007年	155.4	113.7	143.6	85.8	69.4
2008年	172.1	132.1	153.3	86.1	77.2
2009年	270.6	189.8	194.5	187.0	124.3
2010年	356.4	261.5	255.8	238.6	149.0
2011年	396.6	305.9	260.1	200.9	152.6
2012年	449.9	307.9	264.6	195.6	169.1
2013年	510.6	353.5	290.8	220.3	211.1
2014年	562.0	380.3	308.6	254.8	240.1
2015年	586.3	387.3	284.4	277.7	248.9
2016年	647.2	427.7	310.6	306.3	284.7
2017年	691.6	412.1	334.6	287.3	251.2
2018年	701.3	383.1	240.2	213.8	240.2

(数据来源:整理自国家统计局、中商情报网及中国汽车工业协会)

三、长安汽车的品牌自主之路

(一)另辟蹊径、换道超车——从加工者到先行者的转换

和中国其他车企一样,长安汽车最开始也是循径追随国外车企大厂。于1984年引进日本铃木微型汽车和发动机关键技术,开启了造车之路,并于1993年成立重庆长安铃木汽车有限公司。到了20世纪90年代中期,长安微车销量已占到了中国微车市场份额的三分之一。[2] 在外人眼中,长安汽车的合资办厂是成功的。不过,长安人却意识到,挂着世界知名品牌的新型车款业绩扶摇直上固然可喜,以市场换技术也许能引入生产技术与利润,但却换不来自主设计的能力,因为合作伙伴怎会愿意倾囊相授来培养一个未来的竞争对手呢?

"刚开始,我们希望合作伙伴能支持、同情我们一下,但最后结果都是不可能,或是在谈判中给我们报一个天价让我们买。现在不怕你笑,韩国、法国、美国、日本,大大小小的车企我们都试过了。"[3]这个过程让长安人意识到,如果长期安于合资模式而不思进取,就会养成"拿来主义"的惰性。用中国市场规模换来的合资机会可能会赚钱,可能会让企业规模扩大,但却不能让企业

① 孙中元,中国汽车销量首次超过美国,新浪网,2009年2月13日,http://finance.sina.com.cn/roll/20090213/02095850146.shtml,2020年3月18日访问。

② 方娟,铸百年之基 扬自主之帆 长安汽车自主创新之路探秘(二),公民导刊,2012年第11期,第92-93页。

③ 易黎明,从"制造"到"创造"——长安汽车集团军民互动促创新纪实,国防科技工业,2006年第5期,第54-58页。

变强。[①] 除了企业的利益，长安还有更远大的抱负。当年的董事长尹家绪曾表示，各行各业都要有自己的核心技术，这才是中国发展的根本。今天中国的经济是繁荣的，但这个繁荣是不稳定的，这个繁荣是受别人控制的。[②]在这种背景下，长安汽车换道超车，在20世纪90年代末率先提出“自主研发、自主品牌”战略，完成了从一个汽车加工者到汽车制造先行者的转变。

（二）艰难上路、善假于物——从上路者到创新者的转变

从转变思路上路到科研成果创新，长安举步维艰。2003年，长安汽车第一款自主品牌微型车CM6上市，不过这次自主研发成果并不是很理想。虽然首次尝试长安付出了昂贵的“学费”，但长安人也得到了宝贵经验。他们第一次对汽车研发有了全新的认识。汽车产业不只是按照国外蓝图生产，而是需要有一套完善、协同的研发流程作为牵引，需要有强大的科研技术、人才队伍作为支撑。

痛定思痛后，长安决定再做尝试。这一次，长安把目光瞄准了方兴未艾的轿车市场。如今，老百姓越来越富裕，微型车已不能满足市场需要，要生存，就必须生产适销对路的产品。[③]

在初入轿车市场的前两年，长安汽车内部曾对于未来怎么走，产生过分歧：一派认为要将主要精力放在自己最擅长的微车；另一派则强调未来中国市场发展潜力很大，特别是轿车，如果不进入这个领域未来要吃亏。[④] 最终，公司确定了尽早进入轿车市场的方向。事后看来，此战略既迎合了中国民众实现“轿车梦”的需求与渴望，也使长安汽车迅速找到了市场的缝隙，在当时被外资和合资厂家占据的轿车市场中，赢得了发展的空间。

古人常说“善假于物”，就是要善于借助别人的力量来发展自己。为了学习先进技术，继1993年与铃木合作之后，长安汽车又陆续与福特、马自达、沃尔沃等国际车企展开合作。[⑤] 与原来做OEM合作伙伴的思路不同，长安汽车希望在比较后，以合资方式学习各家所长、为我所用。为此，也向意大利IDEA公司，德国EDAG公司、FEV公司，奥地利AVL公司等专业性汽车工程技术公司取经。甚至在订立合同时特别要求，务必保证流程的开放与透明，外方有义务与长安汽车技术人员“结对子”，进行负责任的培训与指导。[⑥]

然而，自主品牌这条路是艰难的。在紧密布局、规划筹谋的准备间隙，长安的微车业务开始被竞争对手反超，微车界老大的地位摇摇欲坠。自主开发的庞大投入与漫长的回报周期让指责、质疑扑面而来。有人认为，自主研发是需要投入大量资源的、是有风险的；透过合资引入国外车型来生产最轻松，又能稳妥地赚钱，何必费力不讨好来搞自主研发。[⑦]

幸运的是，随着中国经济的腾飞，中国政府利好政策的发布，长安汽车发展自主品牌乘用车

---

① 中国企业报道，中国汽车业艰辛的发展历程，http://www.ceccen.com/toutiaoxinwen/1437611322.html，2019年9月27日访问。

② 赵雪，长安为什么一定要自主研发——专访长安汽车总裁尹家绪，中国新时代，2004年第10期，第21页。

③ 方娟，铸百年之基 扬自主之帆 长安汽车自主创新之路探秘(二)，公民导刊，2012年第11期，第92-93页。

④ 杨与肖，为什么是长安？经营者(汽车商业评论)，2014年第6期，第70-74+12页。

⑤ 汽车天涯，深度解析长安汽车，汽车之家，2020年2月21日，https://chejiahao.autohome.com.cn/info/5635364/，2020年3月19日访问。

⑥ 路达，长安汽车的自主创新之路，中国新时代，2011年第4期，第32-36页。

⑦ 中国企业报道，中国汽车业艰辛的发展历程，http://www.ceccen.com/toutiaoxinwen/1437611322.html，2019年9月27日访问。

的效益初显。2006 年 11 月 18 日，长安汽车自主开发的首款家用轿车“奔奔”正式上市。[①] 2007 年 4 月 25 日，长安汽车第一批 200 辆“奔奔”正式出口阿尔及利亚，实现了自主品牌首次出口海外。[②] 2009 年 3 月，长安汽车又推出了一款名为悦翔的小型家用轿车，一度畅销。[③]

（三）以我为主、自主开发——从创新者到大成者的转变

2006 年，中国兵器装备集团副总经理徐留平调任长安汽车任集团总裁，重新定位企业发展战略，提出了“以我为主，自主开发”的自主创新战略，形成了“自主研发、自主管理、自主品牌”三位一体的开发模式，这种模式后被国务院发展研究中心命名为“长安模式”。[④]

在传统的市场认知中，长安汽车代表着微车、军工、国企；而自主品牌早期曾被贴上“价格便宜”“售后服务差”“毛病多”等标签。[⑤] 要实现自主开发的目标，这场翻身仗并不容易打。接下来，将问题转移到“怎么干”上，是寄希望于购买技术的快捷方式，还是选择最为省力的抄袭模仿？抑或用最笨的方式——从零起步进行正向研发？[⑥]

1. 五国九地：成大成必先成体系

为了迅速追赶国际一流汽车企业，长安汽车必须在自主研发上增强力道。除在中国外，也在国外设立研发中心，雇用当地优秀人才，逐渐构建了“五国九地”的研发体系。[⑦]“五国”是指意大利（都灵）、日本（横滨）、英国（伯明翰）、美国（底特律）和中国五个国家；“九地”则是指在这五个国家所设立的研发中心。意大利研发中心的定位是整车造型和总布置；英国负责动力系统、传动系统和变速系统研发；日本主要是内饰设计和精致工艺设计；美国主要解决底盘问题。[⑧] 这些研发中心所从事的研究都是在地国所擅长的。

庞大而分散的研发团队给长安汽车的管理带来了挑战。来自不同国家的研发队伍存在语言、时差、距离和文化等障碍，如何让他们像一台精密仪器上的螺丝一样，各司其职又相互配合，这是一个大问题。为解决这一问题，长安汽车建立了两个机制：一是 PDM 24 小时不间断研发流程，通过此流程，国内外团队可以用一种语言来交流、以一个节奏来工作；另一个是全球研发运营管理工作会流程（简称“全运会”），即通过每周一次会议，解决问题，全面协调运营管理。[⑨]

海外设计研发中心的建立为长安汽车贡献了多款作品。2013 年，长安汽车 14 款新品上市，

---

① 搜狐网，谁说自主品牌就没有历史，来看长安汽车进化史，2019 年 6 月 22 日，https://www.sohu.com/a/322306418_100224632，2020 年 3 月 19 日访问。

② 新浪网，长安奔奔出口海外 第一批 200 辆发运阿尔及利亚，2007 年 4 月 26 日，http://auto.sina.com.cn/news/2007-04-26/1217271394.shtml，2020 年 3 月 19 日访问。

③ 汽车之家，源自 152 年前的兵工厂 忆长安汽车发展史”，2014 年 3 月 3 日，https://www.autohome.com.cn/culture/201403/591128-all.html，2020 年 3 月 19 日访问。

④ 罗志荣，自主创新打造第一品牌——解析长安汽车 150 年基业长青的密码（三），企业文明，2012 年第 12 期，第 24-28 页。

⑤ 赵明月，长安汽车的翻身仗：从练技术到塑品牌，2014 年 5 月 15 日，http://finance.sina.com.cn/360desktop/roll/20140513/004419082069.shtml?from=wap，2020 年 3 月 19 日访问。

⑥ 杨与肖，为什么是长安？经营者（汽车商业评论），2014 年第 6 期，第 70-74+12 页。

⑦ 长安汽车官网，长安汽车简介，http://www.ccag.cn/about.do?action=detail&type=1&id=201101100154364877，2019 年 10 月 3 日访问。

⑧ 网易汽车，“技术男”朱华荣履新 60 天：“爆品”战略浮现，2015 年 2 月 16 日，https://auto.163.com/15/0216/09/AIILPOR900084TV0.html，2020 年 3 月 19 日访问。

⑨ 白朝阳，张伟，“汽车‘强国梦’只有自主创新一条路”——专访长安汽车党委书记朱华荣，中国经济周刊，2013 年第 30 期，第 68-69 页。

包括自主品牌睿骋、致尚XT、欧力威、睿行、尊行，福特翼虎、翼搏、新蒙迪欧、新福克斯、新嘉年华，马自达CX-5，铃木锋驭，陆风X8，DS5。自主合资新品集中发力，强力助推企业整体业绩快速攀升。长安自主轿车月均销量从2013年的1.7万辆提升至2014年的3.2万辆，主力产品销售价格从4万～5万元提高到8万～9万元。[①] 其中，CS35因市场需求旺盛，最终在市场上加价销售，这在国产自主品牌里十分罕见。[②] 2015年，长安汽车的逸动、CS35、CS75、悦翔等核心产品已占据中国品牌细分市场的领先位置，助力长安汽车在2015年实现了中国自主品牌首次在乘用车区隔中年产销过百万辆的里程碑。[③]

2. 引进来、送出去：成大成必先成人才

对于人才队伍的培养，长安汽车有一套"引进来，送出去"的方法。庞剑博士是长安汽车工程总院在噪声、振动与声振粗糙度领域的权威。庞剑回忆起当年加入长安汽车的经历仍历历在目。"说实话，我从来没有想过要到重庆来。虽然在国外工作时一直都想回国发展，但是也就想着到北京、上海或者回老家武汉。"2007年，中国车企赴海外招聘，庞剑最终选择了重庆这个和他没有任何关联的城市。"徐留平董事长诚恳地邀请我加入长安汽车，并给我写了两封信，表达了希望有领军人物带领长安汽车搞自主研发的愿望。我从中感受到了长安汽车对人才的重视和真诚。"[④]

赵会博士是车体安全专家。来到长安汽车后，长安专门投资了1.5亿人民币为其建设了先进的碰撞实验室。与其谈薪资，高端人才更看重研发环境和平台。公司领导的胸怀有多大，企业就能走多远。[⑤]

此外，长安汽车也注重研发团队的建设。以2011年为例，近千名应届大学生加入长安汽车工程研究总院。相较于按部就班的常规分配，各研究所负责人与科研人员的"双向选择"更能为长安科研提供创新源流。此外，长安汽车还指派了专职助理跟随高端人才贴身学习，并要求助理每个月做专业答辩。既考评了专家带队伍的水平，更为企业未来发展培养科研骨干。[⑥]

除了"引进来"，长安汽车还把自己的专业人才"送出去"。通过将技术人员放在国际舞台上"摔打"，培养高素质的人才队伍。对"留学"在意大利都灵的余成龙等人来说，除了向合作者全面学习并琢磨现代汽车造型设计之秘，还需要做一门日常功课——"看"：看潮流趋势、看业内风云、看人才流向。用他的话来说就是长见识、勤积累、等机会。[⑦]

目前，长安汽车已建立起了一支6500余人的科研队伍，其中高级专家400人，外籍人才300人，在研发人力投入上居中国车企第一。[⑧]

---

① 中国网，2013年长安汽车销售突破1600亿元，2014年1月13日，http://finance.china.com.cn/roll/20140113/2116220.shtml，2020年3月19日访问。

② 赵明月，张伟，长安汽车的翻身仗：从练技术到塑品牌，中国经济周刊，2014年第18期，第64-65页。

③ 刘丽鸣，中国品牌汽车的挑战与变局——长安汽车：十年布局之自主创新与国际化战略，汽车纵横，2016年第6期，第44-49页。

④ 田燕，长安汽车的"新抗战"，环球市场信息导报，2013年第5期，第46-49页。

⑤ 方娟，铸百年之基 扬自主之帆 长安汽车自主创新之路探秘(三)，公民导刊，2012年第12期，第64-65页。

⑥ 方娟，铸百年之基 扬自主之帆 长安汽车自主创新之路探秘(三)，公民导刊，2012年第12期，第64-65页。

⑦ 西部招商投融资网，长安汽车：五国九地设跨国研发平台，http://www.zgx114.com/html/?17-0-381.html，2019年10月17日访问。

⑧ 长安汽车官网，"长安汽车简介"，http://www.ccag.cn/about.do?action=detail&type=1&id=201101100154364877，2019年10月3日访问。

3. 全员创新:成大成必先成氛围

欲求木之长者,必先固其根本;欲求流之远者,必先浚其源泉。发展自主品牌有别于合资品牌的做法,必须充分调动全员的力量,构建创新氛围。在长安汽车,有项活动搞得有声有色,那就是合理化建议会。这是一场群众性的科技创新活动,自 2001 年至今已举办了十几届。为了鼓励全员参与,长安汽车每年设置 200 多万人民币的专项奖励,对合理化建议进行抽奖。[①] 截止到 2016 年,长安汽车累计收到员工提出的各式建议 168 万条,实现创新价值 24.2 亿。[②]除了合理化建议会,长安汽车还有一项规定性动作——对标(benchmark)。"我来了长安以后,发起了一个对标运动,就是把整个汽车产业里面,从研发、制造、营销,再到人力资源管理、战略管理,进行了一个全面的对标。看哪些地方不足,怎么解决这个不足。"[③]"除了行业其他龙头企业的对标,还有公司内部的对标。通过部门科室的对标学习,不仅把问题看成现在的不足,更把问题看成未来成长的机会。"[④]

四、长安的下一步,何去何从?

看似一切顺风顺水的长安汽车在 2017 年成长开始趋缓,据长安汽车披露的 2017 年第三季度财报透露,长安汽车累计销量为 205.82 万辆,同比下滑 6.8%;营收 514.31 亿元,同比下降 4.06%;净利润 58.11 亿元,同比下降 24.92%。在这种情况下,2017 年 9 月 21 日,新任董事长张宝林上任。

张宝林董事长上任伊始,便在全国车企中第一个喊出"2025 年后全面停售传统燃油车"的口号,并召开战略发布会,宣布正式启动第三次创业——"创新创业计划"[⑤],致力于实现从传统车企向智能出行科技公司的转型。

三十年前,长安汽车转换车道,踏上了自主品牌之路,这是对这家老军工企业的第一次挑战;十年前,前任董事长徐留平接掌长安汽车时,能否延续老董事长的辉煌并再创高峰,是对长安汽车的再次考验。如今,为了适应新能源与智能车的趋势,张宝林董事长开启了从传统车企向智能出行科技公司转型的"第三次创业",此时的长安汽车能否再次经受住考验?

---

① 张象丽,赵新义,创新驱动:企业最高发展战略——长安汽车快速发展的秘笈,国防科技工业,2012 年第 2 期,第 38-40 页。

② 搜狐网,探秘长安汽车"模范职工之家"背后的故事,2016 年 1 月 26 日,http://www.sohu.com/a/56666033_372607,2019 年 10 月 13 日访问。

③ 王乃伟,亮剑时分——长安集团总裁徐留平访谈,证券导刊,2007 年第 35 期,第 92-95 页。

④ 石胜乾,长安汽车的问题管理文化,企业文明,2014 年第 11 期,第 58-59 页。

⑤ 周易,长安汽车:2025 年后全面停售传统燃油车,汽车之家,2017 年 10 月 19 日,https://www.autohome.com.cn/news/201710/908234.html,2020 年 3 月 19 日访问。

附录D　第9章配套案例

迈瑞:从贴牌制造商到“全球挑战者”[①]

摘要:2017年,在全球智能信息服务提供商科睿唯安发布的“中国大陆创新企业百强榜单”上,迈瑞入围第二梯级,是医疗器械领域唯一上榜的企业。从最初的贴牌制造商到国内同行业领头羊,再到令跨国巨头不安与敬畏的竞争对手,迈瑞的每一次跨越都跻身更高端广阔的平台。这些成功均得益于迈瑞打造成型的一套不断夯实的创新体系。本案例通过追溯这家中国医疗器械龙头的自主创新之路,分析其为构筑企业长期优势所做的种种努力,展望其未来发展,以期给我国高新技术企业的创新发展提供宝贵的经验和借鉴。

关键词:迈瑞,自主创新,逆向创新

一、引言

2017年11月13日举办的德国杜塞尔多夫国际医疗器械展览会(MEDICA),[②]作为全球最大的医疗设备行业展会,吸引了来自全球68个国家的5000多家参展商,其中中国参展商数量约1500家。

在展会上,深圳迈瑞生物医疗电子股份有限公司(以下简称“迈瑞”)成为最闪耀的中国元素,没有之一。这是迈瑞第18次参加MEDICA。从最初泯然于众的12平方米“小摊位”,一路成长为本次MEDICA上最大的中国医疗器械参展商,展台总面积近400平方米。

“德国有着奔驰、宝马等众多全球著名的‘德国制造’,在这样的一个市场上,唯一的通行证就是高品质与创新。”迈瑞德国办总经理Anders在接受采访时说,“我们依然认为‘中国制造’的整体形象有待加强,但是迈瑞作为一个中国公司能在欧洲市场克服这些偏见,这背后是过硬的实力。”

回溯迈瑞在MEDICA上的发展,通过不断加强自身实力,实现了从“顺道看迈瑞医疗”到“专程看迈瑞医疗”的转变。同时,这也是迈瑞从“初出茅庐”到“驰骋疆场”、从“远征军”到“本地军”的双重转变。华丽转身的背后,是迈瑞多年来不懈自主创新、输出中国“智”造的坚持与努力。

---

① 本案例由天津大学管理与经济学部郭名媛副教授和硕士研究生胡彦芳共同撰写,作者拥有著作权中的署名权、修改权、改编权。案例授权中国管理案例共享中心使用,中国管理案例共享中心享有复制权、修改权、发表权、发行权、信息网络传播权、改编权、汇编权和翻译权。由于企业保密的要求,在本案例中对有关名称、数据等做了必要的掩饰性处理。本案例只供课堂讨论之用,并无意暗示或说明某种管理行为是否有效。

② 国际医疗器械展览会,是世界知名的综合性医疗展,被公认为全球规模最大、最全面的专业医疗设备行业展会,以其不可替代的规模和影响力位居世界医疗贸易展的首位。

二、高瞻远瞩，立志创新

1. 从零学步，艰难探索

在迈瑞自建的35层办公大楼前，已很难想象公司创业初期的筚路蓝缕。

1991年在深圳南山，迈瑞从代理国外医疗设备起家。成立之初，公司以医疗器械贸易为主。没有研发部，没有市场部，只有销售、财务和一些服务性的小部门。老板召集全公司开会，直接在自己办公室门口大喊一声，大家就往他的方向靠拢，讲一讲就结束了，一位元老级员工这样回忆当时的情景。

一年后，靠着代理业务，迈瑞赚了百万元现金。第一桶金到手后，在当时众多的医疗代理商沉浸在不断代理销售国外医疗器械之时，迈瑞的创始人李西廷和徐航却舍弃了“坐着数钱”的生意，做出了一个在当时令众人惊讶的决定。

当年，迈瑞拿出做代理所获得的全部利润，以及从市里申请到的100万元科技“三项经费”，全力投入自主研发。“我们清楚地意识到，仅做代理绝不是长久之计，自主研发才能做大做强。”迈瑞董事长李西廷这样说道。

最开始的研发是稚嫩而又艰难的。即便是从创始团队最熟悉的监护仪开始，此时的迈瑞也只能先购买别人的核心技术，然后进行模仿式的研发。除了技术上的难关，研发条件也非常有限。一支很小的研发团队，占据办公楼不到30平方米的区域，每个工程师一个桌子，中间是试验台，有人需要做实验就走到中间去，这唯一的实验台还需要排队预约。没有设计参数所用的临床模拟数据库，甚至连做一个静电测试，都需要人工拿着塑料袋摩擦，摩擦出静电后捂着到测试机器上去测试[①]。

付出总有回报。1992年，迈瑞成功推出了第一个属于自己的“简单产品”——血氧饱和度监护仪。这也是中国第一台自主研发生产的血氧饱和度监护仪。然而，迈瑞选择的自主创新之路并非一帆风顺。

1995年，迈瑞已经发展到每年数千万元产值的规模，但出现了徘徊不前的趋势。面对未来发展何去何从的问题，公司内部出现了重大分歧。当时部分创业者认为，迈瑞就是依靠经营代理国外知名品牌起步的，在国内已经逐渐铺开了自己的销售渠道，继续走代理的路子驾轻就熟，可以说没有风险；而由于监护仪等医疗器械产品准入门槛高，涉及的行业广，如果继续开发有自主知识产权的产品，难度非常大，风险也倍增，极有可能把多年经营积累的一点“家底”赔得一干二净。而徐航等人则坚持认为要走自主创新的道路，自主投入开发有自主知识产权的产品。尽管资金的大量投入会给企业带来巨大的风险，但一旦推出自己的产品，迈瑞的发展将会不可估量。在徐航等人的坚持下，创业者内部初步统一了认识，继续投入资金开发具有自主知识产权的产品。

但之后几年的投入，公司的新产品开发并没有太大的起色，相反，由于资金投入有限，公司的研发陷入了困难。部分公司创始人选择离开迈瑞，另谋发展。在“分家”的巨大压力面前，当时的掌门人徐航等人没有退缩，他们把自主创新投入研发的思路坚持到了最后。

2. 敢为人先，把握机遇

机会出现在1996年。在20世纪90年代中期，半导体集成电路的发展远不如现在这么发

① 刘燕，迈瑞快成长的研发经，IT经理世界，2013年第24期，第37-39页。

达，国外的一些监护仪厂家主要还是应用体积庞大的老式阴极射线管和分立电路来设计监护仪，这样一来体积、重量和功耗都很大。迈瑞下定决心来吃这个螃蟹。技术人员将当时刚刚兴起的嵌入式操作系统、可编程逻辑设计技术、彩色液晶显示技术结合起来应用到监护仪设计中，并对监护仪的生理参数测量电路进行了大幅度的集成电路化和低功耗设计改造。通过一年多的努力，成功地将第一代产品一跃升级为小巧便携、外观时尚、功能丰富的PM-9000便携式多参数监护仪。PM-9000是迈瑞历史上第一个完全拥有自主知识产权的产品，这也成为迈瑞发展史上最重要的一个里程碑。

PM-9000的成功，让之后的一切仿佛“理所当然”。1997年，迈瑞成功引进了美国华登和日本软库的风险投资，解决了研发资金的困难，一鼓作气把迈瑞推向了一个更高的起点。也由此，成为笑到最后的人：迈瑞的自主研发一旦开始，便如上足发条的机器，动力十足！2000年，迈瑞的产品通过欧盟CE认证，这在当时国内同行业中相当超前。

2001年，迈瑞成立的第十个年头，企业的境遇已大不相同。迈瑞自己的研发中心——北京研发中心成立，承担数字超声、血液分析仪、试剂等核心技术攻关项目。在引入先进的数字技术，消化吸收之后推出了全自动血液细胞分析仪和中国第一台全数字黑白超声DP-9900。这两个产品都迅速打开了市场，取得了成功。

一位当年选择留在迈瑞的老员工讲述了一件让他印象深刻的往事：“在迈瑞以前租用的办公楼里，有一家公司在20世纪90年代的IT业颇有名气。这个公司的老总对迈瑞要自己研发产品不以为然：‘中国的优势就是劳动力便宜，搞自主创新行不通的。’现在，这家公司雇用了1000多个女工，主要业务是给迈瑞加工电路板，去年迈瑞支付给它加工费800多万元，而迈瑞完成了10亿元的销售额，却只有500名员工。”

三、持续创新，领跑国内

“医疗器械行业的技术壁垒相当高，没有技术积累，在市场上立足都很难，更别提企业的长期发展了。”徐航这样说。通过建设卓越的研发体系和优秀的人才队伍，迈瑞用研发实力说话，为自身创新发展打造“引擎”，最终突破行业的重重壁垒，成为我国医疗设备领域的领军者。

1. 重在研发，累积优势

2003年，徐航带着迈瑞的大部队去娄山开战略规划会，研发仍然是讨论的主角。会上大家提出了许多有价值的意见，对之前的研发和创新做了反思和总结。从模仿式研发到自主创新，迈瑞实现了多元化产品的布局，同时，开始考虑下一步。这时，迈瑞已经意识到要想保持快速增长，必须有核心技术、创新体系以及创新人才。

随着医疗设备行业整合和垄断的不断加剧，各家医疗设备公司都想把核心技术、关键部件掌控在自己手中，用技术壁垒阻挡竞争者。因此要想在这个行业生存下去，就必须靠对研发的持续投入来打破技术壁垒。核心技术的研发需要源源不断的投入。迈瑞董事长李西廷强调，迈瑞在创新研发上的投入是保持竞争力的关键。因此，在决定走自主创新这条路后，迈瑞始终将研发创新作为企业的“生命线”，坚持“舍得投入，敢于投入”的高研发投入原则。除了将从美国、日本等风险机构获得的基金全部投入技术的研发，迈瑞坚持将每年销售收入的10%投入到研发中，这样一干就是二十几年。最新的数据显示，2014—2016年迈瑞的研发支出总计约30亿元（见附表D-1），每年研发投入占销售收入的比例都超过了最初规定的10%。“迈瑞一直在采取新措施，让研发有足够的投入强度。”迈瑞首席运营官王建新透露：“只有这样，迈瑞在未来才能保有竞争力。”

附表 D-1　2014—2016 年迈瑞的研发投入

	2014 年	2015 年	2016 年
研发支出/万元	94 406.91	98 822.71	108 932.78
研发支出占比/(%)	12.05	12.33	12.06

在研发体系的构建上，迈瑞也不再是当年蹒跚学步的稚嫩孩童。迈瑞在全国建立了多家研发中心，开创性地发明了许多提高研发效率的做法。

医疗产品的开发上市是一个庞大的系统工程，在产品开发过程中，技术问题可能会层出不穷。一般说来，在设计或实现阶段遇到了技术障碍，再去攻克问题，其代价通常比较高。因为其他人的工作可能会被阻塞，已经投入的不少资源将被闲置。最糟糕的是，如果此技术障碍无法攻克，不得已又要改变技术方案、重新设计系统，那么不仅浪费了人力、财力、时间，处理不好还会使研发队伍陷入混乱状态。为了避免这种情况，防止研发进程被技术障碍打断，导致大量的相关工作被阻塞，迈瑞的研发中心多年来一直致力于技术预研，即在立项之后到开发工作完成之前的时间内，对项目将采用的关键技术提前学习和研究，以便尽可能早地发现并解决开发过程中将会遇到的技术障碍，排除技术上的不确定性，使整个研发过程更加可控。

创新体系的系统性、规范性也为迈瑞的创新提供了源源不断的动力。迈瑞引入了医疗产品创新体系(MPI)，形成了一套完整的研发体系，什么时候进什么领域，怎么进，都进行了系统规划。通过全生命周期的管理和电子平台，智能化管控制造基地，确保每个环节的管理可视化、标准化和可溯源，使创新落实到公司日常研发管理的各个环节。

在创新之路上，迈瑞也不再拘泥于只是吸取他人的经验，而是根据实际情况进行了一系列新的探索。通过产学研合作模式带动产品研发就是其中一个。迈瑞的体外诊断产品与上海地区多家医疗机构的检验科合作，共建属于中国人自己的检验平台。而超声影像产品研发团队也与上海交通大学医学院附属瑞金医院、北京协和医院通过“多中心研究”方式，建立了甲状腺弹性成像的“国人标准”。

2. 人才为本，专注创新

迈瑞董事长李西廷说：“我们公司最宝贵的资产是人。”迈瑞深知人才尤其是研发人才对于高科技企业的重要性，所以迈瑞对研发人员极为爱惜。从午餐时间的安排即可窥见一斑。由于研发工作的特殊性，研发人员长时间专注于创新活动，午间小憩放松对他们而言极为重要。为此，迈瑞对分批就餐时间做了明确规定，管理人员被安排在最后一批，研发工程师则被优先安排在第一批，以尽可能为研发工程师们多省出一些午休时间。

有着技术人员出身的徐航深谙研发人才沉浸于创新、物我两忘的痴迷状态。为了营造创新即游戏、工作即享受的文化氛围，迈瑞设立了诸如专利奖、创新奖、以老带新的“共同进步奖”等诸多奖项，并将岗位职称的晋升考评与是否担任过内部讲师等指标挂钩，不断完善奖励机制及考评体系，营造激励创新、享受创新的企业文化氛围。

“在深圳，人才面临的诱惑很多，迈瑞的主要科研人员几乎都接到过国外竞争对手的电话，许以双倍的薪水。但直到目前为止，没有一个人因此流失。”迈瑞研发总监的穆乐民说。

迈瑞监护系统研发部经理叶继伦博士，以前是一所重点高校的教研室主任，加盟迈瑞多年。他说：“在这里，你有多大的本事都可以使出来。在高校时几乎没有科研经费，但迈瑞对研发的投入非常大，在这里可以做自己喜欢做的事。从星期一到星期四，没有人要求，我们几乎都在自动加班，我们一心想着要尽快把产品研制出来，占领市场；如果做不出来，市场就丧失了。”他对自己的工作充满了自豪感：“我有很多同学在国外，但他们没有那么强烈的自豪感、成就感。现在迈瑞是中国第一品牌，我们希望做到世界第一。”

逐步完善的研发体系、对人才的重视和管理，为迈瑞的爆发式增长打下基础。在持续的自主创新之下，迈瑞推出新产品的速度非常快，其自主研发生产的系列高科技医疗设备，不仅性能卓越，而且价格也比国际巨头低得多。

在李西廷的眼里，创新既没有那么诗意，也没有那么高大上。关于创新，他这样说道：“我理解的创新是一种日积月累的笨功夫，是一个从量变到质变、厚积薄发的过程……你会发现，迈瑞自主研发的每一步，结果都不是你设想的。迈瑞每一步创新，都是咬着牙挺过来的。在自主研发的过程中，迈瑞人要做的只是，每一天都比前一天有一点进步。”

2004 年，迈瑞发现国内妇幼保健系统对便携式超声产品有需求，而海外代理商反馈的信息表明，欧洲私人诊所和小型私人医院对便携式超声产品也有同样的需求。基于 DP-9900 技术平台，迈瑞开发出便携式全数字黑白超。

在我国，以前的血液和细胞检测装置基本依赖进口，不仅价格高昂，而且几乎都有工作效率不高、测量样本时间较长、容易造成样本间的交叉污染等缺点。为了解决这一问题，从 2010 年开始，迈瑞进行了长达三年的攻关。白手起家，其中的艰难可想而知，没有资料，研发团队就不断钻研专利文献，努力弄懂以往技术的缺点，然后独辟蹊径，以自己独特的技术路线从头开始。现代化的技术研发，以计算为基础，以仿真数字模型为参考，用实验来验证。经历了无数次的失败，无数次的挫折，从计算到仿真再到实验，三个步骤不断往复，不断积累，距离成功也越来越近。

不知不觉中，三年时光悄然流逝。在一个金色的秋日，项目负责人郭文恒与研发团队成员们紧张地守候在样机前，通电开机，放入样品，按下显示键，瞬间，一组数字出现在显示屏上，打印结果也同时输出。大家紧张地将结果与理论测算进行对比，结果完全一致，成功了！“我们虽然是世界上第五个掌握这一技术的国家，但我们的技术却是十分先进的，甚至在某些技术性能上优于国外的同类产品。”郭文恒对此十分自豪①。

秉持着不断挑战困难、克服困难的态度，中国第一台血氧饱和度监护仪、第一台便携式多参数监护仪、第一台全自动三分类血液分析仪、第一台全数字黑白超、第一台全自动生化分析仪、第一台双模磁共振成像系统……这一项项核心技术的突破，逐步打破了进口品牌垄断中国市场的局面，也让迈瑞成为国内医疗自主创新产业的拓荒者和领军者。

四、走向世界，创新国际化

2016 年，著名的波士顿咨询公司列出一份有趣的企业名录。波士顿咨询公司认为：“我们发现了一批深具潜力而未被广泛认知的公司，我们预期它们会大幅度地改变行业格局并有力地影响全球市场。”它从全球选出了 100 家来自新兴市场、正在加速全球化的企业。来自中国的迈瑞，成为位列名单的、医疗技术领域唯一的“全球挑战者”。

如今的迈瑞，不仅向国内业界展示着自身的创新实力和卓越表现，也向世界表明了中国医

---

① 赵建国，专利是站在世界前列的根本，中国知识产权报，2013 年 11 月 15 日，第 8 版。

疗器械企业的崛起。迈瑞用稳健的步伐,成功地向全球医疗器械行业展示了"中国产品向中国品牌转变"的华丽变身。

1. 厚积薄发,全球布局

在国内市场站稳脚跟之后,迈瑞开始了向更宽广平台的跨越。"我们的目标是输出'中国智造'。"迈瑞总经理成明和说。

2006年,迈瑞为自身的发展画上了浓墨重彩的一笔。这一年,迈瑞作为中国第一家医疗设备企业在美国纽约证券交易所成功上市,标志着迈瑞迈出国门,正式向国际进军。

在严峻的竞争格局中,2008年,迈瑞大手笔收购了美国Datascope公司的生命信息监护业务。在获得了其40余年的雄厚技术后,迈瑞在这一年开发出了M5便携式彩超,克服了笔记本彩超"散热慢、功耗大、体积大"的三大世界性技术难题,赢得市场青睐。

2013年6月,迈瑞继续发力,斥资1.05亿美元全资收购美国高端彩超技术领军企业ZONARE,由此进入移动彩超领域。

与不断拓展海外市场同步进行的,是迈瑞不断加强的国内外研发布局,同时,其自主创新也迈入相对成熟阶段。

在多年的全球化进程中,迈瑞形成了"美国+中国"的全球化研发平台,在中国深圳、北京、南京、西安、成都,美国西雅图、硅谷、新泽西设立八大研发中心,共有1600余名研发工程师。

多次并购后,如何有效整合多地的研发资源成为迈瑞面临的一大难题。于是,在迈瑞内部,诞生了一个特殊的机构——技术研究院,这个机构关注和研究相关领域的前沿技术,为未来五年提供创新的源动力。一旦有创新想法,不管是技术还是产品开发,都会进入业务发展委员会进行评判,一是判断业务发展方向,二是对项目的类型进行划分,最终交给技术团队或业务开发团队,按照短中长期规划给予相应的资金、资源支持。

与技术研究院相配合的,还有一个规划部,他们负责根据全球市场的不同需求,确定新技术的归属以及全球不同研发中心的研发方向;具体规划针对产品及技术两个层面,再将其按照核心业务、增长业务和种子业务的方式划分出来,最终分配到各个事业部的研发中心。迈瑞每个事业部的研发中心,根据不同的技术方向细分为不同部门,他们专职研究产品线上的技术需求,平行运行的还有一个新技术探索组,做具体产品线技术的开发,与其他软件、硬件、测试、整机验证、临床、工艺设计、技术法规等小组,构成一个产品研发的全部流程环节。

同时,为了增进总部、海外机构之间的知识分享和工作协同,提高创新效率,迈瑞还与IBM合作,构建了横跨全球各分支机构、纵跨各业务板块的信息一体化运营管理平台,并建立起IT全球服务台,为公司全体用户提供全新的7×24小时、一站式定制型IT全球服务。

通过管理、技术等多方面的努力,迈瑞将劣势转变为优势,形成了一个庞大但高度协同的研发体系。在融合境外公司的创新能力以及境内的工程实现优势后,迈瑞的新产品迭代时间大幅缩短,为迈瑞将创新产品推向全球打下夯实基础。其间,迈瑞的研发中心专注于彩超核心技术研究,在DP-9900技术平台上应用彩色信号处理技术,掌握了彩超核心技术。2006年,迈瑞研发出中国第一台拥有自主知识产权的中低档全数字彩超——DC-6,在此基础上,2008年和2010年,又相继开发了高端超声仪器——M5和M7便携式彩超,与跨国公司在发达国家市场展开竞争。M7之后还获得了德国红点工业设计大奖,预示着迈瑞的工业设计能力达到了国际先进水平。

迈瑞的研发中心也通过了 Intertek、SGS 等国际第三方实验室认证以及中国 CNAS 认证①，研发可靠性得到认可。2017 年 4 月刊的《经济学人》高度评价迈瑞在整合中美研究团队资源的经验，原因是“其位于硅谷的研发团队与深圳团队互相学习，形成了优势互补的良性互动。”

从国内泯然于众的医疗器械代理公司，到国内医疗器械领域的领头羊，再到被国际权威机构认可的“全球挑战者”，迈瑞输出“中国智造”的愿景正在一步步实现，而庞大的全球研发网络正是其创新的一大助力。

迈瑞的全球布局已初显成效。在高度发达的欧洲市场，迈瑞拥有 8 个分公司，当地员工占比超过 80%，产品和服务在英、法、德、意、西、荷等西欧发达市场 5000 多家医院落地，其中法国、英国、德国占比分别达到 75%、70%、50%②。英国爱丁堡皇家医院、法国图卢兹大学医院、比利时鲁汶大学医院、瑞典卡洛琳医学院等知名医疗机构都是迈瑞的忠诚客户。

在对医疗设备要求极高的美国，迈瑞从小突破，逐步做大做强。迈瑞从最初与中型规模医院合作，到目前已经进入越来越多的 500 床以上的大型医院。现在，迈瑞在北美与近万家终端医疗机构合作，包括全美 TOP 10 的综合性医院、顶级高校教学医院、著名的专业医疗机构。

我国作为“一带一路”的先行者，迈瑞在沿线 15 个国家建有 21 个子公司和海外办，其中多个国家分别设有多处当地办事处，如印度、印尼、俄罗斯等。迄今，57 万多台迈瑞设备已入驻“一带一路”沿线国家的医院、诊所和实验室，服务于当地医疗事业（见附图 D-1）。

附图 D-1　迈瑞的全球布局

2. 引领未来医疗“智能化”

面对医疗智能化的浪潮，迈瑞紧跟时代的需求与步伐，用医疗“智能化”创新开启未来医疗

---

① 中国经济网，[推动中国]医疗巨头迈瑞：自主研发迈出国门 打破国际垄断，2017 年 8 月 8 日，http://finance.sina.com.cn/roll/2017-08-08/doc-ifyiswpt5976494.shtml，2021 年 3 月 20 日访问。

② 搜狐网，从医博会看中国医疗品牌的崛起之路，2017 年 5 月 16 日，https://www.sohu.com/a/140923142_588651，2021 年 3 月 20 日访问。

之窗。

“智能医疗一定是未来创新的重点。对医生来讲，有了智能化设备的帮助，操作更易学更快捷，诊疗更准确更高效；对病人来讲，也可减少顾虑，获得一致水平的准确诊断。”迈瑞常务副总裁吴昊如是说。

当前，迈瑞正从最初的精密化走向自动化、信息化、智能化，智造升级路径渐明。迈瑞推出了多方面的智能解决方案，智能化产品频出，用实际行动浓墨重彩地诠释着医疗器械“智能化”的未来（见附图 D-2）。

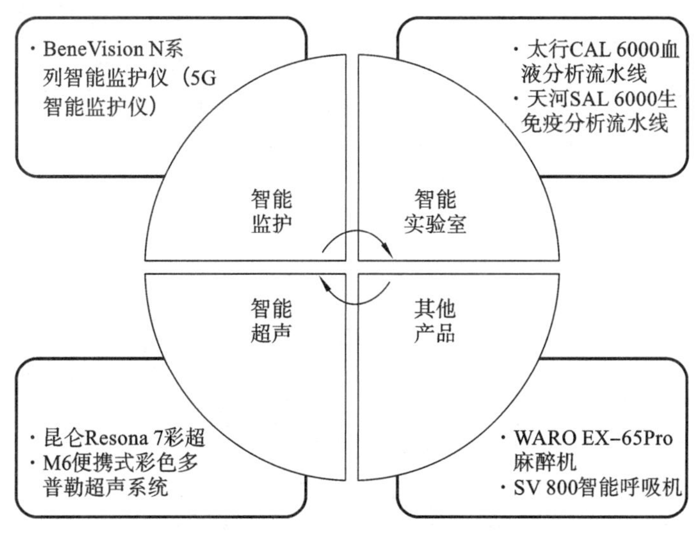

附图 D-2　迈瑞代表性“智能化”医疗产品

在智能监护解决方案上，迈瑞推出的 5G 智监护仪是世界第一台可旋转屏幕的新一代“智”监护工作站，既能满足竖屏下较大的监测值显示，又兼顾了横屏下展现更长的波形，屏幕大、参数多，医生可根据临床需要纵横选择，观察便捷。凭借其“瑞智库、瑞智简、瑞智联”的高端技术特色，引领信息时代监护仪的发展潮流。

在智能实验室解决方案上，迈瑞太行 CAL 6000 血液分析流水线是全球唯一一款具有微量末梢全血检测功能的血液分析流水线，采用模块化灵活配置，其 Lab Xpert 2.0 专家系统，能够智能化决定复检样本，提升科室效率并保证结果的准确性。

智能超声方面，迈瑞昆仑 Resona 7 高端彩色超声系统给用户带来了全新的“域智能”超声解决方案：“域智能”突破了传统超声成像平台的技术限制，通过创新性的四大成像技术，实现了同步提高空间、时间、组织均匀性的超声图像需求。在此基础上，以深度学习为内核，将专家智慧转化为智能化的临床应用，为临床诊断带来全新的体验，代表了超声成像技术未来的发展方向。Resona 7 的横空出世，标志着迈瑞与国际高端技术的挑战赛正式打响。

经过 20 多年的自主创新，迈瑞在行业很多领域实现弯道超车。通过持续创新积累起来的竞争力，在智能医疗领域，迈瑞从一开始就和国际巨头们站在了同一起跑线上。未来已来，迈瑞正鼓足勇气，积淀实力，用智能点亮医疗未来。

五、知识产权护航自主创新

“在这个相互关联的知识型全球经济中，创作者和创新者越来越依赖知识产权，以促进和保护其全球竞争优势。”世界知识产权组织总干事 Francis Gurry 这样说道。

李西廷表示，中国医疗设备领域里的“山寨”十分严重，一定要加强知识产权保护。作为一个高新技术研发型企业，迈瑞很早就认识到知识产权的重要性。从 1991 年成立至今，迈瑞的发展与知识产权密不可分，知识产权助力迈瑞不断创新，护航中国“智”造走向一流、走向全球。

在产品立项阶段，迈瑞即开始进行专利调查，通过掌握所要研发的产品的技术动向以及竞争对手的技术发展水平，对所要投入研发的技术领域的发展趋势进行合理的预测，避免研发的盲目性，从中找到自己的创新点，最大限度地降低研发投入的风险。

医疗器械由于其要求的苛刻，需要企业有一个长时间“厚积薄发”的研发过程。迈瑞的专利申请趋势正是这一过程的体现。2000 年开始，迈瑞开始发展专有技术，走专利路线。比肩华为在研发投入上的比例，迈瑞每年推出 10 余款新产品，每款新品至少运用 10 项专利技术。因此，在 2000 年前迈瑞的专利申请量并不醒目，但在 2000 年后开始专利申请的多级跳，从十多条到几十条再到数百条的飞跃。在 2006 年迈瑞赴美上市后，其年专利申请量较为稳定地保持在 300 条左右，近年有所下降(见附图 D-3)。

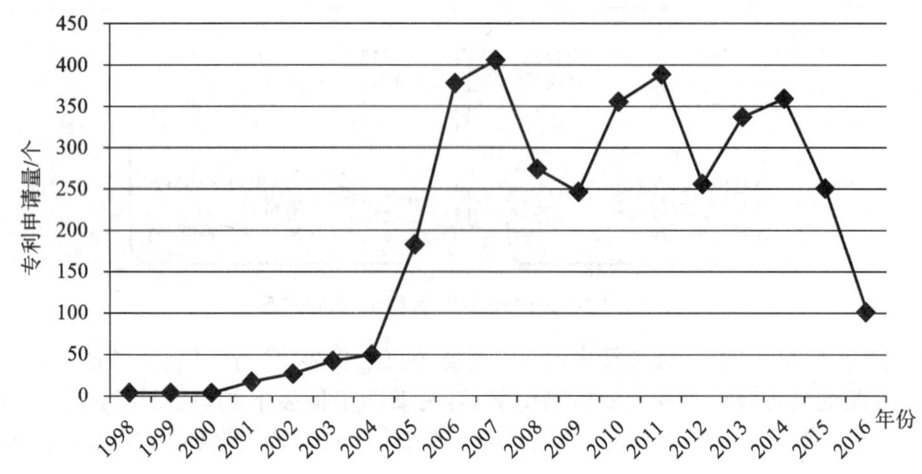

附图 D-3　迈瑞历年专利申请量[①]

经过多年积累，迄今为止，迈瑞拥有全部自主知识产权及专利申请量达 3689 件[②]。截至 2016 年 12 月 31 日，迈瑞专利总授权量超过 1600 件，创造了 20 多项“中国第一”[③]。

除了在专利数量上稳步提升，迈瑞同样注重专利质量，专利对市场的支持作用正逐渐显现。迈瑞在其技术领先的产品上均布局了大量专利，包括超声成像、X 射线、医疗试剂与分析、临床监控及呼吸机等。分别对应医疗影像、体外诊断和生命信息及维持等三个大类。

以一款产品为例，迈瑞在研发出黑白 B 超机后，掌握了该领域的核心技术，随后短短几年中在 B 超机领域推出了很多新的产品，技术创新也一步步趋于成熟。迈瑞为了保持新技术、新产品的竞争优势，将其核心技术作为基本专利保护起来，及时开发一系列的外围专利，避免受到竞

① 数据来自 Incopat 专利检索数据库。

② 数据来自 Incopat 专利检索数据库，检索日期为 2017 年 11 月 28 日。

③ 九泰药械，医疗巨头迈瑞：自主研发迈出国门 打破国际垄断，搜狐网，2017 年 8 月 8 日，https://www.sohu.com/a/163100055_99920688，2021 年 3 月 20 日访问。

争对手的控制。

海外销售额占据迈瑞整体销售额的一半有余，因此，迈瑞非常重视全球专利布局，建立了良好的全球知识产权保护体系，为公司创新成果在全球市场的推行保驾护航。除了中国，欧洲、北美、东南亚等重要市场都是迈瑞进行布局的区域。美国作为全球科技中心，是许多企业进行专利海外布局时首选的地点，在迈瑞的专利总授权量中，近 16.3%为在美国发明的专利(见附图 D-4)。

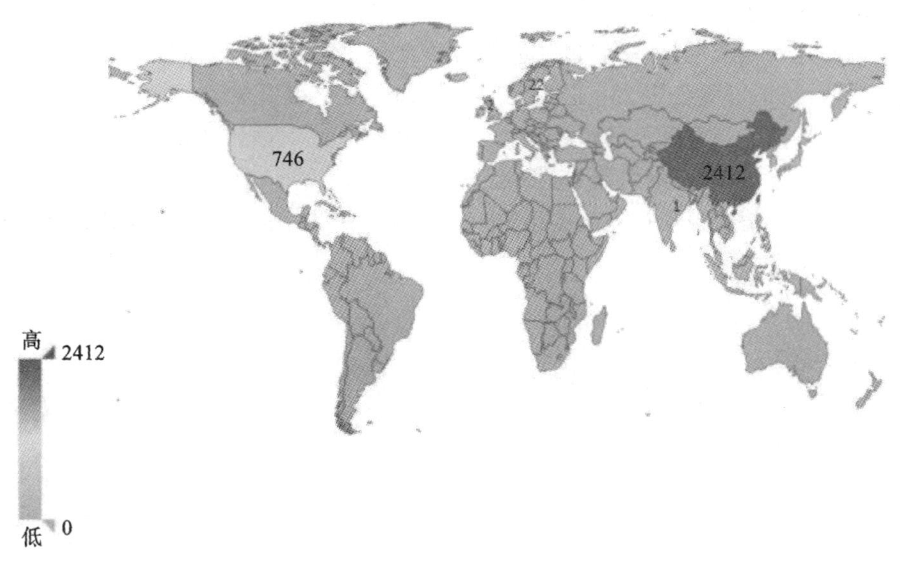

附图 D-4 迈瑞全球专利申请量①

布局早、力度大，凭借强大的专利积累，迈瑞逐步成为中国自主知识产权医疗器械产品国际化和进军欧美发达市场的龙头企业。公司核心产品——监护仪、彩色超声、麻醉和呼吸产品、体外诊断产品等，不仅在国内市场打破了国外高端产品的垄断，在各自领域中名列前茅，而且在国际市场上逐步成为主流产品。

迈瑞结合公司实际建立了专门的管理制度和流程，逐步形成公司知识产权预警平台，以有效规避专利风险。目前，迈瑞已经通过《企业知识产权管理规范》标准认证审核，成为国家知识产权管理体系认证企业。

2016 年 10 月，迈瑞诉理邦仪器知识产权侵权案以迈瑞的胜利告终。这场诉讼历时五年，五年里，理邦仪器多次败诉，累计赔偿迈瑞医疗金额达 6000 万，创造了国内医疗器械领域的知识产权诉讼赔偿金额之最②。迈瑞能够取得最终的胜利，与其对知识产权的高度重视和完善的知识产权保护体系密不可分。

六、结语

就像一个人从少年、青年到壮年一样，迈瑞走过了三十年。起源于国外医疗产品代理，成长于持续自主创新，成熟于创新国际化，迈瑞从设备提供商发展为综合解决方案提供商，其创新产

① 图片由大为 Innojoy 专利数据库生成。

② 理邦仪器专利系列纠纷案再败诉 五年累计赔偿迈瑞医疗 6000 万，2016 年 10 月 10 日，https://m.hexun.com/hz/qtt/2016-10-10/186342937.html? imageView2/1/w/180/h/120/q/65，2021 年 3 月 20 日访问。

品也由单一市场打入全球市场，监护、麻醉、除颤、血液细胞分析仪、彩超等多个产品迈入世界级品牌行列。

创新，已经成为迈瑞的一种强势文化。迈瑞在全球的1600多名研发工程师，持续共同输出创新产物，不断重新定义医疗质量和效率的新标准，打造属于自己的新的技术核心竞争力。庞大的研发队伍，自建的创新生态系统，让迈瑞拥有了不断创新的实力，有了成为世界级优秀企业的基础和与国际巨头比肩的资本。

全球高端医疗器械市场是一个"超级蛋糕"，数据显示，2015年全球医疗器械企业规模第一的美国美敦力公司，销售额已达288亿美元。在加速进入老龄化社会的背景下，中国医疗设备的市场规模也在持续扩张。巨大的市场加上"中国制造2025"、鼓励创新医疗器械研发、国产替代进口等政策利好下，迈瑞若借风起势，必能飞得更高更远。

迈瑞的企业愿景是成为守护人类健康的核心力量。未来，让我们一起期待这抹迈瑞红更加耀眼！

附录E　第10章配套案例

第一个用卫生巾的男人：如何在逆境中创新[①]

摘要：阿鲁恰纳拉姆·穆卢甘南塔姆是一名普通的电焊工，因为看到周围女性用不起昂贵的卫生巾，而心生想要制造出便宜、质量又好的卫生巾的想法。本案例描述了穆卢甘南塔姆在资源稀缺、亲人朋友不理解的情况下，一步一步克服重重困难，最终创造出廉价又优质的卫生巾制造机，帮助无数印度妇女的故事。

关键词：朴素式创新，资源整合，低端市场

一、被束缚的印度妇女

1. 传统思想的禁锢

印度是全球最大的发展中国家，也是世界第二大人口大国，印度一直都被贴以贫穷、落后、拥挤等标签。在印度的传统文化中，女性的经期话题一直是个禁忌，经血被视为"不洁""羞耻""诅咒"的洪水猛兽，在月事来临的时候，女性不能进屋吃饭、不能进屋睡觉，更加不能在任何人面前提起。

2. 经济条件的落后

整个印度有3.55亿育龄妇女，但仅有12%能用得起合格的卫生巾，剩下约88%的妇女在月经期间被迫使用灰烬、旧布、谷壳、干草、沙皮或者旧报纸等物品。因为那些造价昂贵又消耗巨大的卫生巾，贫困之家根本负担不起，很多女性在生理期期间被迫停止工作、学习，约有23%的女性初潮后干脆直接退学。

3. 贫瘠基础设施建设的束缚

由于这些不卫生的做法，70%以上的妇女患有生殖道感染，增加了感染相关癌症的风险，但是这些贫困的家庭连生存都有问题，更没有多余的钱去医院看病。与此同时，因为印度的经济相对比较落后，相关的基础设施不具备，从而产生了不计其数的感染死亡病例。

二、阿鲁恰纳拉姆的求索之途

1. 因爱而起

1962年，阿鲁恰纳拉姆·穆卢甘南塔姆出生在印度一个普通的纺织工人家庭。父亲在一场车祸中去世后，母亲转行当农民工，这个普通的家庭，生活变得更加困难而拮据。于是，懂事的阿鲁恰纳拉姆14岁就辍学帮工维持生计，16岁成了一名电焊工。1998年，阿鲁恰纳拉姆和Shanthi结婚成家。一个偶然的机会他发现妻子用一块脏布解决生理期的卫生问题。这种肮脏

---

① 本案例作者为重庆交通大学经济与管理学院学生曾滢、谭小棋、谭鑫、时芸婷，指导教师为重庆交通大学经济与管理学院董梦杭副教授。

不堪的破布怎么能用？“我甚至不想拿它擦摩托车”！他心疼地质问妻子：“为什么你不用卫生巾？”他的妻子回答：“如果花钱买卫生巾，那我们家就没钱买牛奶了。”这让阿鲁恰纳拉姆非常震惊。在印度乡村，妇女们舍不得买跨国公司制造的昂贵卫生巾，还认为卫生巾是邪恶污秽的象征，妇女们连提起来都觉得羞耻，更别说在公众场合购买了。这块肮脏不堪的破布刺痛了阿鲁恰纳拉姆的神经，他立刻到商店买了一盒卫生巾，36 年来第一次认真观察这传说中的“禁忌之物”。

他惊讶地发现：眼前的卫生巾不就是简单的棉花和纸巾嘛，不过几分钱的成本，那些大公司就要卖好几美元，我为什么不自己做一些呢？

2. 为念而往

于是，脑洞大开的阿鲁恰纳拉姆开始了他的卫生巾制造之旅。最开始，他找来了干净的棉花，用纸巾包裹折叠，DIY 了一款“简易版”卫生巾送给妻子。本来以为会得到妻子的夸奖，但没有经过处理的棉花既不杀菌也不防漏，还不如破布，第一次尝试宣告失败。

阿鲁恰纳拉姆并没有放弃，重新研究了市面上的各类卫生巾，不断推出改良版本，但此时他需要大量用户来试验，从而给出真实的反馈。这在当时几乎是不可能的事情，月事问题在印度一直是一个禁忌。但这并没有阻止阿鲁恰纳拉姆，反而让他更加坚信一定要改变这个狼狈不堪的状况。兜兜转转，妻子 Shanthi 就成了他唯一的“种子用户”。但月事每个月一次，等不及妻子的生理期，他决定自己上阵：“那一刻，我感觉自己就像第一次在月球上留下脚印的阿姆斯特朗，只不过我是全世界第一个用卫生巾的男人。”

为了更好地体验女性使用卫生巾的感受，他想到了一个奇葩的主意——模拟女性的生理期。于是，他找来了一个足球内胆挂在下身当子宫，在胆壁上戳几个洞，再加上一些防止血液迅速凝固的药剂，垫上自制的卫生巾，灌了一瓶羊血绑在腰间，插一根管子通到足球“子宫”，按一下羊血瓶子，血就会流到卫生巾上。尽管炎炎夏日，他仍然挂着这个滑稽的人造子宫，在村庄里走街串巷，不断泵出的血液测试着卫生巾的吸收率，也把他的衣裤弄得肮脏不堪，恶臭熏天。过路的村民们都嫌弃地说：“这男人一定是疯了！”但他毫不在意，照样我行我素，因为他认准的事情，没人能够动摇。此后，走路、跑步、骑车，他走到哪里挂到哪里，就这样连续做了几天“女人”，解下足球“子宫”的那一刻，他感觉整个人都是轻飘飘的，但心里却多了几分沉重。他暗自发誓，一定要让身边的女性和印度其他的农村妇女都能用上便宜又舒适的卫生巾。

然而，卫生巾的制作过程并没有那么简单，不得要领的阿鲁恰纳拉姆一次又一次改良产品，换来的仍是一次次的失败。还没等完美的卫生巾制造出来，阿鲁恰纳拉姆一家子就成了全村的笑柄和耻辱。新婚后的第 18 个月，妻子终于受不了闲言碎语提出离婚；他转而求助妹妹，却被当作一桩奇耻大辱，妹妹控诉哥哥来家里送卫生巾让她丢尽了脸；他鼓起勇气来到医学院门口，向来往的女学生免费分发卫生巾，却被女学生们认为是流氓变态，大家尖叫着向周围跑开了。好不容易收集到了一些试用样品，准备进行统计和观察，母亲看到后以为他在暗中实施什么黑魔法，吓得哭喊起来，也收拾行李离开了家……就这样，他成了村民们茶余饭后的谈资、冷嘲热讽的对象，就连曾经的朋友见了他都躲着走。他在门口晾晒试验后血迹斑斑的内衣裤时，大家都传言他感染了可怕的怪病，或是中了邪，会在晚上变成吸血鬼，喝女孩的血。

这样苦难的日子并没有结束，终于有一天，村里的男人们聚集起来，要把他绑起来倒挂在树枝上“驱邪”，不然就“滚出村子”。但是，想到未完成的卫生巾大业，阿鲁恰纳拉姆心一横，离开了村子。从此，妻离子散、众叛亲离，他成了真正的孤家寡人。

3. 终有所得

俗话说，天将降大任于斯人也，必先苦其心志、劳其筋骨、饿其体肤、空乏其身。当一个人掉入孤独的深渊，心中的目标就会成为唯一的光。阿鲁恰纳拉姆自嘲“无知者无畏”，为了弄清楚卫生巾的工作原理，这个14岁就辍学、连字都认不全的电焊工，凭着一股子韧劲，查资料、做实验；慢慢学着去研究材料学、分子学，操着一口蹩脚的英语，一遍又一遍地给那些大型跨国制造工厂写信，希望有人能注意到金字塔最底端消费者的需求。皇天不负有心人，终于，他的真诚和热情打动了一位大学教授，在教授的启发下阿鲁恰纳拉姆发现了制造卫生巾的关键材料——一种提取自松树皮木浆的纤维素纤维。找到了关键原材料就能投入有效的生产，穷困潦倒的阿鲁恰纳拉姆第一次感觉欣喜若狂。但很快他发现，分解松树皮所需的进口仪器造价不菲，一台就要超出540 000美元的天价，怪不得卫生巾的价格如此昂贵！既然要自己做卫生巾，不就是要打破价格的垄断吗？机器也是人做出来的，“我为什么不自己设计一台呢？”

在没有任何资源的情况下，他把自己关在独居的小屋里，思考、设计、画图、选材、拼装、调试、改良，废寝忘食，将生活中的一些简单原理与其联系起来，终于在四年半后成功造出了分解仪器的平价替代版——廉价的微型卫生巾制造机。新机器看似简陋却功能齐全，可以将坚硬的松树皮分解成蓬松的原料，得到卫生巾需要的纤维素纤维，再将其制成无纺布，经过压缩、外加一套紫外线消毒杀菌装置进行杀毒消菌，最后进行整合包装，整合下来不到1000美元，比市面上的大型机器便宜了几百倍，生产的卫生巾价格也能让贫困家庭的女性可以承担。

三、不忘初心，舍弃私利

2006年，他到印度理工学院马德拉斯分校展示他的创意，听取意见。业内人士将他的发明提交给印度国家创新基金，获得了当年的国家创新大奖，在提名的943个条目中排名第一，当时的印度总统亲自颁发。与此同时，他的发明获得了印度理工学院颁发的“改善社会最佳创新奖”。因此，他拿着种子投资创办了Jayaashree Industries，将这款卫生巾推销给全印度的农村妇女。

2013年，这款低成本的微型卫生巾制造机在印度各邦以及其他6个国家发放了约1000台，每个制造点可以为当地的妇女提供3～10个就业岗位，并带来每月1万卢比的净利润。这一片卫生巾，给印度女性带来的不仅是卫生和健康，更重要的是，让她们重拾了生活的尊严。

2014年，阿鲁恰纳拉姆又凭借这个杰出的贡献入选《时代》杂志全球最有影响力的100人。2016年，印度政府授予他莲花士勋章。

正当人们以为他会借此机会创办公司成为行业巨头时，他却在网站上公开全部资料，开放了所有授权。现在，已有超过110个国家和地区开始引进他的新机器，包括肯尼亚、尼日利亚、毛里求斯、菲律宾和孟加拉。

阿鲁恰纳拉姆的愿景是：为贫困妇女创造100万个就业机会，改变印度农村妇女使用卫生巾的现状，让100%的印度妇女都能使用卫生巾，让她们可以有尊严地生活。

阿鲁恰纳拉姆的发明被公认为改变印度妇女生活状况的关键一步。数以亿计的女性因他的这项发明受益，还为许多妇女带来了工作和收入，经济实惠的卫生巾也让更多女性在月经期间正常工作。除了在宣传上亲力亲为，阿鲁恰纳拉姆的工作也激励着其他企业家进入该领域。

目前，阿鲁恰纳拉姆已是社会知名企业家，曾在印度理工学院孟买分校、印度管理研究所艾哈迈达巴德分校、印度管理研究所班加罗尔分校和哈佛大学等高等院校以及TED大会演讲。

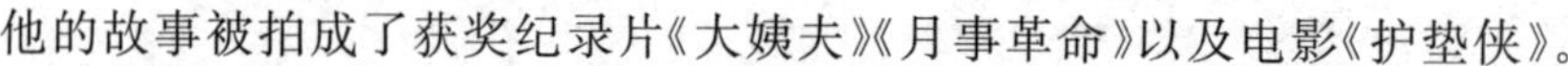

他的故事被拍成了获奖纪录片《大姨夫》《月事革命》以及电影《护垫侠》。

四、特有模式

全球卫生巾制造业进行改革的时机已经成熟，随着人们越来越关注不洁卫生产品对女性健康和收入所带来的影响，全球范围内涌现了一些解决卫生高昂成本的创新方案。这些创新标志着“女性卫生革命”的开始，且这场革命正愈演愈烈。阿鲁恰纳拉姆创办的Jayaashree Industries之所以能够在这场创新运动中取得巨大的成就，主要基于一种特有的企业经营模式：

(1)构建一个具有可行性和可持续发展的企业，可以由基层的草根人民有效地运营；

(2)提供了一个至关重要商品——卫生巾，与跨国公司的产品相比，能让贫困妇女以负担得起的价格购买这些产品，同时又不降低产品的质量，这可以看作是一项积极的社会工程；

(3)减少供应链的参与者，从一开始，处理产品的第三方就是消费者；

(4)所采用的技术简单，这台机器使用的是纯粹的机械加工过程，比如研磨、去纤维化、压制和密封，将原料转化为卫生巾；

(5)微型卫生巾制造机是阿鲁恰纳拉姆首次尝试利用技术造福贫困人口，一旦实现了当前扩展和传播其发明的目标，公司将重新关注其核心竞争力，创造下一个造福贫困人口的大发明。

五、何去何从？

阿鲁恰纳拉姆在逆境中寻找机会，以有限的资源创造了比产品预期更大的价值，尽管在无资金、无设备、无雇员甚至无技术的劣势情况下，依旧进行资源拼凑，以少搏多，将资源的劣势转化成一个巨大的优势，进行了工艺流程创新和产品创新，创造性地利用、整合了资源，创造出了优于产品价值的意义，最终实现了其产品目标和产品价值，实现了朴素式创新，突破各种限制条件寻找机会，用更简单的方式，用更少的资源创造出更多的价值。尽管，在目前看来，阿鲁恰纳拉姆取得了巨大的成功。但是，我们又不得不思考以下几个问题：在阿鲁恰纳拉姆做出开放专利的决定之后，他的产品会遇到怎样的冲击？他生产的卫生巾几乎垄断了印度的卫生巾市场，那些跨国企业又会做出怎样的举动呢？随着印度经济的不断发展，人民生活水平的不断提高，廉价卫生巾是否还有市场呢？如果阿鲁恰纳拉姆的卫生巾走向世界，那么他的目标客户群体又会发生怎样的变化呢？阿鲁恰纳拉姆的卫生巾之路将何去何从？

附录 F　第 11 章配套案例

乾承科技——最缺哪一抹绿？①

摘要：大连乾承科技开发有限公司是致力于节能、环保产品的研发、生产、营销为一体的高科技企业，其研究开发的乾承陶瓷合金修复技术是针对机械磨损自动修复的专利技术。本案例回顾了该公司从发现生态创业机会、树立生态理念到创立公司、遭遇发展瓶颈、寻求突破的生态创业历程。案例内容适用于讨论和分析创业与生态创业的特征、影响因素，以及基于制度学的创业合法性角度思考生态创业所遇到的问题及未来的发展方向。

关键词：生态创业，绿色创新，创业的合法性

一、引言

大地回春，万物生机，放眼望去，杨柳吐新芽，小草也慢慢扬起头，肆意地呼吸着春天的气息。清晨的露珠还没有消散，打湿了来往行人的衣裳，这春意也吸引着奔忙的大连乾承科技开发有限公司的董事长曲宝珠（下文简称"曲董"）。沉甸甸的露水压在绿油油的草地上，压弯了一株株脆弱的小草，可是它们依然向着天空骄傲地高高昂起，仿佛不想向大地屈服一样。看着青草的坚强，疲惫的曲董忍不住驻足凝视，仿佛看着年轻的自己，骄傲地面向未来的模样。

技术出身的曲董向来不喜欢那些浮夸的荣誉和称号，但不知道从什么时候开始，"生态创业者"仿佛成了她的代名词，被叫得越来越响亮。然而从最开始踏上生态创业这条路，一路走来，其中的酸甜苦辣只有她自己知道。

二、绿之生根

遥远的西伯利亚，北风瑟瑟，大雪纷飞，皑皑白雪遮盖了一切生机。恶劣的生活环境导致这里人迹罕见，但极寒的环境却造就了鲜为人知的奇迹。地理工作者发现，钻井工具的寿命与其他地区相比要长很多，工具表面在没有采取其他保护措施的情况下，也能变得异常光滑，几乎不存在机械摩擦。究竟是特殊的环境造就了这种特殊的现象，还是在当时的地质结构中存在着一种特殊的物质，在机械摩擦过程中起着重要的保护作用？苏联科学家开始了大量的研究，投入了大量的资金和精力。当时就职于哈尔滨某机械公司技术研发部门的曲董因一个偶然的机会接触到了这个项目，并有幸参与了对方的技术交流会。第一次听到"机械磨损修复"，曲董感到又新奇又激动，在交流过程中一直积极地与对方专家进行沟通，希望多了解一些这方面的技术

① 本案例由大连理工大学管理与经济学部的雷善玉、马欢欢、李晓雨撰写，作者拥有著作权中的署名权、修改权、改编权。本案例授权中国管理案例共享中心使用，中国管理案例共享中心享有复制权、修改权、发表权、发行权、信息网络传播权、改编权、汇编权和翻译权。由于企业保密的要求，在本案例中对有关名称、数据等做了必要的掩饰性处理。本案例只供课堂讨论之用，并无意暗示或说明某种管理行为是否有效。

知识。然而恰逢政治风云，苏联解体，国家动荡，科学研究难以继续下去。一位相熟的苏联老科学家把已有的一些研究数据和资料托付给了曲董，希望她的研究热情可以赋予它新的生命力。

“我当时只觉得这是个机遇。”曲董的回忆慢慢飘回到那段艰辛探索的年代。“现代社会环境压力这么大，生态条件越来越不好，如果真的研制出一种可以修复机械磨损的材料，对环境保护而言，是多么大的贡献啊！”当时的曲董还不知道究竟什么是“生态创业”，也不知道什么是“绿色创新”，只是凭着一腔的热血投入到技术研发中去。研发的过程是一个漫长而艰苦的过程，技术机理不明确，还要不断地进行尝试，寻找有效的物质加以合成。严谨的科学分析，艰难的摸索前进，每一步都像是登山一样困难，但过程的艰辛无法打消曲董的坚持，那份关于“绿”的坚持，关于生态环保的坚持。

功夫不负有心人，几年的时间里曲董看着自己的研究成果像大树一样开始生根发芽，也开始关注“生态创业”“绿色创新”这些从来没有接触过的词汇。一次又一次的通宵达旦，记录下不知道更新了多少次的实验数据，曲董每天看着清晨的太阳缓缓升起，第一缕微弱的阳光洒向大地的时候，也感觉到希望之光正在冉冉升起，并终将散发出耀眼的光芒。

时间慢慢走到了 2010 年的秋天。秋风萧瑟，昏黄的夕阳下，曲董看着自己工作了多年的机械公司倒闭了，伴随着树叶的飘落结束了曾经的辉煌。抱着自己多年的研究数据和资料，看着办公室墙上“绿色创新”“环境保护”的标语，仿佛看到了绿色的明天、改善生态环境的未来，曲董暗暗下定决心，“绿”之树悄然生根。

三、绿之萌芽

突然之间，没有了资金、没有了研究人员、没有了技术支持，或者是说没有了后路，但这些都不足以打消曲董在机械磨损修复技术领域继续钻研的信念，她坚定地相信，一旦机械磨损修复技术研发成功、面向市场，必然引发巨大的反响。

自主研发，自己创业，曾经和她一起搞研发的同事们想都不敢想的事，曲董咬着牙开始了。周围的人都表示不理解、不支持、不相信，觉得曲董在异想天开，好在还有丈夫默默的陪伴和帮助，像温暖的大树一样守护着初生的草草木木。上天永远不会辜负勤劳的人，曲董最终取得了别人意想不到的成功，在技术上有了重大突破，她给它取名为乾承机械磨损修复技术（下文简称“乾承技术”），并为它申请了两项国家发明专利①。有了立足之本和发展之根，曲董和丈夫离开了生活多年的哈尔滨，怀揣着生态创业的梦想和充满活力的乾承项目，夫妻俩来到大连寻找投资和合作。作为全新征程的起点，他们注册成立了大连乾承科技开发有限公司，夫妻二人分别任公司董事长和总经理。新的事业就这样轰轰烈烈地拉开了帷幕，曲董创业的路程也在跌跌撞撞中开始了，种下了“绿”树，萌发了“绿”芽。

1. 公司简介

大连乾承科技开发有限公司是致力于节能、环保产品的研发、生产、营销为一体的高科技企业。企业成立的宗旨是将乾承机械磨损修复技术发明成果推向广阔的应用领域，围绕机械磨损修复专利技术组建了一个提供解决方案和产品供应的平台。公司在大连旅顺中科院创新园区建有研发中心和生产基地，具有规范化、批量生产的能力。产品有三大类十一款，拥有两项发明

① 一种金属表面改性材料及其制备方法，专利号：ZL2008100973 * 3.3；一种金属表面陶瓷合金材料及制备方法，专利号：ZL20091008 * 679.2。

专利，一项实用新型专利，目前拥有“乾承”“乾承-点石成金”“润鉴”“摩博士”四个产品品牌。

乾承公司的企业理念是共同打造节能环保领域新平台，为清洁的地球、绿色的地球而工作，用节能环保造福未来，“让磨损消失、让天空更蓝、让资源再生”是企业创业发展的使命和追求。创业至今，乾承公司已经为机动车类、机械设备类、军用类等不同领域的机械设备提供了金属磨损修复整体解决方案，打造出处于国际领先水平的金属表面改性材料，产品远销美国、加拿大、日本、韩国和新加坡等国家。

2. 产品及技术机理

乾承机械磨损修复技术是基于解决世界性的机械磨损修复难题——金属磨损而研发的。该技术综合采用表面工程学及材料科学最新技术研制出一种多组分特殊材料，当金属间因摩擦而产生磨损时，通过特殊材料与金属表面发生置换反应生成新物质（陶瓷合金）自动补偿磨损面，使机械恢复到原来的形态，从而实现自动修复的效果（见附图 F-1）。

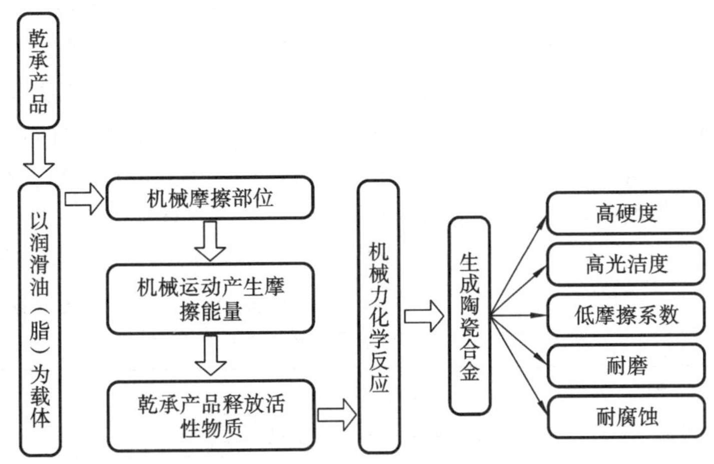

附图 F-1　乾承机械磨损修复技术的工作机理

新产生的陶瓷合金具有高硬度、高光洁度、耐磨、耐腐蚀、摩擦系数极低等特点，可修复能耗、修复排放，节省拆卸修复的时间和经济投入，有效地解决了机械磨损的难题，延长了机械设备的经济和使用寿命[①]，与现有的润滑油存在本质上的区别（见附表 F-1）。

附表 F-1　乾承产品与润滑油添加剂的对比

	乾 承 产 品	润滑油添加剂
原料	无机矿物质	石油、化工产品
功能	自动修复磨损	无修复磨损功能
摩擦系数	＜0.005	＞0.03
耐高温	1600 ℃	300 ℃
表层	陶瓷合金	油膜、化学衍生膜
厚度	1～50 微米	0.001 微米
使用频率	10 万公里应用一次	每次换机油都要添加

① 用私家车举例，经济寿命即汽车最省油、机械性能最佳、尾气排放最环保、维护费用最低的阶段。

四、绿之成长

1. 征途漫漫

每当一个新事物问世，总会受到人们的质疑，尤其对于高科技致力于环保方面的创业而言，“前无古人”竟成了一种不可避免的“缺陷”，乾承公司的早期市场推广简直可以用步履维艰来形容。最初，曲董采取的是“两条腿”战术，其实就是自己带着公司的销售人员跑市场，一家一家的寻找目标客户，想用自己的诚意和热情去打开市场，但现实总不尽人意。

2012 年 5 月的一天，曲董经朋友介绍来到了鞍山集团旗下的公交车队进行宣传，在场的人都觉得乾承机械磨损修复产品很神奇，很有价值。曲董借机主动提出免费给车队的部分公交车使用乾承产品，试用一个月之后车队可以看使用效果来决定到底要不要继续使用。本以为已经得到了对方的认可，这样的提议肯定有用，可万万没想到一听到这样的建议，对方反而开始半信半疑，“谁知道你的产品到底是好还是不好，不用没事，万一用了你的产品把我们的车弄坏了怎么办?”甚至有人还对曲董号召的生态创业、绿色创新提出质疑：“生态环境那是国家操心的事儿，咱老百姓跟着凑什么热闹。”曲董感觉自己仿佛陷入了一个“怪圈”：“明明我的产品大家都觉得这也好那也好，节能环保，改善生态，怎么一到说让他们用的时候，就觉得我是个十足的大骗子呢?”该如何打破这个僵局，该如何让人们尽快消除对乾承产品的顾虑，接受生态环保、绿色创新理念呢? 曲董和她的团队知道，必须翻过这座大山，企业才会有希望。

接下来的一段时间，曲董放慢了市场推广的步伐，一方面潜心研究，提高产品质量，将乾承的系列产品进行了进一步的区分(见附表 F-2)，另一方面集思广益，寻找突破僵局的办法。

附表 F-2　乾承机械磨损修复技术系列产品

汽油机类产品				
产　　品	产品容量	机油容量	发动机结构	适用范围
QA-2	100 mL	3～4 升	2～4 缸	排量≤2.2 升轿车
QA	100 mL	4～6 升	4～6 缸	轿车、小型发电机组
QB	200 mL	8～12 升	6～8 缸	大排量轿车、游艇、小型飞机
柴油机类产品				
产　　品	产品容量	机油容量	发动机结构	适用范围
CA	100 mL	4 升	4 缸	轿车
CA-1	100 mL	6～8 升	4～6 缸	吉普、面包车、物流专用车等
CB	200 mL	16～22 升	6～8 缸	中型卡车、公交车、厢式货车等
CB-2	200 mL	22～28 升	6～8 缸	重型卡车、中型发电机组、工程机械、农用机械等
CD	400 mL			大型柴油机
机械设备类产品				
产　　品	产品容量	介　　质	—	适用范围
TB	400 mL	润滑油	—	大型变速箱
ZC	400 mL	润滑油	—	轴承、轴
ZC-1	订购	润滑脂	—	轴承、轴

“曲董，要不我们也投保险吧！”一天，公司的销售人员王强突然提出这样的建议。“光听说给人、给车投保险，哪有给技术投保险的？”大家都感觉这个建议不太现实。

“您看，就像大家给汽车投保险一样，一旦汽车出现意外都有保险公司来承担赔偿、维修费用。现在大家不是不相信咱的产品，怕咱的产品弄坏他们的车不敢用吗？如果咱有了保单，就跟他们说只要是因为用了乾承的产品，机械出现任何故障或者问题，保险公司都可以给予赔偿，这样一来，他们就算不相信我们的话，也能相信保险公司啊！”王强似乎已经考虑得很周全了。

“对，这样的话，也有第三方的保证，他们总不能再觉得我们是骗子了吧！”“对对对，就算是不相信咱们的嘴皮子，不相信产品的生态环保，也该相信保险公司啊，就算是坏了也不用咱赔，有保险公司呢！”在大家七嘴八舌地积极讨论时，曲董和丈夫也在认真地思考投保的实际价值。

仿佛见到了一丝曙光，在大家的强烈建议和支持下，公司于2012年9月在太平洋保险公司为乾承产品投下了价值3000万元的产品质量责任险，并郑重承诺：使用乾承产品无效，无条件退款，所有因使用乾承产品出现的问题，乾承公司保修包赔！

就这样，曲董和她的团队在创业初始投入了巨大的精力对外证明他们的产品是环保的，对用户是有价值、有意义的，但是在诚信越来越容易受到质疑的社会里，曲董的团队越是这样努力，外界越质疑他们的技术和产品。更奇怪的现象是，有的用户质疑：如果真的是好产品，都不愁卖还买保险干什么？每当曲董听到这样的质疑，只能无奈地笑而不答，她知道这不是她的错，是这个社会大环境下人性的悲哀。

2. 绿色认证

对于任何一个高科技新创企业而言，技术实力都是它的立足之本、发展之根。为了尽快得到市场的认可，曲董带领着自己的团队和清华大学、吉林大学等进行合作，积极寻找技术支持的同时，从最开始简单的研磨、抛光、镶嵌技术，慢慢进步到补偿加入技术，提高绿色创新技术的标准。与此同时，本着科学研究的严谨性和认真负责的态度，曲董也在为乾承科技寻找权威认证的“绿色生态”光环：在清华大学的国家级摩擦学重点实验室得到了改性技术生成的陶瓷合金各项优异的理化指标。从铁路机车、煤矿设备、石油钻井设备、各种汽车到军用飞机均进行了试验应用，取得了非常好的应用效果；在中科院过程工程研究所实验部门得到了国内最权威的科研部门的技术认证，他们经过85小时的实验后，验证了在45＃钢的表面从无到有生成陶瓷合金的全过程，并给出了权威的验证结论（见附图F-2）。

中科院过程工程研究所的验证结论让曲董激动不已，多年的执着与坚持，凭着自己对“生态创业”“绿色创新”近乎执念的信任走到今天，自己的努力没有白费，有了权威的认证，曲董信心倍增，又一次踏上了市场推广的漫漫征程。

3. 首战告捷

有了保险护航，有了绿色认证，产品推广虽然又是一次新的挑战，一切从零开始，但这次有人对曲董张开了信任的怀抱。

2012年10月14日，曲董来到了营口恒泰物流车队洽谈合作，车队经理刘总和李总接待了他们。秉承着不放弃每一次机会的精神，从技术机理、使用效果到产品保证、节省燃油，曲董都做了详细的介绍，并表达了自己生态创业和绿色创新的理念，希望能够得到对方的信任，刘总听得非常认真，并时不时针对产品的性能和使用效果提出自己的疑问。一旁的李总显然对乾承产品存在很大的怀疑，不停地提出反对意见，但这些反对意见丝毫没有影响刘总对乾承产品的

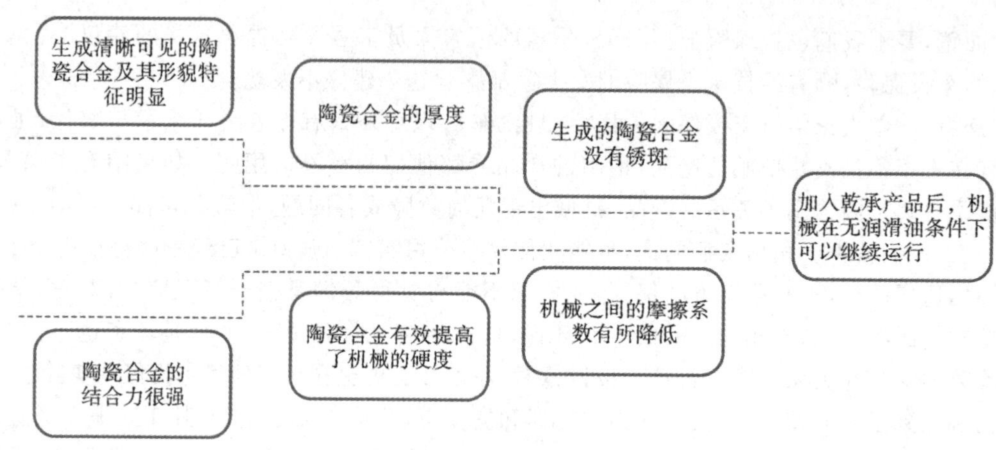

附图 F-2　中科院过程工程研究所实验结论图

兴趣。

"我也知道你创业不容易,那些技术机理我不懂,但觉得你的产品能保护生态环境这个很好,应该支持。你只要告诉我,我用你的产品,你能保证省多少油?"刘总直接向曲董发问,言语间仿佛下了很大的决心。

"只要您能够在燃油上把好关,平时注重保养,我能保证用了乾承产品之后,节油 8%以上!"曲董的回答信心满满。

"你说的这些我都能给你保证,你也别说 8%,能够节油 5%我就立马跟你签合同!"刘总的态度也很坚定。

"没问题！我们可以签个合约,我给您立军令状!"曲董的回答进一步加强了刘总使用乾承产品的决心。

在刘总的积极配合下,曲董给车队的 25 辆欧曼改造型矿粉运输车全部添加使用了乾承产品。一方面,刘总严格要求车队制定保养规则,每天清理空气滤,保证发动机吸气顺畅;另一方面,公司派专人管理,做好燃油把关。一个月过去了,统计数据第一时间送到了刘总的手上:在运输车严重超载的情况下,车队整体节油 8%以上,发动机震动平均下降 20%以上,发动机机油压力平均上升 0.64 公升。看到统计数据,曲董激动的心情难以言表,刘总当天就跟曲董签订了一年的使用合同,并表示如果使用效果好会继续追加合同。就这样,乾承公司的"绿"色征程迈出了第一步,赢得了第一个值得信赖的客户,也挽救了曲董生态创业的命运。

4. 快速发展

成功的案例给乾承公司带来的是春天般的生机与活力。快递运输车、柴油运输车、钻井队、油田、公交车,合同订单扑面而来。仅 2012 年下半年,公司营业额达 200 多万元人民币,并逐渐得到铁路内燃机车,甚至是部分军事领域专业人员的青睐。

2012 年底,一次偶然的机会曲董和她的乾承产品参加了国内绿色创新协会举办的"绿色创新企业"评选活动。在两个多月的评选时间里,经过了 40 多位国内权威专家评委的一致审核评定,大连乾承科技开发有限公司拔得头筹,乾承产品也入选当年新华社"发现中国创造力"年度创造力产品,曲董的创业和乾承产品终于看到了一线光芒和生机。

获此殊荣,大连市政府也关注到了乾承公司,这个一直高喊着生态创业口号的绿色创新企业，获得政府扶持，免费入驻旅顺区高新技术园区，并获得厂房和场地支持，这对刚刚实现产业化的乾承公司而言如及时雨一般。借着政策支持的春风，乾承公司快马加鞭促发展，公司上下生机盎然。

5. 企业管理

在整个市场推广的过程中，曲董也在逐渐对公司架构和营销团队进行重新审视。近两年的经营，公司现有正式职工 23 人，除了自己和丈夫之外，下设技术部、销售部、财务部、售后服务部以及秘书办公室。其中，公司一半以上的人都是跟曲董一样技术出身，平时主要负责产品研发等技术工作，并没有聘请专业的管理人才，人员的教育程度、个人素质也参差不齐，日常工作中经常会出现沟通不畅的现象。凭着一腔热血创立了公司，曲董单纯地想要用生态创业和绿色创新，为保护环境、改善生态做出贡献，但管理公司并没有自己想象的那么简单。

开始是觉得公司规模小，没有必要浪费过多的资金在聘请职业经理人上，现在公司规模逐渐扩大，曲董明显感到力不从心。研发费用、设备购买费用和维修保养费用、员工的工资就是很大的一笔支出，每年的营业收入几乎所剩无几，根本无力进一步扩大市场规模。公司曾在 2012 年被评选为“中国十大绿色创新企业”的第一名，也在短时间内获得了大连当地政府的支持，一定程度上得到了快速发展，但是之后公司却没有重视“绿色创新企业”评选的商业价值而进行企业宣传推广，就连自己的客户对这个辉煌的历史都不甚清楚。种种问题让曲董觉得无从下手，就像大树在最茂盛的时候，花儿朵朵分外美丽，繁花似锦，一旦陷入其中，却不知绚丽的背后到底存在着怎样的危险与打击。

6. 政府资本

曲董从未停下忙碌的脚步，奔走的同时，她也在关注来自社会和政府的消息。所谓酒香也怕巷子深，自己的生态创业理念和绿色创新产品再好，只要没被人们广泛知晓和认可，就无法在社会上站稳脚跟。好在近年来，政府大力推进节能减排，鼓励发展循环经济，建设资源节约型、环境友好型社会，从政策上积极鼓励绿色创新企业的发展，大力提高全社会的“绿色购买力”，促进绿色经济。

对乾承公司而言，政府无疑是最可靠的“大树”，最有力的“资本”，正所谓大树底下好乘凉，曲董也感觉到政策的春风正在徐徐吹来，仿佛看到了乾承公司崭新的生命力。她开始积极争取一切可能的机会，使企业与政府实现“共赢”，毕竟自己的产品可以为社会带来福音。于是，她带领团队申请政府“绿色创新”专项课题；将乾承产品及公司相关情况向当地政府相关部门说明；积极参加政府举办的绿色公益活动。但是，所有的积极展现并没有得到政府领导的关注，课题申请也一次次被打回，最后只能放弃。曲董和她的团队找各种机会与政府部门接触，希望政府帮助推广这种利国利民的环保产品，然而他们经常受到冷遇的原因正如向客户推广时面临的尴尬状况是一样的，政府人员不敢轻易相信，“凭什么相信你，绿色认证可以有假，绿色创新企业评选可以有猫腻”各种刺耳的话袭来。在访谈中，当曲董回忆这些时，不禁潸然泪下，自己的满腔热情得到的更多是冷言冷语和不屑一顾。她心里清楚，自己坚持的生态创业，如果没有政府的足够支持和扶助，将很难打开局面。可是她越想抓住这棵枝繁叶茂的大树，越感到心有余而力不足，究竟是争取的方式有问题，还是现有的材料无法证明自己的“绿色创新”实力，还是自己坚持的生态创业从一开始就走错了方向呢？曲董迫切地想要寻求一个回答。

五、绿之抉择

1. 山寨频现

曾经的中国市场，秩序不规范、管理不到位，以假乱真的现象普遍存在，消费者甚至无法在混乱的市场中辨别出真正有价值的产品，以至于宁愿选择放弃使用新产品。乾承产品刚刚打下的半壁江山，也面临着严重的信任危机，进一步扩大市场份额的热情被一场突如其来的倾盆大雨瞬间浇灭了。

眼看公司逐渐步入正轨，就在公司所有人都摩拳擦掌打算好好干一场的时候，公司的销售人员逐渐发现，很多正在洽谈的合作伙伴，态度突然转变，变得模棱两可、犹豫不决，本来说好马上要签合同的公司，也都以这样或那样的理由开始拒绝合作。曲董带着销售人员登门拜访，有的甚至连人都见不到。炎炎烈日下，曲董却一身冷汗，直觉告诉她，公司又要迎来新一轮的生存考验了。

“到底为什么他们的态度变化得这么快？不是已经承认了我们产品的可靠性了吗？难道是有人从中作梗？”办公室里，曲董和丈夫百思不得其解，打通了营口车队刘总的电话，希望从这个可靠的合作伙伴那里得到一些有用的消息。

“曲董啊，我还正想给你打电话呢，你们最近又研发新产品了？怎么昨天有个公司拿着跟你们一样的产品来找我了？”刘总的大嗓门让曲董和丈夫都打了个激灵。

“刘总，我们的产品您都见过，开发新产品的话我肯定会亲自上门的，您确定去您那儿的是我们乾承公司的人？”

“啊，你这一提醒我想起来了，那个小伙子拿的产品叫前成，听起来跟你们一样嘛！”刘总的消息仿佛晴天霹雳，重重惊醒了沉浸在成功喜悦中的夫妻二人。

这么快就有“山寨货”了？我们的技术是自主研发的，也申请了发明专利，怎么可能这么快就有相似产品出现呢？难不成是技术泄密了？问题扑面而来，让曲董应接不暇。

曲董发动公司人员全体出动查探市场动态，得到的消息却让曲董哭笑不得。所谓的“前成产品”，明明是普通的机械润滑油，只不过把产品包装换一换，产品功效换一换，就摇身一变成了跟乾承产品一样的高科技绿色创新产品。打开他们的产品网站，连产品介绍都是完全照搬乾承公司的宣传语，产品标示几乎一模一样。除了已经知道的“前成”，还有很多其他不知名的润滑油纷纷效仿，一夜之间“摇身一变”从润滑油直接升级到“机械磨损修复产品”，华丽变身，价格却比乾承产品低了50%以上。更可恶的是，虽然早在创业之前，曲董就先发制人地为乾承产品申请了国家发明专利，其他企业无法从这里下手做文章，转而从表面工作上下功夫：公司网站上产品介绍被抄袭；产品数据指标被完整地照搬照抄不说，就连产品的设计标志也几乎一模一样。

乾承产品市场的接受度本来就很低，曲董和她的团队经历了一年多的市场开拓，好不容易让客户接受乾承的生态理念，为他们的产品打下半壁江山。但是在继续扩展的关键时刻，市场中出现各种各样的“山寨”产品，让本来就没有站稳脚跟的乾承产品再一次陷入危机当中。订单逐渐减少，甚至还有不少已经熟识的客户再次表示对乾承产品的不信任，拒绝继续追加合同。或者直接选择价格较低的其他“机械磨损修复产品”。这让刚刚入住到高新技术园区的生产线瞬间面临着工作不饱和，甚至有时不得不停产的尴尬局面。

2. 卖与不卖

刚看到一线生机的乾承公司，被接踵而来的残酷现实打击得难以直起腰来，就像看着自己的孩子受苦受难一样，曲董和丈夫心里格外不是滋味。技术人员出身的夫妻俩，面对研发困境时都是百折不挠的，凭的是心中对生态环保的那份坚持。但面对公司的发展现状，却感到有苦难言、有泪难流，一向坚强的夫妻俩开始有所动摇。就在形势越来越严峻的时候，有人自称是美国某科技公司的中国代表人员，出面想要购买乾承产品的核心技术，给出了 2000 万人民币的高价。

曲董有些心动了，虽然生态创业、绿色创新这样的标签已经深入到自己的骨子里，但历经磨难，公司发展却看不到成功的希望，而且创业以来受到的非议、委屈和压力带给她的是无数个不眠之夜，到底要不要趁着技术还值钱的时候，及时退出这个领域，放弃生态环保的理念呢？卖还是不卖？卖了技术之后自己能甘心吗？不卖的话公司的命运又会如何？乾承的生态之路到底该何去何从？

办公室里的绿色植物，仿佛不知道外面世界的寒冷与残酷，仍然显得生机勃勃。曲董伫立窗前，窗外是大连繁华的街道，墙上的挂钟依旧滴滴答答，眺望远方，蓝天白云，阳光明媚，春天已在不知不觉间悄然而至。曲董却不知，这春风何时才能温暖乾承的冬天呢？

附录G　第12章配套案例

吉利跨国并购的整合式创新之路①

摘要：本案例通过描述吉利集团从2002年实施国际化战略开始，逐次并购英国锰铜、澳洲DSI、沃尔沃、宝腾、路特斯、美国Terrafugia的过程，重点介绍了吉利并购沃尔沃从准备期、谈判期到整合协同期的全过程，探讨了吉利在并购后实现整合式创新、跨文化管理、协同创新等突破的过程，旨在剖析吉利成功并购的关键要素，帮助国内其他企业打开成功并购整合的"黑箱"。

关键词：并购，整合式创新，跨文化管理，协同创新

一、引言

行驶在拥堵的道路上，崎岖的山路中，你是否曾幻想过爱车能伸出翅膀、临空而起，让天堑变通途？或许，你幻想中的未来已不再遥远。一架长度为6 m，宽度为2.3 m，高度为1.98 m，翼展宽度为8 m的汽车正在空中"行驶"，这是吉利控股集团旗下太力飞行汽车公司在测试Terrafugia。这是一款飞行汽车，它的出现刷新了人们对汽车的理解，其实飞行汽车早在几年前就已经被不少人提起，但都没有实现。不过现在吉利在美国投产的这款飞行汽车已经完成了最后的测试，马上就会进入量产阶段！

这款Terrafugia飞行汽车，让吉利赚足了眼球。但全世界开始认识吉利，其实是在吉利并购沃尔沃那一年。2010年，吉利以一个草根车企的身份，收购了世界豪车品牌沃尔沃，可谓是轰动一时，也是迄今为止海外并购最成功的案例之一。

在当时，国内"海外抄底"的口号喊得很响，也不是只有吉利在做。但其他车企的并购都以失败告终：

(1)2008年9月通用集团计划正式出售悍马品牌。2009年6月，四川腾中重工集团和通用集团宣布开始就悍马收购事件进行商议。2010年2月，通用集团宣布由于未获得中国监管部门的同意，腾中重工对悍马的收购失败。

(2)2004年上汽成功收购双龙汽车，但是之后双方在管理层和企业文化层面缺乏应对经验，后来出现工会流血事件，导致本应双赢的收购最终失败。

(3)2009年7月24日，北京汽车工业控股有限责任公司召开新闻发布会，董事长徐和谊向社会宣布，由于通用和北汽在并购欧宝的知识产权问题上没有达成共识，收购项目宣告失败。

那么，为什么吉利能跨国并购成功，而其他企业却做不到呢？相信很多人都有这个疑问，不

---

①　本案例作者为河北工业大学经济管理学院的蒋石梅教授、闫娜，陈劲教授（清华大学经济管理学院），尹西明（清华大学经济管理学院），河北工业大学经济管理学院的张旗旗、杨贤龙、龚密密。作者拥有著作权中的署名权、修改权、改编权。本案例授权中国管理案例共享中心使用，中国管理案例共享中心享有复制权、修改权、发表权、发行权、信息网络传播权、改编权、汇编权和翻译权。

妨让我们把视线聚焦到吉利,看看它是如何一步步发展起来的。

二、奋战十年,吉利入局

1. 吉利实现造车梦

“汽车疯子”李书福出生在20世纪60年代的台州农村,是一个典型的浙商。出身给他带来的影响:一不怕穷,二不怕苦,三就是想致富。李书福一直有一个造车梦,但在1994—1999年这五年期间不断碰壁:没钱、没人、没设备、没场地。这些都让李书福和他的汽车梦举步维艰。

但是功夫不负有心人。1999年11月,李书福一直埋头进行品质打磨的吉利豪情汽车正式投放市场,结果豪情一上市居然卖得相当好,这让李书福的热情被点燃了。浙江吉利汽车有限公司在2002年2月正式成立,以豪情和之后研发的美日这两款低价车型逐渐打开市场,获得了生存空间。

低价策略促进了吉利的销售增长,李书福信心大增,他需要更大的舞台,决定将吉利从江浙一带推向全国。

2. 国际化战略初现

2002年7月,上海吉利美嘉峰国际贸易股份有限公司创立。它是吉利汽车的进出口窗口,也正是从这个公司的成立开始,吉利的海外战略渐见雏形。

2003年8月,首批吉利轿车出口海外,实现吉利轿车出口“零的突破”。

2004年6月18日,320辆吉利轿车在上海市外高桥四期沪东码头装船,远赴海外。这是继吉利汽车首次走出国门之后,吉利又一次大批量汽车出口,其坚持的国际化战略再次向前迈出坚实的一步。

2006年,吉利购入英国出租车生产商锰铜20%的股份,为拓展欧洲市场奠定基础,在国际化上迈出了实质性的一步。

2009年,吉利全资收购全球排名第二的汽车自动变速器独立生产商DSI,弥补了当时中国没有自动变速器的空白。在自动变速器这一核心技术领域吉利不再受制于人,并且引发了中国汽车企业的产业升级。此次收购为吉利全球化发展积累了技术和宝贵的经验。

3. 金融危机的到来

2008年前后,全球金融危机爆发,中国经济却逆势上涨,成为全球经济的稳定剂,某种意义上,这场危机提升了中国的话语权,也让中国人谈论了多年的“大国崛起”,终于有了真正的机遇。

当时,对很多中国企业来说,陡然间增强了信心——“海外抄底”似乎成了一个很响亮的号召。对中国汽车业来说,这句口号很动听,也很现实。摆在它们面前的,是世界汽车工业在这个多事之秋举步维艰的处境,放眼望去,亏损减产、销售低迷、变卖资产等字眼时常占据报纸网站的头条。这次金融危机也让吉利萌发了海外并购的念头。

4. 第一次战略转型

2006年下半年,吉利汽车出现了一些负面情况,销售情况急转直下,有点卖不动的感觉。这让吉利上下都弥漫着不安的情绪,普遍感到信心不足。

2007年,媒体上开始出现“中产崛起”的字眼,这个人群热衷的“三大件”是房子、汽车和保险。这对所有的汽车从业者来说,无疑是一个巨大的机遇。这是吉利从价格制胜到品质制胜战略转型的时代背景，中产阶级消费对品质的内在追求，也要求吉利放弃价格战，追求技术和品质。

2007 年 5 月 17 日，吉利汽车新闻发言人在吉利远景全球上市前夕，联合 100 多家经销商共同发布《宁波宣言》，正式向外界宣布：吉利汽车已进入战略转型期。一直以来凭低价策略取得竞争优势的吉利汽车，开始转变发展战略，在已取得的 CVVT 发动机、自动变速箱等一系列丰硕科技成果基础上，围绕着安全、节能、环保、智能等目标，在更多领域寻求重大技术突破与重大科学发现。

为了符合战略要求，吉利停止了有较大销量但受到品质限制的豪情、美日、优利欧产品的生产，及时切换到一个全新的产品研究、生产和销售的阶段，创建了全新的全球鹰、帝豪、英伦三大品牌；构建了 5 大技术平台、15 大产品平台并能衍生 42 款全新产品的技术研发体系；吉利研究院从 2006 年底的 300 余人发展 2010 年的 1700 多人，其中海归人士 28 名，博士硕士 200 多人，包括 25 个部、85 个科室。在研发团队不断壮大的同时，吉利还加强了研发基础设施的建设。

5. 创新能力获认可

2010 年 1 月 11 日，"吉利战略转型的技术体系创新工程建设" 项目荣获国家科技进步二等奖，吉利成为我国汽车行业唯一获奖企业，也是我国汽车行业技术创新体系获得的国家级最高荣誉，这一奖项的获得标志着吉利的技术创新能力和水平跃居我国汽车行业最高水平，得到了国家的高度认可。

三、收购品牌，收获惊喜

（一）吉利做收购准备

1. 组建收购团队

2007 年的战略转型，其实也是吉利为收购沃尔沃所做的准备。当时，李书福根据研究得出判断，福特注定会卖掉沃尔沃的。2006 年，福特全球总销量下滑，经营状况不佳。这让李书福看到了福特要出售沃尔沃的机会。

虽然当时吉利对沃尔沃钟情，但是 2007 年的吉利在国际上知名度并不高，李书福虽然多次联系福特，但是基本上没有回音。但这并没有让李书福丧失信心，对福特和沃尔沃的研究一直在继续。事情在 2008 年 11 月发生了转变，刘易斯 · 布斯开始担任福特汽车的新任 CFO。当年 12 月 1 日，福特汽车明确表示将认真考虑出售沃尔沃。

得到福特公司出售沃尔沃的确切消息后，吉利迅速组建了收购团队，由副总张芃和首席财务官尹大庆领衔与福特开始收购事宜的联系。同时，吉利通过洛希尔银行，联合了全球顶尖的律师事务所富而德、会计师事务所德勤、著名汽车管理咨询公司罗兰贝格以及著名企业并购公关公司博然思维，组建了多达几百人的"外脑"团队，对沃尔沃进行全面的评估，尽可能推动谈判的进程。

2. 推进谈判进程

2009 年 3 月，吉利向福特提交了第一轮标书。2009 年 4 月，国家发改委信息备案确认。拿到"路条"之后的吉利控股集团，迅速进入了收购沃尔沃的下一个阶段。

2009 年 4 月至 7 月，吉利的沃尔沃项目组成员对沃尔沃展开全面调查，针对福特起草的 2000 多页合同，进行了 1.5 万处的修改标注。2009 年 7 月，吉利向福特提交了第二轮标书，围绕并购开始的谈判正式开始。2009 年 9 月 30 日，福特汽车公开宣布，吉利成为沃尔沃的首选竞购方。在经过一系列关于核心知识产权等相关合同的谈判之后，2009 年 12 月 23 日，吉利和福特宣布，双方就收购沃尔沃的主要商业条款达成了一致。

2010 年 3 月 28 日，吉利的沃尔沃项目组与沃尔沃工会达成最终协议。2010 年 8 月 2 日，沃尔沃交割仪式举行。对李书福来说，这个仪式是一个象征，也是一个新的开始："我们已经完成了收购沃尔沃的梦想，但这还不是我们的最终计划，这只是一个新起点。"李书福接着说："我希望并且相信沃尔沃汽车能够勇攀高峰。"

（二）沃尔沃全面蜕变

1. 改善管理结构

为什么沃尔沃会濒临破产？李书福曾经对此问题做过深入思考。他在对比了沃尔沃和宝马、奔驰、奥迪过去几十年的发展后，得出结论：沃尔沃自 20 世纪 90 年代之后落后于另外三家车企的根本原因，在于公司的管理结构。简单讲，董事会没有发挥真正作用，管理层授权和激励也不够。

因此，李书福决定重新构建沃尔沃董事会。李书福在完成交割仪式后主持召开了沃尔沃汽车临时董事会，确定和对外公布了沃尔沃全球 13 名董事会成员的名单。新的董事会结构是一个全球化的董事会，具有广泛的代表性。既包括了工会成员，也包含不同国籍和不同专业背景的人才。李书福认为，公司管理结构是保证股东权利和沃尔沃稳定运行的重要法宝，搭建一个既适应西方商业文化，又符合西方国际商业实践的管理架构至关重要。

第一次正式董事会召开之后，沃尔沃汽车的董事会架构基本确定，并在此后的发展过程中沿袭下来。

2. 制定发展战略

为了更好地转型，沃尔沃汽车内部一个名为"全球转型项目"的小组成立，多位沃尔沃汽车管理层参与其中，进行详细讨论和规划。这是沃尔沃汽车在历史上第一次以独立汽车商的身份为自己的未来画图。2011 年 3 月 28 日，沃尔沃全球转型项目小组的方案敲定：

愿景：成为全球最具人文精神、进取精神的豪华汽车品牌。

目标：以人为尊。

核心价值：在安全、品质、环保的基础上，简化你的生活。

新的愿景目标之下，是一个分两个阶段、长达十年（2010—2020 年）的全球性战略，包括产品战略、工厂布局战略、品牌战略、人力资源战略。其中还包括了为实现目标所需要的企业文化、工作方法和组织结构变化。其中，人力资源被融入改革的五大主题之中，整个战略被称为"伞战略"。在很多沃尔沃老员工的眼里，沃尔沃汽车开始了"一场革命"。

3. 筹建中国市场

在确定沃尔沃汽车未来愿景目标的同时，吉利开始谋划沃尔沃中国本土市场的筹建。重建沃尔沃中国区，将其从原来不到 100 人的销售公司，转变为包含设计、研发、采购、制造、销售、市场和售后服务在内的完整价值链。

沃尔沃中国区管理团队成员确定的时候，沃尔沃中国的员工不到 100 人，大多数是原来沃尔沃（中国）销售公司员工。随着人事、法务、政府公关、媒体公关等在内的支持部门相继成立，沃尔沃中国区雏形初显。为帮助沃尔沃中国区快速建立起来，CEO 雅克布的管理团队提出了

“match pair”政策，类似于一对一的帮忙。具体做法：从瑞典各个职能部门选人派驻到中国，与中国区对应部门的管理层一起办公。这样的配对政策加速了沃尔沃中国区扩建的步伐。

在沃尔沃中国区如火如荼的建设过程中，中国股东和瑞典管理层的冲突和融合也开始显现，李书福和管理层的矛盾主要集中在三个方面：首先，在中国建设几个工厂合适？其次，产品怎么做？大车还是小车？最后，中国区业务庞大，应该保持相对独立性，利润单算，还是总部总管？怎么管？伴随着这些争论，沃尔沃继续前行。

4. 确定投资计划

2011 年 3 月，沃尔沃召开董事会，确定了未来五年沃尔沃的发展方向，最重要的是确定了 110 亿美元的投资计划。其中包括两个方面，一是 SPA 平台的投资及后续产品开发，二是中国和瑞典工厂的投资。

SPA 平台全称 scalable product architecture(可扩展平台架构)是一个模块化平台，共享基本相同的底盘结构、悬架、电气系统和传动系统。新的 SPA 平台投资，就是着眼于收购之后推出的产品，未来沃尔沃的大型产品如 XC90、S90、V90 就建立在这个平台之上。根据沃尔沃的战略，这个平台可以为未来产品提供相应的技术，满足燃油经济性的需要。这是沃尔沃独立之后的第一个独立平台，对沃尔沃的发展具有里程碑意义。

另一个投资方向则是在中国建立工厂，建立工厂的计划在董事会上多次讨论，在 2010 年 10 月确定了大方向。2010 年 10 月，中国团队成立，向中国政府申请成立两个整车工厂、一个发动机工厂和上海研发中心。

但是审批过程十分艰难，实际情况比李书福设想的复杂得多，这不仅涉及国家汽车产业政策的调整，还涉及汽车企业的垄断竞争格局调整。沃尔沃在中国建厂需要取得国家部委的支持。国家发改委相关官员态度有分歧，关注焦点集中在两个问题上：一是沃尔沃项目是否盈利；二是收购后的沃尔沃汽车到底是中资企业还是外资企业？李书福说：“国外的人认为我们是中国公司，国内的人又认为我们是外国公司，这是很尴尬的。”沃尔沃中国战略的实施，在艰难地进行着。

5. 更换公司领导

中国市场迟迟拿不到审批不仅让董事长李书福面临压力，时任 CEO 雅克布也在董事会上面临指责。另一方面，2011 年下半年沃尔沃开始出现利润下滑的迹象，美国市场出现困难，欧洲市场也不好。导致董事会上开始出现撤换 CEO 的声音。实际上，李书福对雅克布也有意见，雅克布在沃尔沃与吉利合作协同的问题上态度消极，他认为吉利不行，技术太弱，不愿意和吉利合作。2010 年 10 月底，沃尔沃汽车宣布更换公司 CEO，汉肯 · 塞缪尔森替代雅克布，担任新的 CEO。

汉肯 · 塞缪尔森素有“成本杀手”之称，他善于对公司进行大规模的重组改革，提高公司的利润率。汉肯 · 塞缪尔森表态称，他的首要任务是降低成本，恢复公司的盈利能力，加快中国市场的增长，深入开展沃尔沃汽车和吉利汽车的合作计划。

(三)双方共赴协同路

1. 加速文化融合

吉利之所以在多次收购上取得成功，源于从收购开始，吉利就在努力“转换角色”，设身处地地体验被收购者的心理，并在最大程度上尊重对方的习惯和文化。但是没有谁能一夜之间跨越文化的鸿沟,融合是一个长期的过程,需要最终达成价值观的认可。对越来越像一个大家庭的吉利来说,如何找到双方在文化上的契合点,的确是一个考验。吉利做了三个主要的探索,以加速文化的融合:

(1)工会交流:为了让沃尔沃更好地了解吉利,沃尔沃的工会也被允许来到中国,去吉利了解企业与员工之间的关系。

(2)"吉利日":在瑞典的沃尔沃工厂内,有时会看到一群中国人与工厂员工及他们的家属载歌载舞,那是他们在过"吉利日"。载歌载舞之外,还有中国特色的舞龙狮、放鞭炮以及中国工艺品的展出。李书福说,"吉利日"的诞生是为了进一步推动沃尔沃和吉利之间的管理和文化融合,进一步推动两个企业之间友谊的发展。

(3)联合赛事赞助:早在吉利收购沃尔沃之前,李书福就已将沃尔沃的帆船赛和高尔夫球赛作为收购沃尔沃一个附属的条件。并购后的吉利与沃尔沃共同投资了这一赛事,赛事在世界范围内有上亿人次观看,有超过四百万的观众到现场亲历活动盛况,让更多的中国人认识了沃尔沃这一品牌。这些做法,无疑加速了吉利与沃尔沃的文化融合。

2. 消化员工人才

如何消化沃尔沃的人才,这是吉利蛇吞象最难吞掉的部分。吉利采取了两方面的措施。一方面,吉利采用的是自我培养+外部并购的人才培养机制,人才流失率很低,特别是对于技术研发人才。并购后第二年,沃尔沃员工的满意度达到了 84%,之前福特收购沃尔沃十年,每一年都做员工满意度调查,没有超过 80%的,吉利收购了以后有了这样一个好的结果,体现了沃尔沃员工在新的结构下的向心力与凝聚力。另一方面,李书福组建了人才集中营,为吉利和沃尔沃寻找高级管家。在并购后的两年时间里,李书福频频出手,在各大车企中"挖墙脚",为其汽车帝国配备了豪华的管理团队。

3. 践行管理理念

实现沃尔沃与吉利的有效融合是一直萦绕在李书福脑海中的问题:沃尔沃应该是独立经营还是依赖总公司指导下的经营?李书福最终给出了答案:"吉利是吉利,沃尔沃是沃尔沃,两者是兄弟关系,不是父子关系。"吉利公开招聘了 CEO、CFO,组成了新的经营管理团队。吉利和沃尔沃分别独立运作,是两个不同定位的品牌,管理团队是分开的,只有李书福身兼两家公司的董事长,李书福在其中起协调作用,让两个品牌避免冲突和重复。

2010 年 9 月,沃尔沃工会主席 Bergstom 一行到吉利杭州总部参观考察,对吉利管理沃尔沃的"沃人治沃"理念表示支持。2010 年 11 月,李书福在与瑞典国王的会见中就明确提出,吉利对沃尔沃的管理方针是"全球化与本土化"相结合的战略。同年 11 月,吉利与沃尔沃宣布成立"沃尔沃-吉利对话与合作委员会",标志着以李书福为首的吉利高层在管理沃尔沃方面取得的求同存异理念得到了完美的实践。

4. 合并财务报表

在李书福认定的吉利与沃尔沃战略合作中,首先要从财务协同着手,尽管吉利是吉利,沃尔沃是沃尔沃,但按法定的流程,的确需要合并报表,将沃尔沃的报表合并到整个集团报表里。在财务报表和信息披露上,一定要做得比以前更加透明,更加严格标准化,不论对银行还是对股东都要做到公开透明。同时,作为全球惯例,吉利也要行驶自己作为股东的权力,对沃尔沃提出业绩指标、利润汇报要求等。

"财务协同让吉利和沃尔沃变得更像一家人。"经过财务协同,吉利在融资规模的扩展、融资结构的优化、利率成本的优化方面都成效显著。仅仅融资规模扩展这一项,在 2011 年至 2014 年,吉利财务团队已经新增了超过 500 亿的授信额。在加大与银行合作的同时,吉利还在融资结构上进行了调整:注重间接融资和直接融资以及短期融资和长期融资的结合,改变了吉利以往过多地依赖银行贷款的融资手段。在经过两三年的调整后,吉利有了中期票据、短期融资券、企业债等一系列金融工具的组合。

5. 转移先进技术

2011 年 11 月,沃尔沃在中国成都、上海和大庆的项目相继落地开工建设。

2012 年 3 月 9 日,"沃尔沃-吉利技术转让协议签字仪式"在上海举行,双方就沃尔沃向吉利旗下公司转让技术达成协议,双方深入合作迈出了坚实一步。之后,2012 年 10 月吉利出资与沃尔沃共同建设 CMA 平台,吉利和沃尔沃的技术协同正式拉开了序幕。

2013 年 2 月,吉利汽车欧洲研发中心(CEVT)正式成立,整合旗下沃尔沃汽车和吉利汽车的资源,打造新一代中级车模块化架构及相关部件,以满足沃尔沃汽车和吉利汽车未来的市场需求。CEVT 的工作范围可以说几乎涵盖了吉利旗下所有未来战略产品以及研发平台的方方面面,从共享架构、底盘、动力总成、传动系统,直至车体以及车型外观设计,还包括整车采购、质量管理以及新产品的市场营销等。2013 年 CEVT 的员工有 7 个人,三年之后 CEVT 已经从初始负责研发的吉利沃尔沃合资公司,变成了吉利全资控股的子公司,员工人数也发展到近 2000 人。

自 CEVT 成立以来,李书福对这里的投资总额已经超过 100 亿克朗(约 80 亿元人民币)。当团队的工作越来越细致、产品超越预期的时候,李书福对建立新品牌的信心也越来越足。2016 年 10 月 19 日,吉利分别在瑞典哥德堡和德国柏林进行了新品牌 LYNK&CO 的产品发布。在发布会上,安聪慧阐述了 LYNK&CO 新品牌在吉利的地位,将其总结为这是收购沃尔沃之后实现协同效应的成果。沃尔沃汽车 CEO 汉肯·塞缪尔森表示,新品牌的成立,是吉利汽车和沃尔沃汽车实现双赢的典范。而在李书福看来,这个建立在沃尔沃技术基础上的 LYNK&CO 新品牌,是吉利收购沃尔沃六年来的结晶。

6. 互融企业基因

吉利与沃尔沃的合作是相辅相成的,对于沃尔沃而言,吉利的加入让沃尔沃的采购工作变得简单许多。沃尔沃有八成的增值服务要依靠外购,产品的增值空间很大程度上依靠供应商。因此,吉利通过分享供应商,使沃尔沃将采购与制造整合,更好地进行外观设计与供应链的流程管理。另一方面,吉利"为了用户而设计,不浪费钱,如果客户不打算为某个功能和设施付钱,就不要提高配置"的理念,打破了沃尔沃"对每个细节都要精益求精"导致成本过高产品难以定价的局面。

吉利通过对沃尔沃安全技术和理念的学习,在吉利日后的产品设计中很好地运用,这里面就包括了吉利博越和博瑞。在 2016 年 9 月 2 日,中国汽车技术研究中心公布了 2016 年度第三批 6 款车型 C-NCAP(中国新车评价规程)的评价结果,吉利博越获得五星安全评定,超越了同批次的宝马和福特等合资品牌,取得了本批次最高分。为了实现"安全"崛起,吉利大刀阔斧、狠下血本,这所有的努力,都是为了最终的驾驶安全。这种安全的理念,彻底改变了国人认为国产品牌在安全方面有硬伤的刻板印象。

四、二次转型,全新升级

1. 战略转型 2.0

2014 年,中国汽车市场进入全新的发展阶段,80 后成为市场的主力军,他们比以往更加追求科技、品质和个性,因此仅仅是质量方面领先已经不能满足市场需求,企业需要设计出更加个性化和智能化的高品质汽车。2014 年,吉利的销售和利润有所下降,吉利果断开始了第二次战略转型,发布了全新的品牌使命——造每个人的精品车,从技术品质战略向品牌战略转型,开启第二次战略转型升级之路。

为了适应战略要求,吉利清晰地规划出 KC、FE、CMA 三个平台,其中 FE 平台生产帝豪、远景等 A 级车,KC 平台生产博瑞等 B 级车,CMA 平台则是吉利和沃尔沃共同开发的平台,独立于吉利品牌,将打造 A 级、B 级和 SUV 等多种车型。吉利将原来的全球鹰品牌事业部、英伦品牌事业部、帝豪品牌事业部,重新按区域划分调整为南、中、北三个区域营销事业部。与此同时,在品牌推广上,公司从上至下全面推广"吉利(GEELY)"品牌。

吉利不断涌现明星产品,细分市场,地位不断提升。吉利全新的战略旗舰车型博瑞,由沃尔沃元老彼得·霍布里设计,于 2015 年 4 月上市以来,销量一直攀升,单月销售位居同期中国品牌 B 级轿车第一,成为自主品牌中高级车的一大奇迹;2016 年 3 月吉利又推出博越,开启了吉利 SUV 元年;新帝豪单月销量突破 2.5 万,全年累计销量 206 226 辆,稳居自主品牌轿车销量冠军;新远景月均销量突破万辆,全年销量突破 12 万辆,同比增长 218%,与新帝豪形成 A 级市场的"双雄"。

2014 年 10 月 22 日,吉利 1.3T 涡轮增压发动机成功获选"中国 2014 年度十佳发动机"。2015 年吉利 1.8TD 发动机再次成功入围,又一次彰显了吉利汽车核心技术的提升,吉利汽车产品质量可靠性稳步提升,位居自主品牌第一。

2. 迎来崭新状态

这次战略转型之后,吉利终于获得了翻身,从 2014 年的低迷状态中苏醒。2016 年,吉利的销量、营业收入、净利润分别为 76.6 万辆、537 亿元和 51.7 亿元,同比 2015 年分别增长 50.1%、78.3%和 125.9%。其收购的沃尔沃汽车也迎来了丰收的一年,2016 年的销量、营业收入、净利润分别为 53.4 万辆、199 亿美元和 8.2 亿美元,同比 2015 年分别增长 6.2%、10.1%和 50.4%。更难能可贵的是,吉利销量的大幅增长,并不是通过大部分企业采用的价格战来实现的,而是通过质量提升、口碑提升和销售价格提升实现的。

2017 年 8 月 24 日,全国工商联发布的"2017 中国民营企业 500 强榜单"中,吉利排名第 13 位,在民营汽车制造业排名第一位。吉利雄厚的实力有力提升了企业产品的核心竞争力,确保了企业战略转型的成功实施,向公众和市场树立起"技术吉利"的新形象,吉利成为行业内技术创新的典范。

3. 加快全球布局

2017 年 5 月,吉利收购宝腾汽车 49.9%的股份。根据签订协议,吉利将致力于宝腾汽车的全面复苏,努力将其打造成马来西亚市场占有率第一的民族汽车品牌和东南亚市场的领导品牌。同时,吉利将借助宝腾的影响力进一步提升自己的市场地位。

2017 年 6 月 23 日,吉利收购世界著名的豪华跑车与赛车品牌路特斯 51%的股份。众所周知,路特斯有英国国宝级跑车品牌——莲花,在汽车工程及车身轻量化技术方面造诣颇深,收购莲花后，这些技术都将为吉利品牌所用，实现吉利品牌的“跑车梦”。

2018年2月，吉利宣布已通过旗下海外企业主体收购戴姆勒股份公司9.69%具有表决权的股份。此次收购完成后，吉利成为戴姆勒的最大股东，并长期持有其股权。

五、紧跟时代，创造未来

1. 构建汽车新生态

在李书福的设想里，未来的汽车是能够充分懂得人的意图的，解放驾驶员的双手。在不断了解沃尔沃的过程中，李书福表示自己“被沃尔沃在汽车互联、汽车安全和无人驾驶方面的研究深深地打动”。另一方面，中国政府已经指出，自动驾驶技术是中国在2025年之前必须掌握的十大关键技术之一。这让吉利下定决心在无人驾驶上有一番作为，实际上，从博瑞的设计上，我们就能看到其对沃尔沃安全的传承，更能看到它对无人驾驶这一技术的领悟和掌握：除了各种主动安全系统，还搭载有半自动泊车辅助系统。

2015年，李书福提到又一个观点：在大数据的指引与冲击之下，汽车行业的现有格局将被打破，汽车产业链和生态圈必将被洗牌重构。更高效、更个性化的设计与制造，高度智能化的操作系统，实时交互的车联网生态，将在未来成为汽车技术发展的新常态。也正因此，新时代的吉利不仅要做好全面智能互联的准备，而且整个集团也将智能制造作为战略发展的重要组成部分。

如今，吉利正携手互联网、大数据、人工智能等领域的生态伙伴，打造智能生态系统。吉利旗下吉利科技集团的各项创新业务正依托吉利整合式创新生态快速发展：曹操出行布局全国30个城市；与戴姆勒出行服务公司共建高端专车出行合资公司；与腾讯、中国铁路、航天科工、中国电信战略合作，共同探索铁路出行服务，积极构建立体智慧出行生态。

2. 走在行业最前沿

2019年，吉利发布消息，旗下Terrafugia太力飞行汽车公司预计将于2019年10月开始第一代产品Terrafugia的预定工作，首批量产车将于2019年问世。太力飞行汽车成立于2006年，于2017年11月被吉利收购。太力公司致力于未来出行方式的创新，希望能让未来出行变得更加便捷和有趣。

飞行汽车早在几年前就被人提起，但限于政策和技术问题一直没有实现。顾名思义，飞行汽车的最大特点就是不仅能够像汽车一样奔跑，还能够像飞机一样飞翔。Terrafugia的出现刷新了我们对汽车的理解。这是李书福和他的吉利走在行业最前沿的体现。

3. 扬帆吉利再起航

前行的路上总是有一些坎坷，有些人常常会被路上的小石头吓倒，但也有些人面对着巨石，仍一笑而过。吉利便是如此，从一开始处处碰壁，到现在成为中国自主汽车品牌领军者，并跻身世界级车企品牌行列，这一路的艰辛恐怕只有李书福才能切身体会。

今天的吉利，已经拥有五大车系——A00级的熊猫、A0级的金刚、A-级的远景、A级的帝豪和B级的博瑞；三大平台——主打紧凑车模块化的FE平台、主打B级车的KC平台以及联合沃尔沃共同开发的CMA平台。

“很多人都以为博瑞、博越很好了，或者帝豪GS、帝豪GL很好了，”现任吉利总裁安聪慧说，“不是的，吉利到3.0时代才真正开始走向一个快速发展的阶段，接下来，吉利还要布局4.0时代的产品。”如果说第一代、第二代只是吉利从零开始的起步阶段，那么到了3.0时代，吉利就要向自主品牌的前列迈进，同时还要参与合资品牌的竞争。十年的铺垫，二十多年的造车实践，让吉利在中国汽车市场实现了局部超越、重点突破，“后来居上”也不再遥远。

参考文献

一、中文参考文献

[1] 王亚东,赵亮,于海勇.创造性思维与创新方法[M].北京:清华大学出版社,2018.

[2] 王松泉.简明学习方法词典[M].辽宁:辽宁大学出版社,1992.

[3] 王惠连等.创新思维方法[M].北京:高等教育出版社,2004.

[4] 王征国.思想解放论——解放思想与观念变革研究[M].长沙:湖南人民出版社,1998.

[5] 王传友,王国洪.创新思维与创新技法[M].北京:人民交通出版社,2006.

[6] 韦影,盛亚.创新管理:计划、组织、领导与控制[M].浙江:浙江大学出版社,2016.

[7] [美]纳维·拉德友等.朴素式创新:节俭、灵活与突破式增长[M].北京:清华大学出版社,2015.

[8] 陈劲,郑刚.创新管理:赢得持续竞争优势[M].北京:北京大学出版社,2016.

[9] 陈劲,柳卸林.自主创新与国家强盛——建设中国特色的创新型国家中的若干问题与对策研究[M].北京:科学出版社,2008.

[10] 陈劲.永续发展——企业技术创新透析 [M].北京:科学出版社,2001.

[11] 陈伟.创新管理[M].北京:科学出版社,1996.

[12] [美]梅丽莎·A.希林.技术创新的战略管理[M].王毅,等,译.北京:清华大学出版社,2015.

[13] 胡敏.创新思维研究[M].北京:国家行政学院出版社,2017.

[14] 侯先荣,吴奕湖.企业创新管理:理论与实践[M].北京:电子工业出版社,2003.

[15] 冯忠良等.教育心理学[M].北京:人民教育出版社,2000.

[16] 时蓉华.社会心理学[M].杭州:浙江教育出版社,1998.

[17] 梁良良,胡建等.开启智慧——现代企业思维方法[M].南京:南京大学出版社,1999.

[18] 程明.创意思维与创新[M].武汉:武汉大学出版社,2019.

[19] 潘承怡等.TRIZ 理论与创新设计方法[M].北京:清华大学出版社,2015.

[20] 杨明珠.站在巨人肩膀——享受学习 放飞梦想[M].武汉:湖北教育出版社,2015.

[21] 张志胜.创新思维的培养与实践[M].2 版.南京:东南大学出版社,2018.

[22] 吴贵生.创新与创业管理(第 2 辑)[M].北京:清华大学出版社,2006.

[23] 路江涌.图解创新管理经典[M].北京:机械工业出版社,2018.

[24] 孙喜.创新与创业管理[M].北京:中国人民大学出版社,2019.

[25] 刘会齐,严法善.绿色经济管理[M].北京:中国环境出版社,2016.
[26] 冯志强.创新战略——为了中国企业领袖们的辉煌[M].北京:中国市场出版社,2009.
[27] 苏珊娜·特纳.管理者的管理工具[M].何烺,译.北京:企业管理出版社,2009.
[28] [英]马杰哈瑞尔·塔鲁克德.创新应用管理:从个体入手提高组织创新效率[M].傅婧瑛,译.北京:人民邮电出版社,2017.
[29] [美]纳维·拉德友等.朴素式创新实践:以少博多的商业策略[M].陈劲,何文天,译.北京:清华大学出版社,2019.
[30] [美]克莱顿·M.克里斯坦森等.困境与出路:企业如何制定破坏性增长战略[M].容冰,译.北京:中信出版社,2004.
[31] [挪]詹·法格博格等.牛津创新手册[M].柳卸林,等,译.北京:知识产权出版社,2009.
[32] 黄华梁,彭文生.创新思维与创造性技法[M].北京:高等教育出版社,2007.
[33] 孔涛.中小制造企业绿色创新研究综述[J].现代商贸工业,2017(17):58-59.
[34] 陈劲,尹西明.中广核:整合式创新铸就中国制造"国家名片"[J].企业管理,2019(05):67-69.
[35] 陈劲,尹西明,梅亮.整合式创新:基于东方智慧的新兴创新范式[J].技术经济,2017,36(12):1-10+29.
[36] 陈劲,王锟,等.朴素式创新:正在崛起的创新范式[J].技术经济,2014,33(01):1-6.
[37] 陈劲,陈钰芬.开放创新体系与企业技术创新资源配置[J].科研管理,2006(03):1-8.
[38] 陈劲,阳银娟.协同创新的理论基础与内涵[J].科学学研究,2012,30(02):161-164.
[39] 一阳.提升创新思维的方法[J].科技与企业,2011(05):17.
[40] 张玲玲.头脑风暴法及其变式对创造性思维产出的影响[J].校园心理,2012,10(06).379-381.
[41] 杨德林,陈春宝.模仿创新自主创新与高技术企业成长[J].中国软科学,1997(08):105-110.
[42] 于开乐,王铁民.基于并购的开放式创新对企业自主创新的影响——南汽并购罗孚经验及一般启示[J].管理世界,2008(04):150-159+166.
[43] 黄攸立,吴犇,叶长荫.企业自主创新能力的关键因子分析[J].研究与发展管理,2009,21(01):24-29.
[44] 许庆瑞,吴志岩,陈力田.转型经济中企业自主创新能力演化路径及驱动因素分析——海尔集团1984~2013年的纵向案例研究[J].管理世界,2013(04):121-134.
[45] 许庆瑞,郑刚,喻子达,沈威.全面创新管理(TIM):企业创新管理的新趋势——基于海尔集团的案例研究[J].科研管理,2003(05):1-7.
[46] 万君康,李华威.自主创新及自主创新能力的辨识[J].科学学研究,2008(01):205-209.
[47] 刘薇.国内外绿色创新与发展研究动态综述[J].中国环境管理干部学院学报,2012,22(05):17-20.
[48] 孔涛.中小制造企业绿色创新研究综述[J].现代商贸工业,2017(17):58-59.
[49] 张静,周魏.绿色创新研究进展综述[J].科技管理研究,2015,35(08):232-237.
[50] 李海萍,向刚,高忠仕等.中国制造业绿色创新的环境效益向企业经济效益转换的制度条件初探[J].科研管理,2005(02):46-49.

[51] 沈磊,吕廷杰.战略视野中的成本[J].通信企业管理,2003(11):17-19.
[52] 杨武,申长江.开放式创新理论及企业实践[J].管理现代化,2005(05):4-6.
[53] 吴欣桐,梅亮,陈劲.建构“整合式创新”:来自中国高铁的启示[J].科学学与科学技术管理,2020,41(01):66-82.
[54] 郭斌,孙爱英.企业资源与组合创新的关系研究[J].科学学与科学技术管理,2009,30(03):69-72.
[55] 郭斌,许庆瑞,陈劲,等.企业组合创新研究[J].科学学研究,1997(01) :12-17.
[56] 毛维青,陈劲,郑文山.企业产品——工艺组合技术创新模式探析[J].科技管理研究,2012,32(12):168-171.
[57] 官建成,王军霞.创新型组织的界定[J].科学学研究,2002(03):319-322.
[58] 卢显文.创新型组织:21 世纪企业管理新模式[J].大连理工大学学报(社会科学版),2005(02):44-49.
[59] 何毅.创新型企业的特点及其启示[J].企业导报,2015(04):184-185.
[60] 褚峻,张苏.咨询企业知识创新的反向动力和跨界发展[J].情报资料工作,2011(03):10-13.

二、英文参考文献

[1] David J. Teece. Explicating dynamic capabilities: the nature and microfoundations of (sustainable) enterprise performance[J]. Strategic Management Journal,2017,28(13),1319-1350.
[2] Chesbrough,H. Open innovation: The new imperative for creating and profiting from technology[M]. Harvard Business School Press,2003.
[3] Yu- Shan Chen,Shyh-Bao Lai,and Chao-Tung Wen. The influence of green innovation performance on corporate advantage in Taiwan[J]. Journal of Business Ethics,2006,67(4):331-339.
[4] Clayton M. Christensen,Joseph L Bower(1996). Customer power,strategic investment, and the failure of leading firms[J]. Strategic Management Journal,1996,17(3),197-218.
[5] Corey C. Phelps. A longitudinal study of the influence of alliance network structure and composition on firm exploratory innovation[J]. Academy of Management Journal,2010,53(4),890-913.
[6] Jay B. Barney,Shujun Zhang. The future of Chinese management research: A theory of Chinese management versus a Chinese theory of management[J]. Management and Organization Review,2008,5(1),15-28.
[7] Vanessa Oltra, Maider Saint Jean. Sectoral systems of environmental innovation: An application to the French automotive industry[J]. Technological Forecasting and Social Change,2009,76(4):567-583.
[8] Oliver Gassmann, Ellen Enkel, Henry W. Chesbrough (2010). The future of open innovation[J]. R&D Management,2010,40(3),213-221.
[9] Philip Anderson, Michael L. Tushman. Technological discontinuities and dominant

designs:a cyclical model of technological change[J]. Administrative Science Quarterly, 1990,35(4),604-633.

[10] Radjou N,Prabhu J,Ahuja S,et al. Jugaad Innovation:Think frugal,be flexible,generate breakthrough growth[J]. European Journal of Training & Development,2012,38(7):689 - 691.

[11] Santos F. M,Eisenhardt K. Organizational boundaries and theories of organization[J]. Organization Science,2005,16(5):491-508.

[12] Teece,D. J. ,Pisano,G. Shuen,A dynamic capabilities and strategic management[J]. Strategic Management Journal,1997,18:509-533.

[13] Xibao Li. Behind the recent surge of Chinese patenting: An institutional view[J]. Research Policy,2012,41(1),236-249.